"十四五"职业教育国家规划教材

"十三五"卫生高等职业教育校院合作"双元"规划教材

供护理、助产及相关专业用

护理学导论

主　编
李丽娟　马国平

副主编
刘玉华　余裕宇　肖东玲

编　委（按姓名汉语拼音排序）

付　利（广西科技大学）　　　　邱林利（四川护理职业学院）

高国豪（闽清精神病防治院）　　宋雯颖（大理护理职业学院）

黄琛琛（漳州卫生职业学院）　　孙丹丹（呼伦贝尔职业技术学院）

李丽娟（漳州卫生职业学院）　　肖东玲（湖南环境生物职业技术学院）

刘玉华（呼伦贝尔职业技术学院）　余裕宇（江西医学高等专科学校）

马国平（菏泽医学专科学校）

秘书（兼）黄琛琛

北京大学医学出版社

HULIXUE DAOLUN

图书在版编目（CIP）数据

护理学导论 / 李丽娟，马国平主编 . —北京：北京大学医学出版社，2020.6（2025.7 重印）

ISBN 978-7-5659-2155-1

Ⅰ. ①护⋯ Ⅱ. ①李⋯ ②马⋯ Ⅲ. ①护理学-高等职业教育-教材 Ⅳ. ① R47

中国版本图书馆 CIP 数据核字（2020）第 007191 号

护理学导论

主　　编：李丽娟　马国平
出版发行：北京大学医学出版社
地　　址：（100191）北京市海淀区学院路 38 号　北京大学医学部院内
电　　话：发行部 010-82802230；图书邮购 010-82802495
网　　址：http://www.pumpress.com.cn
E - m a i l：booksale@bjmu.edu.cn
印　　刷：北京溢漾印刷有限公司
经　　销：新华书店
责任编辑：刘云涛　　责任校对：靳新强　　责任印制：李　啸
开　　本：850 mm×1168 mm　1/16　　印张：14.75　　字数：420 千字
版　　次：2020 年 6 月第 1 版　2025 年 7 月第 8 次印刷
书　　号：ISBN 978-7-5659-2155-1
定　　价：36.00 元
版权所有，违者必究
（凡属质量问题请与本社发行部联系退换）

出版说明

《国务院办公厅关于深化医教协同进一步推进医学教育改革与发展的意见》要求加快构建标准化、规范化医学人才培养体系，全面提升人才培养质量。明确指出要调整优化护理职业教育结构，大力发展高职护理教育。《国家职业教育改革实施方案》指出要促进产教融合育人，建设一大批校企"双元"合作开发的国家规划教材。新时期的护理职业教育面临前所未有的发展机遇和挑战。

高质量的教材是实施教育改革、提升人才培养质量的重要支撑。为深入贯彻《国家职业教育改革实施方案》，服务于新时期高职护理人才培养改革发展需求，北京大学医学出版社在教育部、国家卫生健康委员会相关机构和职业教育教学指导委员会的指导下，经过前期广泛调研、系统规划，启动了这套"双元"数字融合高职护理教材建设。指导思想是：坚持"三基、五性"，符合最新的国家高职护理类专业教学标准，结合高职教学诊改和专业评估精神，突出职业教育特色和专业特色，与护士执业资格考试大纲要求、岗位需求对接。体现以人为本、以患者为中心的整体护理理念，强化技能训练，既满足多数院校教学实际，又适度引领教学。实践产教融合、校院合作，打造深度数字融合的精品教材。

教材的主要特点如下：

1. 全国专家荟萃

遴选全国近 40 所院校具有丰富教学经验的骨干教师参与建设，力求使教材的内容和深浅度具有全国普适性。

2. 产教融合共建

吸纳附属医院或教学医院的临床护理双师型教师参与教材编写、审稿，学校教师与行业专家"双元"共建，保证教材内容符合行业发展、符合多数医院护理实际和人才培养需求。

3. 双重专家审定

聘请知名护理专家审定教材内容，保证教材的科学性、先进性；聘请知名职教专家审定教材的职教特色和规范。

4. 教材体系完备

针对各地院校课程设置的差异，部分教材实行"双轨制"。如既有《正常人体结构》，又有《人体解剖学》《组织学与胚胎学》；既有《护理学基础》，又有《护理学导论》《基础护理学》，便于各地院校灵活选用。

5. 职教特色鲜明

结合护士执业资格考试大纲，教材内容"必需、够用，图文并茂"。以职业技能和岗位胜任力培养为根本，以学生为中心，贴近高职学生认知，采用布鲁姆学习目标，加入"案例/情景""知识链接""小结""实训""自测题"等模块，提炼"思维导图"。

6. 纸质数字融合

将纸质教材与二维码技术相结合，融PPT、图片、微课、动画、护理技能视频、模拟考试、护考考点解析音频等于一体，实现了以纸质教材为核心、配套数字教学资源的融媒体教材建设。

7. 课程思政融入

全面贯彻党的教育方针，落实立德树人根本任务，将课程思政全面融入教材。坚持中国化时代化马克思主义人民至上的立场，运用系统观念，守正创新，传承精华，守护人民生命健康安全，建设中国特色高质量医药卫生类职业教育教材体系。

本套教材的组织、编写得到了多方面大力支持。很多院校教学管理部门提出了很好的建议，职教专家对编写过程精心指导、把关，行业医院的临床护理专家热心审稿，为锤炼精品教材、服务教学改革、提高人才培养质量而无私奉献。在此一并致以衷心的感谢！

本套教材出版后，出版社及时收集使用教材院校师生的质量反馈，响应《关于推动现代职业教育高质量发展的意见》，按职业教育"岗课赛证"融通教材建设理念及时更新教材内容；对照《高等学校课程思政建设指导纲要》《职业教育教材管理办法》等精神要求，自查自纠，在修订时深入贯彻党的二十大精神，更新数字教学资源；力争打造培根铸魂、启智增慧，适应新时代要求的精品卫生职业教育教材。

希望广大师生多提宝贵意见，反馈使用信息，以臻完善教材内容，为新时期我国高职护理教育发展和人才培养做出贡献！

"十三五"卫生高等职业教育校院合作"双元"规划教材审定委员会

顾　　问　杨爱平（国家卫生健康委能力建设和继续教育中心）
　　　　　　郑修霞（北京大学护理学院）
　　　　　　赵志群（北京师范大学教育学部）

主任委员　刘　晨（国家卫生健康委能力建设和继续教育中心）

副主任委员　张彦文（天津医学高等专科学校）
　　　　　　李　琳（菏泽医学专科学校）
　　　　　　沈国星（漳州卫生职业学院）
　　　　　　袁　宁（青海卫生职业技术学院）
　　　　　　蔡德周（大理护理职业学院）

委　　员（按姓名汉语拼音排序）

陈方军（肇庆医学高等专科学校）	田朝晖（呼伦贝尔职业技术学院）
陈鸣鸣（江苏护理职业学院）	王　平（阜阳职业技术学院）
邓朝晖（贵阳护理职业学院）	文玉萍（广西科技大学）
丁炎明（北京大学第一医院）	吴　勇（黔东南民族职业技术学院）
冯春林（遵义医药高等专科学校）	杨　翀（广州卫生职业技术学院）
高健群（宜春职业技术学院）	杨桂荣（湖北职业技术学院）
高　强（济南护理职业学院）	姚永萍（四川护理职业学院）
李葆华（北京大学第三医院）	於学良（苏州卫生职业技术学院）
马　莉（唐山职业技术学院）	战文翔（山东中医药高等专科学校）
宁国强（江西医学高等专科学校）	张晓静（北京协和医院）
秦立国（铁岭卫生职业学院）	张学河（乐山职业技术学院）
谭　工（重庆三峡医药高等专科学校）	赵其辉（湖南环境生物职业技术学院）

序

湛蓝天空映衬昆明湖碧波粼粼，湖畔长廊蜿蜒诉说历史蹉跎，万寿山风清气爽，昂首托起那富贵琉璃的智慧海、吉祥云。护理融有科学、技术、人文及艺术特质，其基本任务是帮助人维持健康、恢复健康和提升健康水平。护士被誉为佑护健康与生命的天使。在承载这崇高使命的教育殿堂，老师和学生们敬畏生命、善良真诚、严谨求实、德厚技精。

再览善存之竖版护理教材——《护病新编》（1919年，车以轮等译，中国博医会发行），回想我国护理教育发展历程，尤其20世纪80年代以来，在护理和教育两个领域的研究与实践交汇融合中，护理教育经历了"医疗各科知识+护理、各科医学及护理、临床分科护理学或生命周期分阶段护理"等三个阶段。1985年首开英护班，1991年在卫生部相关部门支持下，成立全国英护教育协作会，从研究涉外护理入手，进行护理教育改革；1989年始推广目标教学，建立知识、技能、态度的分类目标，使用行为动词表述，引导相应教学方法的改革；1994年开始推进系统化整体护理；1997年卫生部颁布护理专业教学计划和教学大纲，建构临床分科护理学课程体系，新开设精神科护理、护士礼仪等六门课程。2000年行业部委院校统一划转教育部管理，为中高职护理教育注入了现代职业教育的新鲜"血液"。教育部组织行业专家制定了专业目录，将护理专业确定为83个重点建设专业之一，并于2003年列入教育部技能型紧缺人才培养培训工程的4个专业之一，在国内首次采用了生命周期模式，开始推进行动导向教学；2018年高职护理专业教学标准（征求意见稿）再次采纳了生命周期模式。客观地看，在一个历史阶段，因为教育理念和教学资源等差异，院校可能选择不相同的课程模式。

当前，全国正在落实《"健康中国2030"规划纲要》和《国家职业教育改革实施方案》，在人民群众对美好生活的向往和护理、职业教育极大发展的背景下，护理教育教学及教材的改革创新迫在眉睫。北京大学医学部是百余年前中国政府依靠自己的力量开办的第一所专门传授现代医学的国立学校，历经沧桑，文化厚重，对中国医学事业发展有着卓越贡献。北京大学医学出版社积极应对新时期、新任务和新要求，组织全国富有教学与实践经验的资深教师和临床专家，共同编写了本套高职护理专业教材，为院校教改与创新提供了重要保障。

教材支撑教学，辅助教学，引导学习。教学过程中，教师需要根据自己的教学设计对教材进行二次开发。现代职业教育不是学科化课程简版，不应盲目追求技术操作，不停留在零散碎片的基本知识或基本技能的"名义能力"层面，而是从工作领域典型工作任务引导学习领域课程搭建，以工作过程为导向，将知识和操作融于工作过程，通过产教融合和理实一体，系统地从工作过程出发，延伸到工作情境、劳动组织结构、经济、使用价值、质量保证、社会与文化、环境保护、可持续发展及创新等方面，培养学生从整体角度运用相对最佳的方法技术完成工作任务。这些职业教育需达成的基本能力维度与护理有着相近的承载空间，现代职教理念和方法对引导我国护理教育深化与拓展具有较大的意义。

本套教材主编、编者和出版社老师们对课程体系科学建构，教学内容合理组织，字里行间精心雕琢，信息技术恰当完善。本套教材可与情境教学、项目教学、PBL、模块教学、任务驱动教学等配合使用。新技术的运用丰富了教学内容，拓展了学生视野，强化了教学重点，化解了教学难点，提示了护考要点，将增强学生专业信心，提高学生学习兴趣。

教材与教学改革相互支撑，相辅相成，它们被人类社会进步不断涌现的新需求、新观念、新理论、新方法、新技术引导与推动，永远不会停步。它是朝阳，充满希望；是常青树，带给耕耘者硕果累累。

前 言

"护理学导论"是一门引导学生进入护理领域,了解护理专业核心价值,明确护理学的基础理论、学科框架及专业发展趋势的专业基础课程。它是集系统的护理支持理论、护理学理论、护理工作方法和护理人文艺术为一体,目的在于培养学生树立现代整体护理理念,具有良好的职业道德和行为规范,具有科学的思维和法律意识,以及职业安全防护、健康教育、职业生涯规划等职业能力,并能运用相关理论和知识指导、分析、解决职业生涯中的问题的一门重要基础课程。为培养学生职业素养、职业情感、职业角色意识、职业可持续发展能力,为后续课程学习、能力发展提供必要的支撑和铺垫基础。

本教材密切结合专业发展和需要,增加和运用数字媒体信息手段,通过思维导图、PPT、微视频、微课、动画、试题库等多元化、多维度的学习资源,赋予教材更丰富的内涵、更直观的学习情境,更具活力的新颖体验,也赋予了教材更强的实用性和可操作性。本教材较同类教材具有以下特色:

1. 构建课程模块框架,优化课程结构体系。根据专业职业岗位的知识需求,按照专业特性,重新构建课程体系,整合护理领域相关的理论、知识和能力等内容。设置人类生命与护理的关系、职业安全与防范、职业生涯规划能力等内容。以"单元模块 - 案例问题 - 学习内容 - 学习目标 - 任务目标"为模块设置课程。

2. 引导认知专业领域,铺垫专业理论基础。引导学生认识生命与护理学的关系,由浅入深、循序渐进地认知护理支持理论、护理学理论、职业道德伦理和护理文化、岗位职业能力和职业意识、职业生涯规划等内容。培养职业情感和应用能力,树立职业角色意识,为顺利完成后续课程学习提供必要的理论支撑和铺垫知识基础。

3. 课程单元模块化,突出专业特性。按不同认知领域构建 5 个单元模块:单

元一 认识护理学专业；单元二 认知护理学支持理论；单元三 认知护理学理论；单元四 认知护理职业道德与护理文化；单元五 应用岗位职业能力。共10章、34节学习任务。

4. 以"案例-问题"为载体，以学生学习为主体。每章"以案例引出问题-为解决问题应学习的知识内容-教与学达到的知识和能力目标"展开教学活动。结合知识链接，拓展知识和思维。注重人文修养，培养综合素质。体现"以人为本"的护理教育理念。

本教材由来自全国的十余所高职院校教师和临床护理专家共同编写，高国豪参与资料收集。本教材在编写过程中，各位编者精诚合作，在此表示衷心的感谢！

由于编者水平、能力及时间有限，本教材难免存有疏漏之处，敬请使用本教材的广大师生、读者及护理界同仁惠予指正，以使本教材能够日臻完善。

李丽娟

二维码资源索引

资源名称	资源类型	页码
思维导图解析	下载资源	3
生命过程和护理	视频	4
"健康中国2030"规划纲要	视频	8
"医+养"结合	视频	12
良好护患关系的建立	视频	23
护患关系冲突的处理策略	视频	26
目标检测参考答案	下载资源	26
思维导图解析	下载资源	33
红军看护学校及傅连暲简介	视频	41
目标检测参考答案	下载资源	45
思维导图解析	下载资源	51
需要层次理论	视频	57
塞利压力学说	视频	62
目标检测参考答案	下载资源	76
思维导图解析	下载资源	83
奥瑞姆自理模式理论	视频	85
纽曼健康系统模式理论	视频	91
目标检测参考答案	下载资源	98
思维导图解析	下载资源	104
护士的权利与义务	视频	108
目标检测参考答案	下载资源	112
思维导图解析	下载资源	115
逆向文化休克	视频	118

资源名称	资源类型	页码
目标检测参考答案	下载资源	124
思维导图解析	下载资源	129
锐器伤的防护	视频	135
目标检测参考答案	下载资源	138
思维导图解析	下载资源	141
护理程序	视频	142
护考重点	视频	146
护理病案	下载资源	159
目标检测参考答案	下载资源	160
思维导图解析	下载资源	164
护士的基本素质	视频	165
护士举止规范	视频	166
临床护理决策的步骤	视频	169
目标检测参考答案	下载资源	172
思维导图解析	下载资源	175
法律的分类	视频	177
护士执业注册	视频	177
常用健康教育方法	视频	185
目标检测参考答案	下载资源	190

目 录

单元一　认识护理学专业　　1

第一章　人类生命与护理的关系 …………………………………… 2
第一节　人类生命过程与护理 ……………………………………… 4
　　一、生命孕育与护理 …………………………………………… 4
　　二、生命诞生与护理 …………………………………………… 5
　　三、生命成长发展与护理 ……………………………………… 5
　　四、生命终结与护理 …………………………………………… 6
第二节　人类健康保健与护理 ……………………………………… 6
　　一、人类对健康的需求 ………………………………………… 6
　　二、人类对疾病的预防 ………………………………………… 8
　　三、健康与疾病的关系 ………………………………………… 10
　　四、护理在健康保健中的作用 ………………………………… 11
第三节　护理学专业 ………………………………………………… 13
　　一、护理学的性质、任务和研究对象 ………………………… 13
　　二、护理学专业与范畴 ………………………………………… 13
　　三、护理工作方式 ……………………………………………… 15
第四节　护士角色与患者角色 ……………………………………… 16
　　一、概述 ………………………………………………………… 16
　　二、患者角色 …………………………………………………… 17
　　三、护士角色 …………………………………………………… 21
　　四、护患关系 …………………………………………………… 22

第二章　护理学发展历程及基本概念 ……………………………… 32
第一节　护理学发展历程 …………………………………………… 34
　　一、世界护理学的形成与发展 ………………………………… 34
　　二、中国护理学发展 …………………………………………… 39
第二节　护理学的基本概念及相互关系与指导意义 ……………… 43
　　一、基本概念 …………………………………………………… 43

目 录

二、人、健康、环境、护理四个基本概念之间的关系 ... 45
三、人、健康、环境和护理对护理实践的指导意义 ... 45

单元二　认知护理学支持理论　49

第三章　护理学支持理论 ... 50
第一节　一般系统论 ... 53
一、系统的概念 ... 54
二、系统的分类 ... 54
三、系统的基本属性 ... 54
四、一般系统论在护理实践中的应用 ... 55
第二节　人类基本需要层次理论 ... 56
一、概述 ... 56
二、基本需要层次理论内容 ... 57
三、基本需要层次理论在护理工作中的应用 ... 59
第三节　压力与适应理论 ... 60
一、压力的相关概念 ... 60
二、压力的意义 ... 61
三、压力学说 ... 62
四、压力的防卫 ... 63
五、压力的适应 ... 64
第四节　成长与发展理论 ... 64
一、成长与发展理论的概述 ... 64
二、成长与发展的相关理论 ... 66
第五节　沟通理论 ... 70
一、沟通的概念和构成要素 ... 70
二、沟通的层次 ... 71
三、沟通的类型 ... 71
四、常用的沟通技巧 ... 73
五、影响有效沟通的因素 ... 74
六、护患语言沟通的原则 ... 75
七、人际沟通在护理工作中的作用 ... 75

单元三　认知护理学理论　81

第四章　护理学理论 ... 82
第一节　奥瑞姆自理模式理论 ... 84

一、奥瑞姆自理模式理论内容 ... 85
二、自理模式的意义 ... 87
三、自理模式在护理实践中的应用 ... 88
第二节 罗伊的适应模式理论 ... 88
一、罗伊适应模式理论内容 ... 88
二、适应模式的意义 ... 90
三、适应模式在护理实践中的应用 ... 91
第三节 纽曼健康系统模式理论 ... 91
一、纽曼健康系统模式理论内容 ... 91
二、健康系统模式的意义 ... 94
三、健康系统模式在护理实践中的应用 ... 94
第四节 佩普劳人际关系模式理论 ... 94
一、佩普劳人际关系模式内容 ... 95
二、佩普劳人际关系模式的意义 ... 96
三、人际关系模式在护理实践中的应用 ... 97

单元四　认知护理职业道德与护理文化　103

第五章　护理职业道德与伦理 ... 104
第一节　护理道德 ... 105
一、职业道德的概念 ... 105
二、护理道德的原则、规范与范畴 ... 106
三、护理道德修养 ... 109
第二节　护理伦理 ... 110
一、护理伦理概念 ... 110
二、护理伦理学研究对象和特殊性 ... 111
三、常见的护理伦理问题及应对策略 ... 112

第六章　多元文化与护理 ... 114
第一节　文化与多元文化 ... 116
一、概念 ... 116
二、文化休克概述 ... 116
第二节　跨文化护理 ... 120
一、跨文化护理理论的内容 ... 120
二、文化护理的原则 ... 122
三、多元文化护理中的护士角色 ... 122
四、护理人员如何满足患者文化需求 ... 123

单元五　应用岗位职业能力　127

第七章　护理职业安全防范能力 …… 128

第一节　概述 …… 129
一、概念 …… 130
二、护理职业安全防范进展 …… 130

第二节　护理安全防范 …… 130
一、护理安全的意义 …… 130
二、影响护理安全因素 …… 131
三、护理安全防范措施 …… 131

第三节　职业暴露与防护 …… 132
一、概念 …… 132
二、职业暴露因素 …… 133
三、职业暴露防护 …… 135

第八章　运用护理程序的能力 …… 140

第一节　护理程序及发展 …… 142
一、护理程序的概念与特性 …… 142
二、护理程序的理论背景和发展 …… 143
三、护理程序系统模式 …… 144
四、护理程序对护理实践的指导意义 …… 144

第二节　进行护理评估 …… 145
一、护理评估概念 …… 145
二、护理评估步骤 …… 145

第三节　做出护理诊断 …… 149
一、护理诊断概念 …… 149
二、护理诊断的分类 …… 149
三、护理诊断的组成 …… 149
四、护理诊断的陈述方式 …… 150
五、书写护理诊断的注意事项 …… 150
六、护理诊断与医疗诊断的区别 …… 151
七、合作性问题 …… 151

第四节　制订护理计划 …… 152
一、护理计划概念 …… 152
二、制订护理计划的过程 …… 152

第五节　实施护理工作 …… 155
一、护理实施概念 …… 155
二、护理实施的步骤 …… 155
三、实施过程中的注意事项 …… 157

第六节　评价护理效果 …… 157
一、护理评价概念 …… 157

二、护理评价的目的 ………………………………………………………… 157
　　三、护理评价的性质及核心内容 …………………………………………… 157
　　四、护理评价的方式 ………………………………………………………… 158
　　五、护理评价的步骤 ………………………………………………………… 158
　第七节　书写护理病案 ………………………………………………………… 159
　　一、护理病案概念 …………………………………………………………… 159
　　二、护理病案内容 …………………………………………………………… 159

第九章　护士职业素养与科学思维能力 …………………………… 163

　第一节　护士职业素养 ………………………………………………………… 164
　　一、概念 ……………………………………………………………………… 164
　　二、护士基本素质 …………………………………………………………… 164
　　三、护士行为规范 …………………………………………………………… 165
　　四、建立良好人际关系 ……………………………………………………… 168
　　五、树立良好职业形象 ……………………………………………………… 168
　第二节　科学思维能力 ………………………………………………………… 168
　　一、概念与特点 ……………………………………………………………… 168
　　二、科学思维在护理工作中的应用 ………………………………………… 169
　　三、循证护理 ………………………………………………………………… 170

第十章　职业可持续发展能力 …………………………………………… 174

　第一节　护理工作相关法律法规 ……………………………………………… 176
　　一、法律概述 ………………………………………………………………… 176
　　二、医疗卫生法 ……………………………………………………………… 177
　　三、护理立法 ………………………………………………………………… 177
　　四、护理工作中的法律问题 ………………………………………………… 178
　　五、护理差错 ………………………………………………………………… 180
　　六、医疗事故 ………………………………………………………………… 180
　第二节　健康教育指导能力 …………………………………………………… 182
　　一、健康教育的概念 ………………………………………………………… 182
　　二、健康教育的目的和意义 ………………………………………………… 182
　　三、护理专业人员在健康教育中的作用 …………………………………… 183
　　四、健康教育基本原则 ……………………………………………………… 183
　　五、健康教育的程序 ………………………………………………………… 184
　　六、常用健康教育方法 ……………………………………………………… 185
　　七、实施健康教育时的注意事项 …………………………………………… 186
　第三节　职业生涯规划能力 …………………………………………………… 186
　　一、职业生涯规划相关概念 ………………………………………………… 186
　　二、职业生涯规划理论及进展 ……………………………………………… 187
　　三、护理职业生涯规划的意义 ……………………………………………… 187
　　四、护理职业生涯规划步骤和内容 ………………………………………… 188
　　五、护理职业生涯发展方向 ………………………………………………… 189
　　六、注重培养护生职业生涯规划意识和能力 ……………………………… 190

附录一　护理诊断 NANDA-Ⅰ类排列分类法 235 项一览表 …………… **193**

附录二　护理诊断 NANDA-Ⅱ类排列分类法 155 项一览表 …………… **201**

附录三　《护士条例》 ……………………………………………………… **206**

中英文专业词汇索引 …………………………………………………………… **211**

主要参考文献 …………………………………………………………………… **213**

模块框架图

课程简介

整体护理理念、职业思维、法律意识、健康教育能力、职业生涯规划能力等

岗位职业能力和意识

职业道德与伦理
多元文化与护理

职业道德与文化

相关支持理论
护理学理论

进入职业领域

认知护理与护理专业

引领学生

由浅入深 循序渐进

培养

职业素质
职业情感
应用能力

树立职业
角色意识

树立整体
护理理念

迈进护理殿堂

单元一 认识护理学专业

第一章 人类生命与护理的关系

案例 1-1

房某，女，30岁，已婚5年，有流产史，本次怀孕后进行保胎治疗。孕36周时因出现腹坠感到医院就诊。检查胎心率162次/分，立即给予氧气吸入，并收入院保胎治疗。检查 T 36.8 ℃，P 70次/分，R 22次/分，BP 118/84 mmHg。下午胎儿心音突变，情况危急，立即行剖腹产术，经过抢救，胎儿安全出生，但产妇房某因失血过多抢救无效死亡。

思考：
1. 人类的生、老、病、死过程中预防疾病和健康保健等都与何种工作密切相关？
2. 你知道照顾人的专业称为什么专业吗？
3. 照顾生病者的人和生病者各自称为什么角色？角色之间的关系称为何关系？

学习内容

第一节　人类生命过程与护理
第二节　人类健康保健与护理
第三节　护理学专业
第四节　护士角色与患者角色

学习目标

1. 掌握患者角色、护士角色、护患关系。
2. 熟悉护理学的性质、任务和研究对象，护理专业与范畴，护理工作方式及特点；人类对健康的需求、对疾病的预防；角色特征。
3. 了解人类生命过程与护理工作息息相关的重要意义。

任务目标

1. 树立尊重生命、珍惜生命和关爱生命的理念，应用护患关系角色理论知识和方法指导护理实践。
2. 养成良好的职业态度，扮演好护士角色，在人类健康保健中充分发挥护理人员的作用。

第一章 人类生命与护理的关系

思维导图

下载资源：
思维导图解析

- 人类生命与护理的关系
  - 人类生命过程与护理
    - 生命孕育与护理
      - 孕育的概念
      - 生命孕育的护理
        - 护理内容
        - 护理目的
    - 生命诞生与护理
      - 诞生的概念
      - 生命诞生的护理
    - 生命成长发展与护理
      - 成长发展的概念
      - 成长发展的护理
    - 生命终结与护理
      - 生命终结的含义
      - 生命终结期的护理
  - 人类健康保健与护理
    - 人类对健康的需求
      - 健康的概念
      - 亚健康
        - 亚健康的含义
        - 亚健康的表现
      - 影响健康的因素
        - 生物因素
        - 心理因素
        - 环境因素
        - 行为与生活方式
      - 人类对健康的追求
    - 人类对疾病的预防
      - 疾病观的发展过程
      - 疾病概念
      - 疾病的影响
      - 疾病的预防
        - 疾病预防的概念
        - 三级预防
    - 健康与疾病的关系
      - 是一个连续、动态的过程
      - 二者之间没有明确的分界线
    - 护理在健康保健中的作用
      - 概念
      - 护理人员在健康保健事业中的作用
  - 护理学专业
    - 护理学的性质、任务和研究对象
      - 护理学的性质
        - 科学性
        - 技术性
        - 社会性
        - 服务性
      - 护理学的工作任务
        - 基本任务
        - 最终目标
      - 护理学研究对象
        - 现存健康问题的人
        - 潜在健康问题的人
        - 健康人群
    - 护理学专业与范畴
      - 护理学专业特性
      - 护理学的理论范畴
      - 护理专业实践范畴

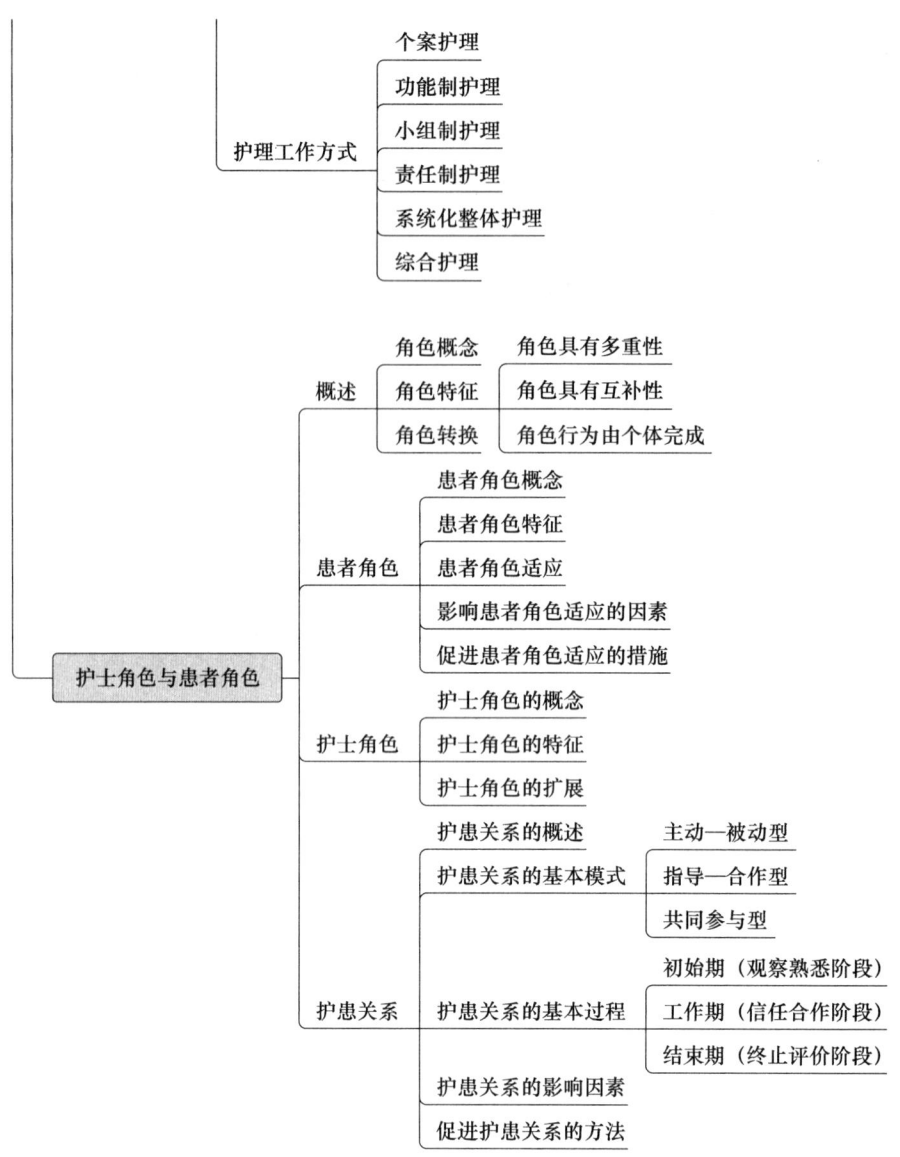

第一节 人类生命过程与护理

生、老、病、死是生命的自然过程。生命的诞生、成长和发展各个阶段都需要护理专业人员为其提供服务,以保护健康、预防疾病、促进人体更加健康从而提高人类健康水平。

一、生命孕育与护理

生命的孕育是一个神奇、幸福而又艰辛的过程,精卵结合的瞬间,一个新的生命由此形成。从胚胎形成到胎儿分娩,在这个过程中,胎儿的健康成长受许多因素的影响,要实现生命健康的孕育和顺利分娩需要护理人员提供无微不至的呵护和帮助。

(一)孕育

孕育亦称妊娠,是胎儿在母体内发育成长的过程。卵细胞受精是妊娠的开始,经过十月怀胎,到一朝分娩时,胎儿及其附属物自母体排出即为妊娠的终止。

(二)生命孕育的护理

1. **护理内容** 主要内容有:①做好孕期保健,如合理饮食、胎教指导和活动锻炼等。

②预防和减少孕妇出现焦虑、便秘、自我形象紊乱、知识缺乏等健康问题。③防止和减轻可能发生的异常情况，如流产、早产、异位妊娠、胎儿畸形、胎膜早破、妊娠高血压综合征、过期妊娠，妊娠合并心脏病、糖尿病或肝炎等。④通过产前检查、孕期保健等护理评估方法，明确孕妇及胎儿健康状况。⑤通过健康教育、心理护理、症状护理、保健指导等护理措施，使孕妇获得孕期保健知识，及时发现和处理异常情况，维持孕母和胎儿健康状态，达到优生优育的目的。

2. 护理目的　了解孕妇及胎儿的健康状况，保证孕母和胎儿安全，以实现健康、顺利的分娩。其本质是实现优生优育，促进健康生命和种族的延续。

二、生命诞生与护理

经过将近十个月的精心保健护理，分娩预示着一个新生命即将诞生，这是一个生死相依、紧张、危急的过程。护士是用双手迎接新生命、托起明天希望的天使。在这个母婴生死攸关，神圣、艰辛而充满风险的诞生过程中，分娩顺利与否受许多因素的影响。护士作为生命的守护神，为保护母婴的安全，夜以继日、有条不紊地劳作，尽力排除和减少不利于分娩的因素，为迎接新生命的到来，为母婴的健康而保驾护航。

生命诞生的护理

诞生亦称分娩，指妊娠满28周以后胎儿及其附属物从临产发动至全部娩出的过程。

1. 护理内容　主要内容有：①尽快掌握影响分娩的因素，如产力、产道、胎儿及待产妇的心理状态，判断是否存在异常分娩因素，尽力减少和消除相关不利因素。②针对正常分娩常见的健康问题，如疼痛、焦虑、产后出血等，以及异常分娩可能出现的难产、新生儿窒息、产后大出血、子宫破裂、感染等异常情况，采取紧急措施，配合医生进行抢救、治疗和护理等，如果处理不恰当、不及时，就可能危及母婴的生命安全。

2. 护理目的　保护产妇顺利分娩，确保新生儿健康，产妇及新生儿没有产伤，无并发症，母子平安。母婴平安健康体现白衣天使的快乐和价值所在。

三、生命成长发展与护理

自新生命诞生到生命终结，成长发展贯穿于全过程。生命的成长与发展遵循一般规律，受相关遗传因素和环境因素影响，在各个年龄阶段，都有各自不同的特点和特殊问题需要解决。护士应根据不同年龄阶段的护理对象的心理特点、行为特征及基本需要提供适合于服务对象的护理服务，从而促进个体健康的成长和发展。

（一）成长发展的概念

生命成长发展包括两个方面，成长是细胞增殖而产生的生理方面——量的变化；发展是身心机体功能的成熟——质的变化，成长与发展是人类在整个生命历程中自然而不断变化的过程。

（二）成长发展的护理

1. 护理内容　人的生命过程可分为八个阶段，即婴儿期、幼儿期、学龄前期、学龄期、青春期、青年期、中年期、老年期。针对不同年龄阶段的特点和基本需要，采取相应的措施，以促使身心人格的不断完善和发展。如：①婴儿期的特点是生长发育迅速，对各种营养物质的需求特别高，补充不完善、不及时易导致机体营养失调，影响发育，甚至导致疾病的产生；免疫系统尚未健全，易罹患传染性疾病，如麻疹、上呼吸道感染、肺炎等。②青春期的特点是青春期为人生第二个生长发育高峰期，性器官和第二性征逐渐发育成熟，心理上既有儿童期的某些痕迹又出现成人期的某些心理特征，具有幼稚与成熟、独立与依赖并存等特点，是人类从儿童期向成年期过渡的时期。③老年期是人生过程的最后阶段，其特点是各系统器官功能减退，心理上有孤独、空虚、固执、多疑、抑郁、悲观、自卑等特点；而在熟悉的专业或事物方面，其智力、智能反而会增加。因此，解决老年期的问题，要从物质精神和发挥老年人的潜力两方面入手，既解决老年人的需求，又发挥余热，使其继续为人类社会做贡献。

2. **护理目的** 了解生命过程的心理社会发展规律，掌握各个阶段的特点和特征，明确不同年龄阶段护理服务对象的身心基本需要，提供适合于生命所处的各阶段所需的整体护理，促进生命的健康成长和发展。

四、生命终结与护理

（一）生命终结的含义

生、老、病、死是人生的自然发展规律，死亡是生命活动不可避免的最后阶段，是人生旅途的终点站，是生命有机体的结束，是构成完整生命历程的重要组成部分。运用高科技医疗虽然能延长人们的生命，但终归无法改变生命的必然逝去。

（二）生命终结期的护理

1. **护理内容** 随着健康观念的转变，人们越来越关注临终者的生命质量。人类对生命的热爱、珍惜和对生存的留恋，对死亡的恐惧，使临终者面对死亡表现出渴望精神上的支持、躯体上的抚慰，期望能够舒适、有尊严地离开人世。主要护理内容有：①帮助临终者及其家人坦然地正视并接受死亡。②尽可能地减轻临终者生理上的痛苦。③抚平临终者家人心理上的创伤。使临终者有尊严、安详地度过人生的最后旅程，是护理人员应尽的义务和责任。临终护理是社会进步的标志，符合人类追求生命质量的客观要求，体现了护理职业的崇高。

2. **护理目的** 临终护理是尽可能地满足临终者各种生理需要，控制症状，缓解肉体痛苦。提供心理支持，缓和临终者对死亡的恐惧和不安，提高临终者的生命质量。同时给予临终者家人心理支持和疏导，缓解他们的身心痛苦，促进其心理健康。

第二节　人类健康保健与护理

健康是人类共同追求的永恒目标，随着人类社会科技、经济、文化的不断进步和发展，人们对健康有了更高的追求。健康不仅是个人事业成功、家庭幸福的前提和保证，也是社会进步、民族兴旺、国家富强的基础和标志。因此，帮助人们追求健康、预防保健、促进健康成为护理学专业的任务和职责。

一、人类对健康的需求

（一）健康的概念

1989 年，世界卫生组织（WHO）对健康的定义为："健康不仅是没有疾病，而且包括躯体健康、心理健康、社会适应良好和道德健康"。道德健康是指不以损害他人利益来获取自己所需，应遵守社会行为道德规范，约束自己及支配自己的思维和行为，具有辨别真伪、善恶、荣辱的是非观念和能力。WHO 的健康新概念将道德修养纳入人的健康范畴，把健康的内涵提升到一个新的认识境界，使现代健康观的内涵得到进一步的明确和深化。

（二）亚健康

亚健康研究之父、苏联著名学者 N. 布赫曼教授认为：亚健康是处于健康和疾病之间的一种生理功能低下的非健康状态，又称之为慢性疲劳综合征或"第三状态"。现代医学又称"次健康"。世界卫生组织一项全球性调查结果表明，全世界约 75% 的人处于亚健康状态。亚健康的研究已成为全社会、全人类共同关心的热点问题。

1. 亚健康的含义 世界卫生组织将机体无器质性病变,但是有一些功能改变的状态称为"第三状态",我国称为"亚健康状态"。"亚健康状态"指无临床症状和体征,或者有病症感觉而临床检查无明确疾病证据,但已有潜在发病倾向,处于一种机体结构退化、生理功能减退和代谢过程活力降低与心理失衡的状态。

2. 亚健康的表现 亚健康的表现是错综复杂的,常见情绪容易紧张、暴怒;心情郁闷、食欲缺乏;容易头痛头晕;有的人皮肤特别容易干燥,特别容易衰老;也有人表现倦怠、注意力不集中、烦躁、失眠、胃肠消化功能不好,甚至有欲死的感觉。N.布赫曼教授认为,虽然以上这些症状并非就是患病,各种体格检查和实验室检查结果也查不出数据确切的健康异常现象,但是对人的健康影响极大。如果这种状态不能得到及时的纠正,非常容易引起身心疾病。

(三) 影响健康的因素

人类生存在自然环境和社会环境中,其健康受到诸多方面、多种因素的影响,为了更有效地维持和促进健康,护士应了解影响健康的有关因素,以便更好地为人类健康服务。

1. 生物因素 生物因素是影响人类健康的主要因素。

(1) 病原微生物:由病原微生物引起的传染病、寄生虫病和感染性疾病等各种传染性疾病是造成人类疾病和死亡的主要原因之一。现代医学通过预防接种、合理使用抗生素等方法,以预防和控制病原微生物对人类健康的侵害。

(2) 遗传因素:遗传因素不仅影响人的生物学特征、智力潜能,对人类诸多疾病的发生、发展及分布也具有决定性影响。目前已知遗传性疾病多达3000种左右,如唐氏综合征、无脑儿、先天性心血管疾病、唇裂、白化病、血友病、色盲等,而精神分裂症、哮喘、糖尿病、高血压、冠心病等常见病也与遗传基因有关。全世界每年大约有500万出生缺陷婴儿诞生,我国出生缺陷发生率为4%~6%。

(3) 生物学特征:生物学特征影响健康的因素:①年龄,不同年龄阶段中疾病的分布是不同的,如婴儿期发育尚未完全成熟,抵抗力低,易患麻疹、肺炎等疾病;高血压、冠心病等通常发生在40岁以上的中年人,但已呈年轻化发生趋势。②种族,不同疾病在不同的种族人群中发病率不一样,如亚洲人患骨质疏松症的比率比欧洲人高,皮肤癌、阿尔茨海默病多见于白人,而黑人中乳腺癌、前列腺癌的发病率高于白人。③性别,女性患骨质疏松症、系统性红斑狼疮和自身免疫性甲状腺疾病比男性常见,成年女性患抑郁症的概率是男性的2倍,男性比女性更易患精神分裂症和自闭症、胃溃疡、血栓闭塞性脉管炎等。

2. 心理因素 心理因素主要通过情绪和情感对健康产生影响。现代医学研究表明许多慢性病的发病与心理因素有关,如心血管病、肿瘤、高血压、胃十二指肠溃疡等。消极情绪如焦虑、悲伤、恐惧、怨恨、愤怒等,可使人体各系统功能失调,造成功能紊乱、免疫力下降,导致各种疾病产生。因此,保持积极、乐观、向上的情绪是增进健康的有益条件。

3. 环境因素 是指直接或间接地影响人类生活的各种自然环境和社会环境之总和。环境是人类赖以生存和发展的重要条件和基础。

(1) 自然环境:又称物质环境,主要指水、空气、土壤及其他生物等,是人类赖以生存和发展的必要条件。水污染、大气污染、土壤污染、食品污染、辐射、噪声等危险因素都会直接或间接地危害人类健康。

(2) 社会环境:又称非物质环境。①社会政治经济因素。指社会立法、社会支持系统、社会资源分配、就业等因素。②医疗卫生服务体系。指社会医疗卫生机构和专业人员为达到防治疾病、促进健康的目的,运用卫生资源、采用医疗技术手段向个体、群体和社会提供医疗卫生服务的有机整体。③职业环境。职业环境中存在的职业有害因素,如劳动制度不合理、劳动强度过大,以及劳动环境中的护理、化学或生物有害因素等,均可导致职业人群因长期压力和蓄积了有害物质,从而使从业人员产生心理健康问题或罹患职业病。④意外伤害。随着社会经济发展，机械化程度提高，生活节奏加快，意外伤害对居民健康和安全的威胁越来越明显，伤害已成为我国1~14岁人群的第一位死亡原因。⑤文化教育背景。包括教育制度、人们的文化素质、受教育程度、风俗习惯、宗教信仰、社会文化和娱乐环境等因素。人们的文化教育背景，决定了人们的生活习惯、信念、价值观和习俗、健康意识，也影响人们与卫生保健体系接触的方式、个人的健康实践活动、与卫生保健人员的关系等。

4. 行为与生活方式 行为与生活方式是指人们在特定环境中，为了满足生存和发展而形成的生活习惯和生活意识。生活方式受社会经济、文化教育、民族风俗、社会规范、个人特征以及家庭的影响。WHO指出：影响人类健康的因素，行为与生活方式占60%，遗传因素占15%，社会因素占10%，医学因素仅占8%，气候因素占7%。可见行为与生活方式已成为影响人类健康的重要因素。

研究表明，科学的、良好的行为和生活方式有利于促进和维护健康，如适量运动、科学饮食、规律生活等；不良的行为和生活方式已成为危害人们健康的主要因素，如吸烟、酗酒、吸毒、纵欲、赌博、滥用药物、不合理饮食、缺乏锻炼等。

（四）人类对健康的追求

人类对健康的认识随着社会生产力水平的不断发展，以及对自身认识的深化而不断丰富和发展。在生产力低下时期，人类只关注如何适应和征服自然，维持自身的生存。随着生产力水平、物质、文化和生活的不断丰富和提升，人类对自身健康要求越来越高，人们总是尝试各种方法创建良好的生活环境、形成健康的生活习惯来实现健康，提高健康水平，提高生活质量。作为护理人员应通过专业指导帮助个体、群体实现对自身健康的追求，维持健康、促进健康。

视频：
"健康中国2030"
规划纲要

> **知识链接**
>
> **健康评价标准**
>
> WHO确定衡量健康的10项标准：①精力充沛，能从容不迫地应付日常生活和工作。②处事乐观，态度积极，乐于承担任务，不挑剔。③善于休息，睡眠良好。④身体应变能力强，能适应外界环境的各种变化。⑤对一般性感冒和传染病有一定的抵抗力。⑥体重适当，身体匀称，身体各部位比例协调。⑦眼睛明亮，反应敏锐，眼睑不发炎。⑧牙齿清洁、无龋齿、牙龈颜色正常、无出血现象。⑨头发有光泽、无头屑。⑩骨骼健康，皮肤、肌肉有弹性，走路轻松。

二、人类对疾病的预防

疾病是有别于健康的另一种生命运动现象，与健康同样是自然的、动态的过程。健康是人们在适应环境变化过程中，不断维持生理、心理和社会适应能力处于一种动态的平衡状态，是相对存在的，一旦这个动态失去平衡状态，必将会出现另一种生命运动方式，即患病。因此，人们需要通过提高健康水平和采取有效措施来维持平衡状态，预防疾病或延缓疾病的发生，促进和达到最佳的健康状态。

（一）疾病观的发展过程

1. 古代疾病观 ①认为"疾病是鬼神附体"，这是古代生产力低下和认识自然的能力有限所致的。认为神鬼的作祟是疾病的原因，是疾病的本质，因此出现了"巫"与"医"的结合。②公元前5世纪，"医学之父"希波克拉底创立了"体液学说"，认为疾病是由于体内血液、黏液、黑胆汁和黄胆汁四种体液不正常所致。③春秋战国时期，古人提出人体由阴阳两部分组成，阴阳协调则健康，阴阳失调则发生疾病，"疾病是机体阴阳失衡"是我国古代对疾病的认识。

2. 近代疾病观　18世纪意大利莫干尼（1682—1771年）提出疾病就是器官形态学的改变，但忽视了机体的整体性。其自身局限性表现在无法解释一些没有结构、功能与形态改变的疾病，如神经症。20世纪初，法国生理学家伯纳德（Claude Bernard）提出了有关疾病的概念："所有生命都是以维持内环境的平衡为目的，疾病是机体内环境平衡的破坏"。

3. 现代疾病观　在生物医学模式指导下提出"疾病是机体功能、结构和形态的改变"，这是疾病认识史上的一大飞跃，也是医学发展到一定阶段的结果。20世纪30年代美国生理学家坎农发展了伯纳德的学说，首次提出"内环境稳定"一词，进一步说明疾病是机体内环境恒定状态的破坏。20世纪50年代加拿大生理学家塞里用整体观点取代了局部观点。

（二）疾病概念

综上疾病观发展过程所述，疾病是机体在一定内外因素作用下出现的一定部位的功能、代谢或形态结构的改变，表现为损伤与抗损伤的病理过程，是机体内稳态平衡的破坏而发生的生命活动障碍。

（三）疾病的影响

1. 疾病对个体的影响

（1）身体心像的改变：身体心像是一个人在大脑中对自己身体的影像，是个体对自己身体的态度和感觉。与自我价值观和自尊有关，是自我概念的组成部分之一，在自我价值观的形成过程中起着重要的作用。身体外观的改变、功能的丧失和障碍，如残肢、瘫痪、器官切除术、器官移植等，个体主观感觉躯体结构、功能的不完整性，而产生身体心像改变。主要表现为对身体的结构、功能、外观产生怀疑、退缩、消极、抑郁等态度。

（2）自我概念的改变：自我概念是一个人对自身存在的体验，即通过经验、反省和他人的反馈，逐步获得对自己的认知。由态度、情感、信仰和价值观等组成。分为社会自我概念（人际关系）、情绪自我概念、身体自我概念（体能、形体）。个体因疾病、外伤、伤残或治疗等，会使机体发生生理、心理、形体、能力等变化，如心脏病、肺结核、压疮、癌症、截肢等，产生孤独、恐惧、害怕、悲伤、自卑、适应能力下降、价值观改变、身体心像改变等，从而导致个体自我概念发生改变。一个人能否正确看待自己因疾病引起的"变化"，与疾病的恢复有着直接的关系。

（3）行为与情绪改变：由于自我概念和身体心像的改变，个人的能力、价值观等也随之发生变化，如出现失落、悲观、不愿治疗、不承认自己是患者、厌倦，甚至自杀等异常情绪和行为的改变。个体的行为、情绪改变与疾病的性质、疾病的严重程度、疾病持续时间及患者对该病的态度有关。短期的、无生命危险的疾病不会引起患者与家人太大太久的行为改变；而重病，尤其是对生命造成威胁的疾病则可引起强烈的行为与情绪反应。

（4）自理能力和生活方式的改变：自理能力是指个体进行自理活动或自我照顾的能力。个体遭受疾病、损伤、残疾或接受治疗等情况出现时，其自理活动能力和自我照顾能力出现下降或缺陷，其生活方式必然因疾病状况而发生相应的改变，如卧床、拄拐、坐轮椅等。疾病常可降低个人的自主性，而出现更多的依从或遵医行为。如许多患者为了疾病的康复，愿意放弃自己原有的生活方式与生活习惯，在饮食、作息、卫生等方面采纳医护人员的建议。

2. 对家庭的影响

（1）家庭经济负担加重：由于患病需就诊和治疗，必然会增加家庭开支。若患者是家庭经济来源的主要承担者，患病后无法正常工作，使家庭经济收入减少，从而加重家庭经济负担。

（2）家庭成员的压力增加：一个人患病后，家庭中的其他成员需要投入更多的精力和时间去照顾患者。同时，也要承担患者的原家庭角色功能。这使得家庭成员的负担加重，并产生相应的心理压力。若病重或患不治之症，甚至面临死亡时，整个家庭的情绪会受到很大影响，可表现为情绪低落、压抑、焦虑不安、震惊、否认、悲伤等。

3. 对社会的影响

（1）对社会生产力的影响：降低社会生产力。每个人在工作时都以其社会角色对社会做出应有的贡献，当个体患病后，其能力和行为发生改变，不能继续承担原有的社会工作任务，需暂时或长期免除社会责任，必定会降低社会生产力，对社会生产力产生影响。

（2）对社会经济的影响：浪费或消耗社会医疗资源。诊断和治疗疾病都要消耗一定的社会医疗资源，使国家生产总值遭到一定比例的损失。可见，疾病不仅会对个体和家庭产生重大的影响，对整个社会经济也会造成巨大的影响。

（3）对社会健康的影响：传播疾病，威胁他人健康。某些传染性疾病，如肝炎、结核、艾滋病等，如不采取适当的措施，会在人群中传播，影响和威胁他人健康，甚至对整个社会健康状况造成危害，可能带来严重的社会问题，甚至引发社会的恐慌。

（四）疾病的预防

1. 疾病预防的概念 疾病预防又称健康保护，是指采取特定行为避免健康受到现存或潜在威胁的过程。疾病预防是以健康问题为导向，强调发现健康问题、改善环境和行为及提高身体抵抗力的方法，从而避免健康和功能水平的降低。如采取戒烟、免疫接种等行为，以减少或阻止特定的或可预料的健康问题；通过定期健康检查、室内空气有害物质检测等行为，保护现有健康的状态。

2. 三级预防

（1）一级预防：又称病因预防，是从病因上防止健康问题的发生，是最积极有效的预防措施。目的是保护或提高个体、家庭和社区的总体健康水平，从而避免疾病或推迟疾病的发生。包含健康促进和健康保护两个方面。主要措施：①实施健康教育，建立良好生活方式；②提倡合理饮食，加强体育锻炼；③特殊人群的重点预防；④针对病因的特异性预防；⑤环境保护和监测；⑥重视社会、心理、行为与健康的关系。

（2）二级预防：又称临床前期预防，关键是早期发现、早期诊断和早期治疗，即"三早"预防。主要关注已有健康问题人群的健康、预防并发症和残疾发生。具体措施包括：病例筛查、疾病普查、健康体检、治愈性和预防性检查、传染病传播的预防、并发症和后遗症的预防，以及缩短功能紊乱的时间等措施。

（3）三级预防：又称临床期预防或病残预防，即积极治疗，采取各种促进身心健康的措施，减少并发症和后遗症发生，达到最大限度地恢复健康，把健康问题的严重程度压缩到最小程度。措施包括：推迟残障和促进康复两个层面。通过三级预防，减轻伤残程度，帮助恢复部分或全部自理能力。

三、健康与疾病的关系

1. 健康与疾病是一个连续、动态的过程 健康与疾病不是绝对静止的，而是一种不断变化的状态，在一定的条件下可以相互转化。内外环境和谐稳定时，人处于健康完好状态；当稳定遭到破坏时，则产生疾病甚至死亡。因此，护理人员有责任促进人类健康向完好状态发展。

2. 健康与疾病之间没有明确的分界线 在任何时候，人的健康总是相对的，没有完全绝对的健康，健康与疾病之间存在"过渡形式"，即所谓的"亚健康"状态。健康与疾病是动态的，不是绝对的，如一个人感觉不适，有可能是疲劳所致，处于亚健康状态，而并非发生了疾病。健康疾病连续相，见图1-1。

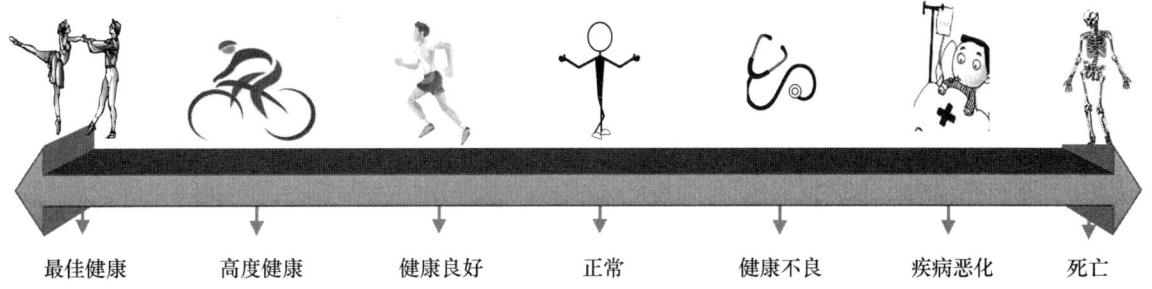

| 最佳健康 | 高度健康 | 健康良好 | 正常 | 健康不良 | 疾病恶化 | 死亡 |

图 1-1　健康疾病连续相图

> **知识链接**
>
> **大学生心理健康的标准**
>
> 1. 智力正常。这是大学生学习、生活与工作的基本心理条件，也是适应周围环境变化所必需的心理保证。
> 2. 情绪健康。其标志是情绪稳定和心情愉快。
> 3. 意志健全。意志健全者在行动的自觉性、果断性、顽强性和自制力等方面都表现出较高的水平。
> 4. 人格完整。人格指的是个体比较稳定的心理特征的总和。人格完整就是指有健全统一的人格，即个人的所想、所说、所做都是协调一致的。
> 5. 自我评价正确。正确的自我评价乃是大学生心理健康的重要条件。
> 6. 人际关系和谐。良好而深厚的人际关系，是事业成功与生活幸福的前提。
> 7. 社会适应正常。个体与客观现实环境保持良好秩序。
> 8. 心理行为符合大学生的年龄特征。大学生是处于特定年龄阶段的特殊群体，大学生应具有与年龄、角色相应的心理行为特征。

四、护理在健康保健中的作用

WHO 曾提出"2000 年人人享有卫生保健"战略目标，为推动这一全球性目标的实现，曾明确指出：推动初级卫生保健是实现"2000 年人人享有卫生保健"战略目标的关键和基本途径。

（一）概念

1. **初级卫生保健**　初级卫生保健是人们所能得到的最基本的保健照顾，包括疾病预防、健康维护、健康促进及康复服务。其任务包括健康促进、预防保健、合理治疗和社区康复四个方面。

2. **保健**　保健是为了维护人体健康，提高健康水平而对个人或群体采取的预防、医疗和康复措施。保健的实质就是寻求和消除破坏人体与环境之间平衡状态的各种因素，维护、修复或重建破坏的健康平衡，增加健康潜能。

（二）护理人员在健康保健事业中的作用

1993 年，世界银行在世界发展状况报告中明确指出："大部分初级卫生保健工作应该由护士及助产士承担，在未来的一段时间内，此种趋势将逐渐扩大。"护士作为卫生保健工作的主要力量，在 21 世纪将承担更复杂更艰巨的任务（图 1-2）。

1. **开展社区护理**　面向社会、家庭，为社区老人、妇女、儿童、慢性病患者等重点人群，提供老年人保健、妇女保健、预防接种、慢性病护理、职业病防护、心理咨询等健康保健服务。同时开放家庭病床，满足社区患者的基本治疗和护理需求。开展社会卫生监督性服务及企

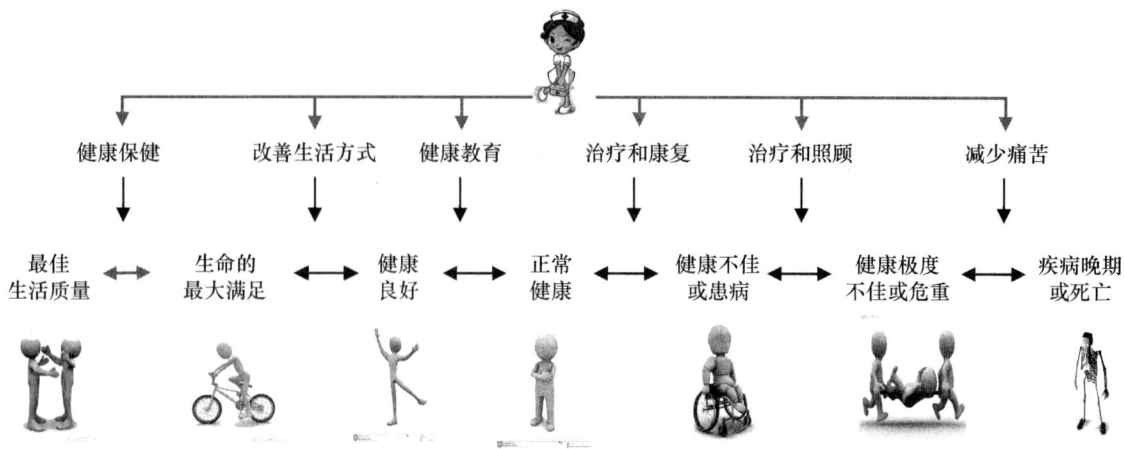

图 1-2 护理人员在健康保健事业中的作用

业、学校、机关、街道卫生人员的业务培训和技术交流。

2. 健康教育和指导 护理人员必须具备良好的健康教育能力，通过开展内容广泛、形式多样的健康教育，调动人们的自我护理潜能，指导人们掌握更多的自我保健知识和技能，更新健康观念，建立起良好的生活方式和行为习惯，提高个人、家庭的自我护理和自我保健能力，以预防疾病，促进和维护健康。

3. 提供整体护理 护理人员必须掌握更多、更新的学科知识，具有处理各种临床复杂情况的能力和娴熟精湛的技术，能使用先进、复杂的仪器和设备，为患者提供全面、优质、高效的整体护理。减轻患者痛苦，不断增进健康水平。

4. 提供咨询服务 随着人们健康意识的提高，寻求有利于健康的知识成为每个人的需求，满足人们这一需求是护理人员应承担的责任。

5. 提高生存质量 随着社会物质、文化和医疗、科技的不断进步和发展，人们的生活水平和知识水平也在不断地提高，健康意识不断地增强，对健康的本质也有了更深一步的认识。如对于癌症这类现代医学还难以彻底治愈的疾病，许多人宁愿获得高质量的短暂生命，也不愿意长期极端痛苦地生活。在这种客观健康水平提高和主观健康观念更新的背景下，人们开始寻求新的健康测量指标，用以评价健康水平的一套指标体系——"生存质量"应运而生。

视频：
"医+养"结合

（1）生存质量的概念：生存质量（quality of life，QOL）也称生活质量或生命质量。1993年在日内瓦召开的世界卫生组织生存质量研讨会上，WHO明确指出"生存质量是指个体在其所处的文化和风俗习惯的背景下，由生存的标准、理想、追求的目标所决定的对其目前社会地位及生存状况的认识和满意程度"，它包括个体生理、心理、社会功能及物质状态4个方面。

（2）生存质量的判断标准：生存质量测量方法是一种新的健康测量和评价技术，涉及客观和主观两方面的综合测量判断标准。包括躯体健康、心理健康、社会适应能力、生存环境状况（如经济收入情况、住房情况、工作情况、邻里关系、卫生服务的可及性和利用情况）。目前，其测定的内容尚无统一的标准，主要包括6个方面：躯体状态，心理状态，社会关系，环境，独立程度，精神/宗教/个人信仰。

（3）提高生存质量的护理策略：主要有：①营造良好的生活和休养环境。提供舒适的物理环境，保持居家、休养或治疗环境整洁、安静、安全、舒适、优雅，使人精神愉悦，心情舒畅，有利身心健康。②增进生理舒适。避免不良因素的刺激，减轻或消除疼痛和不适，满足饮食、排泄、清洁等需求，保持均衡饮食、充足睡眠、清新空气，保证患者有良好的生理舒适感。③满足心理需求。针对人们的心理活动，采取一系列的心理护理措施，满足其各方面的心理需求。帮助人们消除不良的心理反应，引导正确对待疾病、挫折和困难，热爱生活、积极向上。创建和维持良好的社会环境，有利于恢复健康，促进健康，提高生活质量。④拓展有益生活空间。根据自身条件和兴趣爱好，指导拓展有益的、丰富多彩的生活空间。采取适合自身的健身方法，拥有娱乐身心的业余爱好，强身健体、舒展心灵、修身养性，提高精神文化生活，提升生活品质。⑤利用社会支持系统。利用家庭成员、亲朋好友、同事、团体、组织和社区等社会系统，排忧解难，及时解决生理、心理和生活中的各种问题，缓解紧张、减轻压力，使人们获得精神上和物质上的支持与帮助，从而提高社会适应能力，提高生活水平。

第三节　护理学专业

护理学既是一门科学，也是一门艺术。护理学的内容及范畴涉及影响人类健康的生物、社会心理、文化及精神等各个方面，其研究方法是应用科学的思维方法对各种护理学现象进行整体的研究，探讨护理服务过程中各种护理现象的本质及规律，并形成具有客观性及逻辑性的科学。

一、护理学的性质、任务和研究对象

（一）护理学的性质

护理学是一门以自然科学和社会科学为理论基础，研究如何提高及维护人类身心健康的护理理论、知识、技能及其发展规律的综合性应用科学，属于生命科学的范畴。护理学具有四个特性。

1. **科学性**　具有广泛的科学理论基础，除了自然科学、医学基础和临床知识外，还包括心理学、伦理学、人际沟通、管理学、教育学、社会学、营养学和美学等方面的知识。

2. **技术性**　护理学是一门实用科学，应用科学的技术和原理指导护理实践。

3. **社会性**　护理工作广泛地面向社会，具有人际关系的社会性，个人、家庭和社区三者的关系具有突出的社会性，护理工作与社会生产力和社会经济效益密切相关。

4. **服务性**　护理是一项为人类健康提供优质服务的行业，是一种帮助人的活动，护理学是一门服务性很强的综合性应用科学。

（二）护理学的工作任务

1978年WHO指出"护士作为护理的专业工作者，其唯一的任务就是帮助患者恢复健康，帮助健康的人促进健康"。护理学的基本任务："促进健康、预防疾病、恢复健康、减轻痛苦"。护理学最终目标是保护全人类的健康，提高整个人类社会的健康水平。

（三）护理学研究对象

1. **现存健康问题的人**　即由于某些原因影响了人体正常生理活动，而出现了疾病的症状、体征，或机体发生病理改变，患有某些疾病的人。

2. **有潜在健康问题的人**　护理对象尚未出现疾病的症状、体征，但存在一些需引起重视和注意的问题，如不加以解决和改善，则会向疾病方向发展。如身体过于肥胖，有发生"三高"症状（高血压、高血脂、高胆固醇）的危险等。

3. **健康人群**　对健康人群进行健康教育、促进健康，提高人类整体健康水平，提高人们的生活品质，是护理学研究的新领域。

二、护理学专业与范畴

（一）护理学专业特性

1. **以提供满足社会需要的服务为目的**　一门专业必须具备能为人类的某些方面服务的特征，并符合社会及时代对专业的需求。护理专业服务对象是人，以其专业的理论、知识和技

能，为全人类提供各种护理服务，其目的是保障服务对象的健康及安全，最大限度地满足服务对象的健康需求。提高人们的健康水平，提升生活品质，提高生命质量。

2. **有完善的教育体系**　护理教育有护理专科、学士、硕士、博士、博士后等不同的教育方式。护理专业具有任何一门专业的从业人员必须经过的严格的专业高等教育，才能胜任本专业工作的专业特征。

3. **有系统完善的理论基础**　任何一门专业必须有完善的理论基础及技术来支持其实践及科研体系。护理学以社会科学、自然科学及医药学作为理论基础，并不断地探讨其独特的理论体系，以指导护理教育、科研及实践。

4. **有良好的科研体系**　科研是保证专业更新及发展的重要手段，只有不断地更新及发展才能保证专业的生命力。国际护理科研体系正在逐步地实施及完善，我国的护理科研也初具雏形，并随着硕士及博士教育的不断开展而逐渐发展及完善。

5. **有专业自主性**　每个专业都必须有相应的专业组织，制定一定的伦理、道德等专业规范，检查及约束其从业人员的专业活动，并依据这些标准来进行同行监督及自我检查以维持高质量的服务标准。目的是提高整个专业的整体水平，争取专业的社会地位及工作自主权，为从业人员谋福利。护理专业有自己的专业组织，有自己的护理质量标准，并有执业考试及定职考核制度，有护理伦理及法律方面的要求。

（二）护理学的理论范畴

1. **护理学研究的对象、任务和目标**　护理学的研究对象、任务、目标是护理学建设的基础，并随着护理学发展而不断发展。其研究的主要目标是人类健康，服务对象包括患者与健康群体。研究的主要任务是运用护理理论、知识、技能进行促进健康、预防疾病、恢复健康、减轻痛苦的护理实践活动。从而为患者提供个别性、整体性、连续性的服务。

2. **护理学理论体系**　护理学理论体系是指导护理专业实践的基础，是对护理现象系统的、整体的看法，以描述、解释、预测和控制护理现象。20世纪中叶，护理先辈们开始不断探索和发展了一些护理概念框架和理论模式，如奥瑞姆的自理模式、罗伊的适应理论、纽曼的健康系统模式等。这些理论用科学的方法概述和解释护理现象，从科学角度诠释了护理工作的性质，阐述护理知识的范围和体系，确立护理理念和价值观，指导护理专业的发展方向。随着护理实践新领域的开辟，将会建立和发展更多的护理理论，使护理学理论体系日趋丰富和完善。

3. **护理学与社会发展的关系**　护理学与社会发展的关系主要研究护理学在社会中的作用、地位和价值，研究社会对护理学的影响及社会发展对护理学的要求。例如社会老龄化进程的加速、慢性疾病患者的增加、医疗保险的实施等促进社区护理的发展，使护理工作领域得以延伸和扩展；信息化技术的快速发展为护理事业发展创造了有利条件。"十三五"时期云计算、大数据、移动互联网、物联网等信息技术快速发展，必将推动护理服务模式和管理模式发生深刻转变，为优化护理服务流程、提高护理服务效率、改善护理服务体验，实现科学护理管理创造有利条件。

4. **护理学分支学科及交叉学科**　随着现代科学的高度分化和广泛综合，护理学和自然科学、社会科学、人文科学等多学科相互交叉渗透，形成了许多新的综合型、边缘型的交叉学科，如护理心理学、护理美学、护理教育学、护理管理学，以及老年护理学、社区护理学、急救护理学等一批分支学科，大大推动了护理学科体系的构建和完善。

（三）护理专业实践范畴

1. **临床护理**　临床护理服务对象是患者，护理工作包括基础护理和专科护理。

（1）基础护理：是临床各专科护理的基础，是应用护理的基本理论、基本知识、基本技能，针对护理对象的生理、心理特点和治疗康复的需求，满足患者的基本需要。如皮肤护理、饮食护理等。

（2）专科护理：是应用护理学和各专科医学知识、技能，根据各专科患者的特点及诊疗要求，对患者提供帮助，满足其健康需求，主要包括各专科常规护理、实施专科护理技术。如烧伤、器官移植等护理。

2. **护理管理** 是运用现代管理学的理论和方法，对护理实践体系中的人、财、物、时间、信息等进行科学的、系统化的统筹管理。以确保护理工作及时、安全、有效地进行。其目的是让患者得到优质护理服务，同时促进护理工作效率和护理质量的提高。

3. **护理教育** 以护理学和教育学理论为基础，有目的地培养护理人才，以适应医疗卫生服务和医学科学技术发展的需要。目前我国的护理教育分为基础护理教育、毕业后护理教育和继续护理教育三大类，其中基础护理教育包括中专、专科和本科教育三个层次；毕业后护理教育包括研究生教育和岗位培训；继续护理教育是针对从事护理工作的在职人员，以为其提供新理论、新知识、新技术、新方法为目标的终身教育。

4. **社区护理** 以社区为基础，以人群为对象，以服务为中心，对个人、家庭及社区提供连续的、动态的、综合的健康保健服务。工作内容包括疾病预防、健康教育、预防接种、心理卫生指导、计划生育、职业病防治和家庭访视护理等。以帮助人们建立良好的生活方式，促进和提高全民健康水平。

5. **护理研究** 是运用观察法、科学实验法、调查法、经验总结和理论分析法等方法，揭示护理学的内在规律，是推动护理学科发展，促进护理理论、知识、技能更新的护理实践活动。

三、护理工作方式

护理工作方式是指护理人员在对服务对象进行护理时所采用的分工方式。目前临床上常用的护理分工方式主要有以下几种：

1. **个案护理** 由专人负责实施个体化护理，一名护理人员负责一位患者所需要的全部护理活动。适用于抢救危重患者或某些特殊患者，也适用于临床教学需要。优点是护士责任明确，负责完成其全部护理工作，能掌握患者全面情况，护患沟通和交流较深入，护士对患者的心理状态有一定了解，患者能够得到高质量的护理。缺点是需要护理人员有一定的工作能力，且人力成本高。

2. **功能制护理** 以完成各项医嘱和常规基础护理为主要工作内容，依据工作性质机械地分配护理工作，各司其职。此方式多被用于护理工作任务繁重，人力资源缺乏的科室。优点是护士长能够根据护理人员的工作能力和特点分派工作，分工明确，工作效率高，便于组织管理，节省人力。缺点是与患者的交流机会少，护士较难掌握患者的全面情况，不能满足患者的心理、社会需求，且工作机械，重复性操作，不能充分发挥个体的主动性和创造性。

3. **小组制护理** 以小组形式对患者实施整体护理。是由不同级别的几个护理人员组成一个护理小组，由经验丰富的、知识水平较高的组长制订护理计划和措施，小组成员共同完成护理任务。每组分管10~15位患者。优点是这种护理方式小组任务明确，成员彼此合作，能充分发挥和调动各级护士的积极性，工作满意度得到提高。缺点是护士个人责任感相对减弱，且对组长的组织管理和业务能力有一定要求，成员之间关系需一定时间磨合和沟通。

4. **责任制护理** 由责任护士和辅助护士按护理程序对患者进行全面、系统和连续的整体护理。其结构是以患者为中心，每位患者由一位护士负责，对患者实行8 h在岗，24 h负责制的护理。

由责任护士评估患者健康状况、制订护理计划和实施护理措施。责任护士不在岗时，由辅助护士和其他护士按计划实施护理。特点是责任明确，护士能够全面了解患者的情况，为患者提供连续、整体的个体化护理，护士独立性和责任感增强，患者安全感增强。缺点是要求责任护士有更高的业务水平,护理人力资源需求增大,对患者 24 h 负责难以实现,文字记录、书写任务较多。

5. 系统化整体护理　系统化整体护理是在责任制护理基础上,护理工作方式的进一步丰富和完善。它是一种以患者为中心,视患者为生物、心理、社会多因素构成的开放性有机整体,根据患者的需求和特点,为患者提供生理、心理、社会等全面的帮助和照护,以解决患者现存或潜在的健康问题,达到恢复和增进健康为目标的护理观和护理实践活动。系统化整体护理的工作优点:①从本质上摒弃医嘱和常规的被动局面,护士的主动性、积极性和潜能得到充分发挥;②护士运用评判性思维、创造性思维,科学地确认问题和解决问题;③护士不再是被动地执行医嘱和盲目地完成护理操作,代之以全面评估、科学决策、系统实施、和谐沟通、客观评价的主动调控过程;④为患者提供优质的护理服务,充分显示了护理专业的独立性和护士的自身价值。缺点是这种工作方式需要较多的护士,并且对护士的知识架构有较高的要求。

6. 综合护理　综合护理是一种通过最有效地利用人力资源,恰当地选择并综合应用上述几种工作方式,为护理对象提供既节约成本,又高效率、高质量的护理服务的工作方式。优点:有利于护士为患者实施整体护理,工作效率高,注重成本效益,为护士的个人发展提供良好的空间和机会,护士责任心和成就感增强。缺点是对护士的能力要求较高,护理人力资源投入较多。

第四节　护士角色与患者角色

思政之光

护理工作是护士与患者为了达到医疗护理的共同目标而发生的互动过程。在这个互动过程中,患者需要护士提供帮助,护士需要患者协作配合工作,患者与护士之间需要建立良好的护患关系。护患双方不同的文化背景、人格特征和社会地位等因素,影响护士与患者之间的关系和护理工作的顺利开展,影响患者疾病的康复。因此,作为护理人员必须认识和了解护士与患者的角色及其功能,建立和发展良好和谐的护患关系,以帮助患者促进、维持和恢复健康。

一、概述

(一)角色概念

角色(role)一词源于戏剧舞台演出用的术语,指影视剧中的人物。其含义为处于一定社会地位的个体或群体,在实现与这种地位相联系的权利与义务中,所表现出来的符合社会期望的模式化行为。换言之,角色是一个人在某种特定的场合下的义务、权利和行为准则。

 知识链接

社会角色一词的由来

角色,又称社会角色。1936 年美国人类学家林顿在《人的研究》一书中提出社会角色这一词,后被广泛地运用于分析个体心理、行为与社会规范之间的相互关系,成为社会学、社会心理学、护理学中的专门术语。角色是对一个人在特定社会系统中,一个特定位置的行为期望与行为要求,表明一个人在社会结构和社会制度中的特定位置、相应权利和担负责任。社会角色所具有的行为规范要经过角色的学习过程来形成,并指导其行为。如护士角色是由护生在校接受护理教育和护理实践而获得,在护理职业岗位中应按护士的行为规范来约束自己的行为。

(二)角色特征

1. **角色具有多重性** 任何一个人在社会中总是承担多种社会角色。这种多种角色集于某一个体时,该个体所处的位置,又称角色集或复式角色。例如,一位女性,在家庭中可以同时是女儿、妻子、母亲的角色;在工作岗位上可以是护士、医生、教师、法官、律师等;在社会上还可以是顾客、游客、乘客等。但每个社会成员在其角色集中,最主要承担的角色是与职业和家庭相关的角色。

2. **角色具有互补性** 不同角色在其特定的社会环境中总是与其他角色相互依存,在完成某一角色时,必须要有一个互补的角色存在。如要完成教师角色,必须要有学生角色的存在;要完成护士角色,必须要有患者、医师等角色的存在。而这些互补的角色,统称为角色丛。

3. **角色行为由个体完成** 社会对每一角色均有"角色期待"。角色期待是社会对个体所处的角色地位,应具有的态度、行为方式等寄予的要求和期望。如护士应具有的职业素质和职业道德等。每一社会角色都应认知其自身的角色行为规范准则,并自觉地使自身角色行为与社会角色期待相符合。

(三)角色转换

角色转换指个体承担并发展一种新角色的过程。每个人的人生成长发展过程中,不同时期、不同空间里可同时担任多种角色。不同角色,担负的不同责任,表现为不同的功能。在这个发展过程中,个体必须通过不断地学习、实践和改变自身的情感行为,使自己的行为逐步符合社会对个体新的角色期待,最终有效完成角色的转换。

二、患者角色

患者是各式各样社会角色中的一种,有其特定的社会行为模式、特定的权利和义务。在护理职业岗位中,护士应善于分析和判断患者角色,针对患者角色特征和角色适应情况,提供帮助和满足角色适应的各种需求。

(一)患者角色概念

患者角色是指社会对一个人患病时的权利、义务和行为所期望的行为模式。一般被认为是"由于某些原因引起生理、心理的变化或阳性体征出现而导致个体行为变化且得到社会承认的人"。每个人患病后都会从不同的社会角色转换成患者角色。

> **护 理 对 象**
>
> 现在国外文献常用 client(护理对象)代替患者,每个人患病后都会从不同的社会角色进入患者角色。值得注意的是,并非所有患病的人都会去寻求医护帮助而成为"患者",也非所有寻求帮助的人都一定是遭受疾病痛苦的人。如:患病初期症状隐蔽,不易察觉;或已知患病,但由于工作忙、经济困难、就医不方便、认为病情不严重等都可能造成患者未去寻求医护帮助;而有些人本无疾病,但总感觉自己有病到处求医问药,或有些人为了逃避社会角色应承担的义务、责任和其他目的而装病就医。

(二)患者角色特征

1. **社会角色职责的免除或部分免除** 患病的人可以免除或部分免除其正常生活中的社会角色所应承担的义务和责任,即可从正常的社会角色中解脱出来。免除的程度取决于疾病的性质、严重程度、患者的责任心,以及患者所得到的支持系统的帮助。

2. **对自身所患疾病不需负有责任** 患病是个体无法控制且不以人的意志为转移的,人对其自身生病的状态是无能为力的。因此，患者对其陷入疾病状态是没有责任的，他们需要受到照顾，也有权利获得帮助。

3. **具有恢复健康的义务性和主动性**　疾病常使患者处于不适、痛苦、伤残，甚至死亡等极度紧张、恐惧状态中。社会期望每一个成员都健康，并承担应尽的责任，大多数患者都期望早日恢复健康，因此，患者有恢复健康的义务和责任，并为之主动做出各种努力。

4. **配合医护治疗疾病的协作性**　患病后个体会主动寻求医护人员的专业知识、技术帮助和从亲属、朋友处获得情感上的支持，以促使恢复健康。在疾病治疗和护理过程中，患者必须与医务人员合作，严格遵守治疗和护理原则，积极协助治疗。如遵医嘱按时服药、休息、治疗、适当运动锻炼等。

（三）患者角色适应

1. **角色适应概念**　一个人患病后，由社会角色过渡转变成社会对其所期望的患者行为模式，或随着疾病恢复使其从患者角色又过渡转回原有社会角色。在角色过渡转变的过程中，患者必将发生心理和行为上的变化以适应其角色转变，即为角色适应。

2. **角色行为适应不良**　任何个体在患病前都是一个健康的人，在社会中承担着多重角色。当生病后，从生病前的常态向患者角色转化或从患者角色又转变回社会角色时，都有一个角色适应过程。在这个适应转变过程中，如果适应不良，往往导致患者心理和行为的改变，并进一步影响其健康和生活。具体表现如下：

（1）角色行为缺如：指患病的人没有进入患者角色，否认自己是患者。患者往往自我感觉良好，或认为医生诊断有误，不能很好地配合治疗和休息，或有的患者采取等待观望的态度，认为症状还没严重到需要治疗的程度，这些情况均易导致延误疾病的诊治。

（2）角色行为冲突：指患者在适应患者角色过程中，与患病前原有的各种角色发生心理冲突所引起的行为矛盾，是一种视疾病为转折的心理表现，常表现为患者不能接受患者角色、烦躁不安、焦虑、茫然或悲伤等情绪反应。如一位母亲因自己生病而无法照顾孩子的生活、学习，造成的母亲角色和患者角色冲突。

（3）角色行为强化：指患者安于患者角色现状，对自我能力表示怀疑，自信心减弱，对疾病将要恢复后所承担的社会角色责任感到恐惧不安，产生依赖心理。另外，生病使患者具有患者的权利，所以患者往往希望继续充当患者角色，以能享受这种"特权"。这是角色适应中的一种变态现象，老年人或慢性病患者易出现此种行为改变。如骨折患者康复阶段需进行各种功能锻炼，患者对简单的锻炼都要表现出畏惧、困难、疼痛等，日常生活难以自理，依赖于护士和家属的帮助，即属于角色行为强化。

（4）角色行为消退：指患者已适应患者角色，但由于某种原因，使其又重新承担起原来扮演的社会角色，而放弃了患者角色。如患病的母亲因孩子生病需要照顾而放弃患者角色，承担起原有的母亲角色。一位住院的儿子，会因突发脑卒中的老母亲而放弃患者角色，承担起"孝子"的角色。

（5）角色行为异常：指久病、危重及难治之症的患者，因受疾病折磨常有攻击性言行、悲观、厌世甚至自杀、他杀等异常行为表现。如一癌症患者，因健康恶化和经济负担的双重压力，使其表现出自卑、绝望、封闭、拒绝治疗，对医疗护理工作不满，对医护人员质问、辱骂，甚至殴打医护人员等，时常哭闹、毁物、多次自杀等。

3. **角色适应常见的心理反应**　个体生病后，正常的生活、工作规律和程序遭受破坏及个体对病痛的体验等冲击着患者的内心世界，影响其心理状态，改变其对周围事物的感受和态度，从而出现各种心理反应。常见有以下几种：

（1）焦虑、恐惧：表现为情绪紧张、易激怒，程度为轻、中、重和极重。轻度焦虑一般对患者影响不大，中、重度焦虑会产生很大的精神、心理压力，并伴有相应的行为表现。人患病后往往会产生恐惧心理，如害怕疼痛、残疾、被遗弃、死亡等，大手术、大出血、临产初产妇、病情危重、儿童等患者更易产生恐惧心理。

（2）主观感觉异常：患者对周围的声、光、温湿度及自身症状都很敏感，表现为责怪环境不清洁、病房条件不好、饮食不好、正常心搏和胃肠活动也被认为心悸或消化不良等。

（3）情绪不稳定：患者情绪不稳定，遇事易激动，对轻微刺激异常敏感，与家人、室友、甚至医护人员发生冲突。表现为易冲动、发怒、悲伤和落泪。如慢性病长期折磨使患者耐受性降低，怨恨、冷漠、暴躁、难以控制情绪等。

（4）孤独感增强：由于住院、卧床或传染病隔离等使患者与外界隔绝，环境陌生、信息减少、亲情需求得不到满足，患者度日如年，产生强烈的孤独感。

（5）自尊心增强：患病后由于需要的满足出现障碍，使患者自尊心更加强烈。既要求别人的加倍关心，又认为被关照意味着自己的无能。尊重得不到满足，则心情沮丧，自我价值感丧失。

（6）依赖性增强：患病后的患者往往成为人们关心和帮助的中心，受到格外的照顾，无形中使患者变得软弱无力、依赖性增强。表现为小心翼翼、畏缩不前、自信心下降，行为幼稚，被动性加重。

（7）猜疑心加重：患者对周围的人和事特别敏感，表现为多疑和矛盾行为。既不相信他人，又要向别人询问许多问题，内心极度恐惧，保持警觉状态。如既想了解疾病有关信息，又对所听到的解释持怀疑态度，甚至曲解别人的意思。看到或听到别人在低头私语，认为是在议论自己。对医生的话反复思考，疑心诊断有误、治疗不当等心理反应。

（8）习惯性心理：习惯性心理不能使患者立即适应环境的变迁和状态的改变。患病初期往往不能接受患病事实，否认有病，怀疑诊断有误；疾病康复后又认为没有完全恢复，需继续观察治疗，担心出院后病情恶化，产生不安和不能适应正常的家庭生活。

（9）害羞与罪恶感：有些患不易被社会所接受的疾病，如艾滋病、性病等患者，常产生害羞和罪恶感。就医时言行异常，表现吞吞吐吐、欲言又止、不愿暴露就诊部位等。

（四）影响患者角色适应的因素

1. **疾病因素**

（1）疾病的性质、症状和严重程度：疾病的性质对患者来说极为重要，症状可见与否影响着患者的就医与角色适应。明显的症状体征及疾病严重（如骨折、外伤出血），易促使人们迅速就医，并很快进入患者角色。对不显著症状（如乏力、消化不良）则漠不关心，不易进入患者角色。

（2）疾病预后情况和预期病程：患者觉察病情严重，病程可能会很长，将会影响到其预后的生活质量时，通常会立即寻求医护帮助，易于适应患者角色，并使自己行为与患者角色指定的行为相符合。反之，患者会淡化角色行为或延滞自己进入患者角色。

2. **医院环境** 医院规章制度对患者来说，既是为其获得良好医护治疗的保证，也是对其行为及生活方式的约束。约束其随心所欲的行为习惯和行事意愿，不能广泛与外界接触等，都会影响患者角色适应。如住院患者因受医院环境、同病室病友的影响，比没有住院的患者更容易适应患者角色。

3. **患者特征**

（1）年龄、性别和性格：老年患者角色易强化，希望通过患者角色引起别人的关注。女性患者易引起角色行为的冲突、强化、消退。个性坚强者对疾病反应平静，或强烈否认、拒绝。

（2）文化程度与生活习惯：文化水平较低者对患者角色相对淡漠些。生活环境的改变和疾病、药物、治疗需要的约束和其生活习惯的改变，患者往往无法适应角色。

（3）事业和家庭经济状况：患病需就医诊断治疗，不但工作受到影响，也增加了家庭经济负担。若患者是家庭经济来源的主要承担者，必会加重家庭经济负担。因此，患者担心事业中断和经济负担，不愿去就医，或拖延诊治，不能进行角色适应。

（4）人际关系：家庭成员、亲朋好友、同事、医务人员与患者的关系影响患者角色适应。得到他人关心与帮助的患者比较容易适应角色。周围人群、家庭成员对疾病的态度直接影响患者角色适应，如人们对艾滋病、性病、传染病等表现的恐惧、厌恶心理，往往使患者拒绝承认患病。

> **知识链接**
>
> **患者的权利和义务**
>
> 1. 患者的权利是指患者患病后应享有的合法、合理的权利和利益。包括：①免除一定的社会责任与义务的权利。②享受平等医疗待遇的权利。③隐私保密的权利。④知情同意的权利。⑤选择服务的权利。⑥监督服务的权利。⑦要求赔偿的权利。
>
> 2. 患者的义务是指患者应尽的责任。义务与权利是相对应的，患者在享有权利的同时，也应履行以下义务：①自我保健和恢复健康的义务。②及时寻求和接受医疗及护理帮助的义务。③准确提供医疗资料和配合医护活动的义务。④遵守医院规章制度的义务。⑤尊重医疗保健人员及其他患者的义务。⑥按时、按数支付医疗费用的义务。⑦病愈后及时出院及协助医院进行随访工作的义务。

（五）促进患者角色适应的措施

1. 正确评估患者角色适应情况　患者角色转变过程中，角色适应受患者的个性、性别、年龄及其文化背景影响，会出现不同的行为改变，因此，护士应重视患者在角色适应中的问题与不良现象，应注意评估患者的角色适应情况，既要避免自身的言行对于角色转变可能产生的消极影响，又要注意创造条件帮助患者尽快完成角色转变，适应患者角色或逐渐解除患者角色，重归社会和家庭角色。

2. 创建良好舒适的医院环境　良好的医院环境是保证患者生理、心理舒适的重要因素，有利于疾病的康复和促进患者角色适应。因此，应为患者创建适宜的空间范围，减轻因住院而产生的"社交隔离感"；病区应配予适宜的音响，避免噪声，保持安静；保持温、湿度适宜，并给予适宜的通风和适量的光线；病室装饰简洁、美观，环境优雅使人产生舒适、愉悦感。

3. 建立良好人际关系　在与患者的接触中，应认真负责、尊重患者，耐心解释，取得理解，提供有关信息与健康教育，鼓励患者自我照顾，协助患者熟悉医院规则，如入院须知、探视制度、陪住制度等，尽快帮助患者适应环境；与其建立良好的医患关系、护患关系。引导患者互相关心、互相帮助、互相鼓励，协助病友之间建立良好的感情交流，协助其与同病室病友建立良好群体关系。

4. 发挥患者的社会支持系统　充分发挥家庭、亲朋好友、同事、志愿者、社区及提供各类服务的支持机构等社会支持系统的作用，为患者：①提供信息及指导，帮助患者解决问题；②提供心理支持、关怀及鼓励，使患者感受到安全，以保持患者的自尊心及价值感；③提供可能的物质支持及帮助。缓解患者焦虑和恐惧，有效解决亟待解决的问题，解除患者的后顾之忧，共同做好患者的身心护理，促进患者角色适应。

5. 指导患者适应角色　护士是患者角色适应的主要指导者，为了促进患者尽快适应角色，除自身应具有良好的语言、行为和技能等综合素质外，还应采用适当方法指导患者适应角色。

（1）患者入院时，护士应首先向患者做自我介绍，并进行医院环境、规章制度、注意事项、同室病友、有关医务人员的介绍。消除其陌生感，树立患者自信心，促进其尽快进入患者角色。

（2）患者住院期间，会面临各种治疗和护理，如诊断检查、创伤性治疗护理、手术风险等，随时可能出现各种生理心理问题，表现出身体不适、焦虑、恐惧和不安等。护士应细心观察，准确掌握患者的身心变化，及时提供有效的医疗护理信息和技术，尊重患者的知情同意权，有针对性地给予指导，使患者有信心地充当好患者角色。

（3）在为患者服务的过程中，适当运用倾听、解释、疏导、支持、同情、鼓励等情感指导方法，通过沟通及时了解患者的情感和情绪变化，并及时给予适当的帮助，使其达到心理平衡，更好地完成患者角色转换。

三、护士角色

护士是医院这个特定环境中多种角色中的一种，有其特定的社会行为模式、特定的权利和义务。随着社会对护士素质的要求越来越高，护士的角色和功能范围不断扩大和延伸，要求护士必须受过专业教育，取得执业资格，并具有良好的专业知识和技能，高尚的职业道德和修养，为护理对象提供高质量的专业服务。

（一）护士角色的概念

护士角色是指护士应具有的与护士职业相适应的社会行为模式。这种行为模式起源于社会的职业要求，并随着社会的变迁而变化。护士应根据社会对护士角色的期望而努力塑造自我，逐步完善自身，以满足社会对护士的角色期待。

（二）护士角色的特征

1. **护理者** 提供照顾是护士的首要职责。主要任务是为患者提供直接的护理服务，满足生理、心理、社会各层次的需要。

2. **教育者** 主要体现在护士根据护理对象特点进行健康教育，指导保健知识、疾病预防、康复知识和技能，以改善服务对象的健康态度和不良行为，提高生存质量。另一方面，护士担任教师角色，承担学校教学和医院的带教任务。

3. **管理者** 护士要对日常护理工作进行合理组织、协调与控制，要对患者制订护理计划、组织诊疗和实施护理措施，提高护理工作质量和效率。护士领导者要管理人力资源、物质资源和计划资金使用，制定医院、科室的整体护理发展方向。

4. **咨询者** 护士运用沟通技巧，解答患者提出的问题，提供有关的医疗护理信息，给予情绪支持和健康指导等，使患者获得最佳、最适宜的方法，以满足生理、心理和社会需要。

5. **协调者** 为了保证患者接受诊断、治疗、救助与护理等服务的顺利进行，护士需与相关卫生保健机构和相关工作人员协作，保证患者获得最适宜的整体性医护照顾。

6. **患者利益维护者** 患者从入院、住院、到出院后的整个治疗、康复和预防过程中，会得到许多健康服务者的服务。护士有责任帮助患者从其他健康服务者那里获取相关信息，并补充需要的信息，维护患者的权益不受侵犯或损害。同时，护士还需评估有碍全民健康的问题和事件，为医院或卫生行政部门决策作参考。因此，护士又是全民健康的代言人。

7. **研究者和改革者** 护士用科学研究的方法解决护理实践、护理管理、护理教育、护理心理、护理伦理等各个领域中的问题。同时，护士应具有改革精神，运用科学思维，在实践中通过应用和检验，不断改革护理服务方式，推动护理事业的不断发展。

（三）护士角色的扩展

随着护理专业的不断发展，人们对护理专业的要求不断增加，在国际护理行业中，护士角色在专业领域中扮演的角色越来越多，角色范围也在不断地扩展。

1. **开业护士（nurse practitioner，NP）** 能独立开处方，并能对常见疾病及损伤进行诊断及治疗。主要在自己单独开业的护理诊所、医院、老人院、私人医生诊所等机构，为服务对象提供各种卫生及预防保健服务。

2. **临床护理专家（clinical nurse specialist，CNS）** 主要在医院、私人医生诊所、老人院、社区卫生服务机构，为服务对象提供各种身心保健护理服务。同时也从事咨询、研究、教育及管理工作。

3. **专科证书护理助产士（certified nurse-midwife，CNM）** 主要在医院、分娩中心及家庭为妇女提供妇科保健，及为危险性较低的产妇提供助产服务。

4. **专科注册护士（CS）** C 指证书（certificate），S 指专科（special areas）。高级专科护士可以是独立开业者或临床护理专家，主要在多领域的护理专科如妇产科、儿科等场所开展护理工作。

5. **注册护理麻醉师（certified registered nurse anesthetists，CRNA）** 主要从事各种手术的麻醉及其他麻醉护理。美国每年有 65% 以上的手术麻醉由护理麻醉师实施。

6. **护理教育者（nurse educator）** 不仅拥有理论知识，而且要有丰富的临床实践经验。主要工作在高等医学院校，护理继续教育培训机构，健康教育服务部等场所。从事护理教育、科研及管理等工作。

7. **护士行政管理者（nurse administrator）** 主要指专门从事护理管理的人员。在各种健康相关机构和场所、学校等部门，行使护理行政管理职责。包括财务预算、人员招聘，机构工作计划的安排和制订，参与卫生保健方针政策的制定，促进医疗保健制度的改革。

8. **其他** 如在医疗器械、医疗药品部门，药物监督管理局（所）、进出口商品检验检疫局，医学护理杂志编辑部、出版社等单位，从事护理相关工作的人员。

四、护患关系

在医院这个特定的环境中，护士与患者的关系是护士诸多人际关系中最重要的关系。在护理实践中，和谐的护患关系是护士人际关系的核心，影响其他人际关系和护理效果。因此，护士应重视和处理好这种关系，提高护理质量。

（一）护患关系的概述

1. **护患关系的概念** 护患关系是指在医疗护理实践中护理人员与患者之间产生和发展的一种工作性、专业性、帮助性的人际关系。

2. **护患关系的性质**

（1）帮助与被帮助人际关系：在医疗护理服务过程中，护士与患者通过提供帮助和寻求帮助形成特殊的人际关系。护士为患者提供服务，履行帮助职责；而患者作为被帮助者则是寻求帮助，希望满足需求。护患关系不仅仅代表护士与患者个人间的关系，也体现了医疗辅助帮助系统和患者被帮助系统之间的关系。其中任何一个个体的态度、情绪和责任心都会影响医疗护理工作的质量和护患关系。

（2）专业性人际关系：是指在护理实践中，以专业活动为主线，以解决患者的健康问题为中心，满足患者需要为主要目的的一种专业性的人际关系。

（3）治疗性工作关系：是指在护理实践中，护士通过有目的、有计划、有实施、有评价的护理活动来帮助患者解决健康问题，满足患者需要，从而建立治疗性人际关系。护士与患者之间的人际交往是一种职业行为，是护理工作的需要。建立良好的护患关系是护士执业的需求，更是护士的基本责任与义务。

（4）多元化互动关系：从护患关系的建立到关系终结整个过程中，护理活动始终受到家属、医生、同事、朋友等多重人际关系的影响，他们从不同角度、以多方位的互动方式影响护患关系，从而影响护理效果。

（二）护患关系的基本模式

护患关系模式受医学模式和文化背景的影响而有所不同，在临床护理工作中，根据护患双方在共同建立发展护患关系过程中，双方所发挥的主导作用程度的不同、各自所具有的心理状态的不同，将护患关系分为主动—被动型、指导—合作型、共同参与型三种基本模式。

1. 主动—被动型

（1）特点：这是一种传统的护患关系模式，是以生物医学模式及以疾病护理为中心的护理模式为指导思想。其特点是"护士为患者做治疗"，模式关系的原型为"母亲与婴儿"的关系。在护理活动中，护士处于主导地位，患者处于完全被动和接受的从属地位。患者只有服从护士的决定，而不会提出任何异议。这种模式特征是"我为患者做什么"，只强调护士对患者单方面的作用和影响。

（2）适用对象：此模式适用于难以表达主观意志的患者，如昏迷、休克、全身麻醉未清醒、危重、婴幼儿、智力低下及精神障碍等患者。此类患者一般无法参与表达意见，需要护士发挥积极主动作用。

2. 指导—合作型

（1）特点：这是一种以生物-心理-社会医学模式及以患者为中心的护理模式为指导思想的护患关系模式。其特点是"护士告诉患者应该做什么及怎么做"，模式关系的原型为"母亲与儿童"的关系。在护理活动中，护患双方都有主动权，但护士仍处于主导地位，具有决策权。这种模式特征是"告诉患者做什么""教会患者做什么"，患者以执行护士的意志为基础，主动配合护理活动，同时可向护士提供有关自己的疾病信息，针对护理方案和措施提出意见或建议。

（2）适用对象：此模式适用于急性患者和外科手术后恢复期的患者。如神志清楚但病情较急、较重、病程短的患者。患者希望在护士的指导下，充分发挥自己的主观能动性，以便更好地、积极配合治疗和护理，从而有利于提高护理成效。

3. 共同参与型

（1）特点：这是一种以健康为中心的护患关系模式。其特点是"护士协助患者进行自我护理"。模式关系的原型为"成人与成人"的关系。在护理活动中，护士常以"同盟"形象出现。护患双方具有大致同等的主动性和权利，共同参与护理措施的决策与实施。患者不仅是合作，而是积极主动参与护理讨论，在力所能及的范围内自己独立完成某些护理措施。这种模式特征是"和患者商量做什么"，护士尊重患者的权利，与患者商订护理计划，体现双方之间平等合作的双向作用。

（2）适用对象：此模式适用于具有一定文化知识的慢性病患者、康复期患者、受过良好教育的患者。由于患者对自己的健康状况有充分的了解，把自己看成是战胜疾病、恢复健康活动的主体，有强烈的参与意识。

（三）护患关系的基本过程

护患关系是以患者康复为目的的特殊人际关系，良好的护患关系从建立到终止有一个发展的基本过程，一般分为三个阶段，每个时期都有其建立的主要任务。

1. 初始期（观察熟悉阶段） 此阶段始于护士与患者初次见面时，以及相互接触的最初阶段，到正式合作为止。即从相识到相互了解的过程。

（1）主要任务：护士与患者初识阶段的主要任务是护患双方开始建立信任关系，确认患者的需要。

（2）具体做法和要求：护士在了解和收集患者基本信息的基础上，以良好的职业形象呈现在患者面前，首先做自我介绍，解释所负责的工作，介绍所负责的医生、病区环境、医院规章制度、病房室友等。要态度真诚，体现爱心、责任心、同情心，建立一个有助于增进患者自尊的

视频：
良好护患关系的建立

环境，取得患者的信任。通过接触相互了解，收集有关患者的健康资料，找出健康问题，初步制订护理计划。护士在与患者交往过程中所展现的仪表、言行和态度都将对护患之间建立信任关系产生决定性的作用。

2. **工作期（信任合作阶段）** 此阶段是护士与患者在相互信任的基础上开始护患合作过程，是护士为患者实施治疗护理的阶段。护士通过完成各项护理工作，帮助患者接受治疗和护理，双方密切配合，也称相互合作期。

（1）主要任务：是护士在实施护理措施的过程中，通过高尚的医德、熟练的护理技术和良好的服务态度，赢得患者的信任，取得患者的合作，解决患者各种身心问题，满足患者的需要，最终达到护理目标。

（2）具体做法和要求：护士应尊重患者，与患者共同协商并鼓励患者参与护理计划制订和护理活动的实施，以增进其自主性，减少对护理的依赖，并根据患者的具体情况不断修改及完善护理计划。此阶段护士的专业知识和技能、良好的工作态度是保证良好护患关系的基础。

3. **结束期（终止评价阶段）** 通过护患之间的密切合作，达到预期的护理目标后，护患关系进入终止阶段。此阶段是指从患者康复（护理问题解决，护理目标达到）起至患者出院这段时间。

（1）主要任务：护士与患者共同评价护理目标的完成情况，并根据尚存的问题或可能出现的问题制定相应的对策及健康教育指导。

（2）具体做法和要求：在进入本阶段时，护士应先了解可能出现的问题，拟定解决方案，征求患者意见，以便今后改进工作。为准备终止护患关系本期需要对护理工作进行反馈评价，主要内容包含护理目标完成情况、目前健康状况的接受程度、对护理服务的满意度等，并为患者拟订出院计划、康复计划，提供相应的健康教育指导，预防出院后由于健康知识的缺乏而出现某些并发症。

此外，由于住院期间双方良好护患关系的建立和合作，会使患者产生不同程度的情感，这种情感往往会造成患者对护士产生某种程度的依赖，因此，护士应了解患者的心理感受，帮助其恢复信心，愉快出院，从而圆满结束护患关系。

（四）影响护患关系良性发展的因素

1. **信任危机** 信任感是建立良好护患关系的前提和基础，护士是主要因素，良好的态度、认真负责的精神、扎实的专业知识和娴熟的职业技能是赢得患者信任的重要保证，若态度冷漠、技术差错、失误等均会失去患者的信任，严重影响护患关系的建立和发展。护士因素主要有：

（1）职业道德修养：良好的职业道德是建立和发展护患关系的基础。职业道德主要包含对事业和对患者利益的忠诚，对工作的审慎负责，对患者疾苦的同情和重视等。

（2）服务态度：护士服务态度是影响护患关系的重要因素。优质的服务态度体现在微笑服务、礼貌用语、仪表端庄、行为举止规范。尊重、关注和爱护患者，均有利于双方建立良好护患关系。

（3）业务能力：丰富的理论知识和精湛的业务能力是优秀护士的必备条件。护理业务不精，就无法为患者提供精湛的技术服务、相应的健康教育指导，也必然容易导致护理差错失误和医疗纠纷，从而导致护患关系紧张。

2. **角色模糊** 角色模糊是指个体（护士或患者）由于对自己充当的角色不明确或缺乏真正的理解而呈现的状态。如护士不能积极主动地为患者提供帮助，或患者不积极参与康复护理，不服从护士的管理等，均可能导致护患沟通障碍、护患关系紧张。影响患者的因素主要有：

（1）传统观念的偏见：由于受传统观念的影响，人们对护理工作存有偏见，不能理解艰苦、繁重、责任重大的护理工作性质。认为护士知识水平不如医生，只是单纯做伺候人的事情，因此，认为护理工作不重要，对护士信任度降低，不能很好地配合护理工作。

（2）生理心理因素：由于疾病的病理性改变，患者承受病痛折磨，以及陌生的环境、人、物和事等，均会引起其心态发生一系列变化。导致对事物的认知和分析产生偏差，易与护士发生认知分歧，影响护患关系的良性发展。

3. 责任不明　责任不明与角色模糊密切相关。由于护患双方对自身的角色功能认识不清，不了解自己所应承担的责任和义务，从而导致护患关系冲突。护患责任不明主要表现两个方面：一是对患者的健康问题，应由谁来承担责任；二是对于改善患者的健康状况，谁来承担责任。

4. 权益影响　寻求安全、优质的健康服务是患者的正当权益。因为疾病导致患者部分或全部丧失自理能力，而多数患者缺乏专业知识和受疾病因素的影响，往往依赖医护人员的帮助来维护自己的权益。由于护患关系中护士处于主导地位，在处理护患双方权益争议时易于倾向于护士自身和医院的利益，忽视患者的利益。但是随着社会的进步，患者的维权意识增强，对护士的护理服务需求提高，在心理、社会、精神等多方面提出更多要求，但有个别患者则过度维权，提出不切实际的过分要求，如过分关注自身健康、依赖性增强等，常对医疗费用、治疗效果及专业人员操作产生质疑，从而影响护患关系。如患者对护理工作性质的不了解，对护士的要求与护士安排的护理工作发生冲突，必然导致患者对护理工作产生不满。

5. 理解差异　由于护患双方在年龄、职业、教育程度、生活环境等方面的差异性，在交流沟通中往往容易产生不同的意见和观点，从而影响护患关系。

除了上述几个主要因素外，良好护患关系的建立还受到环境因素和社会因素的影响。

（五）促进护患关系的方法

1. 护士主动沟通交流，为患者提供疾病信息　在促进护患关系向良性方向发展的过程中，护士处于主导地位，因此护士应主动与患者沟通，为患者提供有关疾病相关信息的同时，应用人文服务技巧增强患者对护士角色功能的认知，促进护患双方对角色的理解，有利于良好护患关系的建立。

2. 尽快建立信任关系，避免和减少意见分歧　信任感是建立良好护患关系的前提。护士应以良好的言行和高度负责态度，通过爱心、耐心、责任心和同情心，增强患者对自身的信任感。相互信任的双方能营造一种支持性的交流气氛，患者能主动提供相关疾病信息，积极配合治疗护理；护士能充分理解患者的生理心理健康问题，保障其合法权益。

3. 不断提高业务能力水平，维护双方权益　精湛的业务能力不仅可以增加患者的信任感，也是保障护患双方合法权益的重要条件。护士是维护患者权益的主导者，因此在其执业发展规划中，应注重不断提高自身业务素质和能力，为患者提供安全、优质的护理服务。

4. 注重职业道德修养，提高患者安全感和信任感　护理职业道德是建立和发展良好护患关系的基础。护士应以社会对护士职业的期望为标准，不断提高自身职业道德修养，具有精湛的业务技术和能力，良好稳定的心理素质，注重护理安全文化理念，避免责任冲突，解除护患交往中患者的阻抗心理，促进护患关系良性发展。

（六）护士在促进护患关系中的作用

1. 明确护士的角色功能　护士应全面认识和准确定位自身的角色功能，认真履行护士角色责任和工作职责，使自身的言行符合患者对护士角色的期待。

2. 帮助患者认识角色特征　护士应根据患者的病情、年龄、职业、文化程度、个性等特点，了解患者对"患者角色"的认识，分析影响患者角色适应的因素，避免和缓解可能出现的角色适应不良，尽快帮助患者适应患者角色。

3. 主动维护患者的合法权益　维护患者的权益是护士义不容辞的责任，护士应给予高度重视，主动维护患者的合法权益。

4. 减轻或消除护患之间的理解分歧 护士在与患者沟通时，应根据患者的特点，选择适宜的沟通内容、方式和语言，同时鼓励患者及时提问。沟通内容应有针对性、准确性和通俗性，沟通过程中应随时注意和观察患者的反馈，以确保沟通的顺利进行和达到预期的良好效果。

5. 处理护患冲突，巧妙运用策略 冲突本身是人际关系的一种现实状态，护士与患者的冲突，是临床客观存在的现象。面对冲突，护士作为护患关系的主导者，应冷静分析其原因，从责任与义务的角度去体谅、理解患者。处理护患冲突，主要可运用以下策略。

（1）深呼吸法：冲突的处理最忌讳情绪激动、不冷静，而深呼吸恰是一种最有效控制情绪的方法。当护士感觉被患者激怒时，马上运用深呼吸法，可达到快速控制情绪的效果。

（2）换位思考：换位思考是指面对冲突，主客体双方彼此能以对方的立场思考问题。护士应善于多从患者角度思考问题，理解患者的感受。了解患者的需求，真正维护患者的利益，化解护患冲突，促进护患关系。

（3）冷处理法：冷处理法是指矛盾激化，矛盾双方失控时，先将矛盾控制住，暂时放置，待矛盾双方冷静后，再对矛盾进行解决。患者有时可因疾病导致情绪不稳定而迁怒护士，此时护士应采取冷处理方式，待患者冷静后，耐心分析、解释、通常可有效避免、化解冲突。

视频：
护患关系冲突的处理策略

> **知识链接**
>
> **中华护理学会《护士守则》**
>
> 第一条 护士应当奉行救死扶伤的人道主义精神，履行保护生命、减轻痛苦、增进健康的专业职责。
>
> 第二条 护士应当对患者一视同仁，尊重患者，维护患者的健康权益。
>
> 第三条 护士应当为患者提供医学照顾，协助完成诊疗计划，开展健康指导，提供心理支持。
>
> 第四条 护士应当履行岗位职责，工作严谨、慎独，对个人护理判断及职业行为负责。
>
> 第五条 护士应当关心爱护患者，保护患者的隐私。
>
> 第六条 护士发现患者的生命安全受到威胁时，应当积极采取保护措施。
>
> 第七条 护士应当积极参与公共卫生和健康促进活动，参与突发事件的医疗救护。
>
> 第八条 护士应当加强学习，提高职业能力，适应医学科学和护理专业的发展。
>
> 第九条 护士应当积极加入护理专业团体，参与促进护理专业发展的活动。
>
> 第十条 护士应当与其他医务工作者建立良好关系，密切配合、团结协作。

目标检测

下载资源：
目标检测参考答案

一、选择题

【A_1 型题】

1. 生命孕育的主要护理内容是
   A. 做好孕期保健
   B. 尽快掌握影响分娩的因素
   C. 判断是否存在异常分娩因素
   D. 尽可能地减轻临终者生理上的痛苦
   E. 促使身心人格的不断完善和发展

2. 生命孕育的护理目的是
   A. 产妇及新生儿没有产伤
   B. 了解孕妇及胎儿的健康状况

C. 掌握各个阶段的特点和特征
D. 缓和临终者对死亡的恐惧和不安
E. 了解生命过程的心理社会发展规律

3. 生命诞生的主要护理内容是
   A. 尽快掌握待产妇的心理状态
   B. 促使身心人格的不断完善和发展
   C. 使临终者有尊严、安详地度过人生最后旅程
   D. 做好孕期保健，如合理饮食、胎教指导
   E. 针对不同年龄阶段的特点和基本需要，采取相应的措施

4. 生命诞生的护理目的是
   A. 保护产妇顺利分娩
   B. 维持孕母和胎儿健康状态
   C. 提高临终者的生命质量
   D. 促进生命的健康成长和发展
   E. 明确不同年龄阶段护理服务对象的身心基本需要

5. 成长发展的主要护理内容是
   A. 做好孕期保健
   B. 尽快掌握影响分娩的因素
   C. 促使身心人格的不断完善和发展
   D. 帮助临终者及其家人坦然地正视并接受死亡
   E. 运用高科技医疗以延长人们的生命

6. 成长发展的护理目的是
   A. 母子平安
   B. 保证孕母和胎儿安全
   C. 提高临终者的生命质量
   D. 产妇及新生儿没有产伤
   E. 掌握各个阶段的特点和特征

7. 生命终结期的主要护理内容是
   A. 使孕妇获得孕期保健知识
   B. 尽可能地减轻临终者家人心理上的创伤
   C. 做好孕期合理饮食、胎教指导和活动锻炼
   D. 针对异常分娩可能出现的异常情况采取紧急措施
   E. 针对不同年龄阶段特点和基本需要，采取相应措施

8. 生命终结期的护理目的是
   A. 使孕妇获得孕期保健知识
   B. 判断是否存在异常分娩因素
   C. 促进生命的健康成长和发展
   D. 缓解肉体痛苦，提供心理支持
   E. 保护产妇顺利分娩，促进新生儿健康

9. 患者角色特征，以下叙述哪项是错误的
   A. 具有恢复健康的义务性和主动性
   B. 社会角色职责的免除或部分免除
   C. 文化程度与生活习惯的养成
   D. 配合医护治疗疾病的协作性
   E. 对自身所患疾病不需负有责任

10. 角色期待是社会对个体所处的角色地位应具有的态度、行为方式等寄予的
    A. 行为与准则
    B. 成长与发展
    C. 要求和期望
    D. 要求和准则
    E. 期求和希望

11. 多种角色集于某一个体时，其角色特征
    A. 具有互补性
    B. 具有多重性
    C. 具有汇聚性
    D. 具有复杂性
    E. 统称为角色丛

12. 每一社会角色都应自觉地使自身角色行为与社会角色期待相符合，其角色行为是如何完成的
    A. 由他人替代完成
    B. 由个体完成
    C. 由集体完成
    D. 由家庭完成
    E. 由群体完成

13. "白衣天使"是社会对护士的角色地位应具有的态度、行为方式等寄予的
    A. 角色地位
    B. 角色利益
    C. 角色集丛
    D. 角色适应
    E. 角色期待

14. 患者角色是指社会对一个人患病时的权利、义务和行为所期望的
    A. 情感模式
    B. 思维模式
    C. 运动模式
    D. 行为模式
    E. 认知模式

15. 一个人随着疾病的康复,使其从患者角色又过渡转回原有社会角色,即称
    A. 适应社会
    B. 社会角色
    C. 角色过渡
    D. 角色适应
    E. 过渡社会

16. 在角色过渡转变过程中,患者发生心理和行为上的变化以适应其角色转变,即为
    A. 角色混乱
    B. 角色适应
    C. 角色不良
    D. 角色行为
    E. 角色模式

【A₂型题】

17. 护士王某,利用年假时间带父母去旅游,现正在商场购物,请问她的社会主要角色是
    A. 女儿
    B. 顾客
    C. 乘客
    D. 游客
    E. 护士

18. 某市医院内科总护士长廖某,是当地医学院校的外聘教师,今天她要完成授课任务,她与台下学生之间的角色存在体现了角色特征的
    A. 多重性
    B. 复式性
    C. 集丛性
    D. 互补性
    E. 复合性

19. 林某,男,45岁,公司经理,突发急腹痛住院治疗,林某表示不能接受患者角色,因为公司的各项事务受到影响,表现出烦躁不安、焦虑等情绪反应,其角色适应不良为
    A. 角色行为缺如
    B. 角色行为冲突
    C. 角色行为强化
    D. 角色行为消退
    E. 角色行为异常

20. 王某,踝关节骨折治疗康复阶段,因怕疼痛,对功能锻炼产生畏惧,不肯配合康复治疗,依赖双拐行走。其角色适应不良的表现为
    A. 角色行为缺如
    B. 角色行为冲突
    C. 角色行为强化
    D. 角色行为消退
    E. 角色行为异常

21. 钱某,女,34岁,周末郊外参观植物园后出现咳嗽、咳痰伴喘息半天来院就诊,被诊断为支气管哮喘,但患者觉得只是着凉而已,认为医生诊断有误,不肯入院治疗。其角色适应不良是属于
    A. 角色行为缺如
    B. 角色行为冲突
    C. 角色行为强化
    D. 角色行为消退
    E. 角色行为异常

22. 蓝某,待产妇,总觉得产房声音太吵、光线太暗、湿度太低,条件不好。其角色适应的心理反应为
    A. 焦虑、恐惧
    B. 主观感觉异常
    C. 孤独感增强
    D. 依赖性增强
    E. 害羞与罪恶感

23. 患儿,湛某,因高热导致智力低下无法生活自理,无法与护士完全沟通,需护士积极主动给予护理。护患之间关系模式是
    A. 主动—配合型
    B. 指导—合作型
    C. 主动—被动型

D. 共同参与型
E. 协作—自理型

【A_3型题】

（24~25题共用题干）

柯护士，女，主管护师，市医院内分泌科护士长，正在给糖尿病患者林某进行饮食健康教育指导，同时她还负责科室人力资源的管理。

24. 柯护士长为患者进行健康教育指导的角色特征体现为
   A. 教育者
   B. 管理者
   C. 协调者
   D. 研究者
   E. 改革者

25. 柯护士长负责科室人、财、物的管理，体现角色特征为
   A. 教育者
   B. 管理者
   C. 协调者
   D. 研究者
   E. 改革者

（26~28题共用题干）

卢某，男，40岁，深度昏迷，需每小时翻身一次，责任护士袁某定时给予翻身按摩护理。经一段时期治疗和护理后，患者病情有所好转，神志清楚，能适当活动，但需要护士指导和协助才能完成。

26. 卢某处于昏迷状态下，护士给予各种护理，护患关系属于
   A. 主动—被动型
   B. 指导—合作型
   C. 共同参与型
   D. "母亲与儿童"型
   E. "成人与成人"型

27. 患者病情好转，神志清楚，活动需护士指导下才能完成。护患关系属于
   A. 主动—被动型
   B. 指导—合作型
   C. 共同参与型
   D. "母亲与婴儿"关系
   E. "成人与成人"关系

28. 护士根据患者康复情况，请患者一起制订室外活动计划，护患关系属于
   A. 主动—被动型
   B. 指导—合作型
   C. 共同参与型
   D. "母亲与儿童"关系
   E. "母亲与婴儿"关系

【A_4型题】

（29~31题共用题干）

林某，男，56岁，心绞痛发作被家人呼叫"120"急诊送入院，经抢救后被收住院治疗。

29. 林某虽然不愿意住院，但由于病情限制和医疗护理的需要，其只能调整自己按医嘱卧床休息、配合治疗及护理，林某的行为过程即是
   A. 社会角色适应
   B. 患者角色适应
   C. 患者角色过渡
   D. 社会角色过渡
   E. 角色过度适应

30. 林某经过一段时间的治疗和护理，病情稳定，能到医院内花园散步锻炼，心里想着通过配合医疗和护理，坚持康复锻炼，尽早出院回家。这种角色过渡转变过程是
   A. 社会角色过渡转变
   B. 患者角色过渡转变
   C. 社会角色适应患者角色
   D. 社会角色过渡进入患者角色
   E. 患者角色过渡转回原有社会角色

31. 医生根据林某康复情况准备给予出院时，林某想到出院后又是孤单一人生活，害怕自己身体无法适应生活而拒绝出院，其角色适应特征为
   A. 社会适应不良
   B. 医院适应不良
   C. 角色适应不良
   D. 角色过度转化
   E. 行为矫正不良

（32~34题共用题干）

秦某，男，55岁，有多饮、多食、多尿，伴体重减轻等"三多一少"症状，但患者认为自己吃喝睡生活正常，应该没病，拒绝入院，无法进入患者角色。

32. 促进患者角色适应要采取相应措施，下列应用方法不妥的是
   A. 正确评估患者角色适应水平
   B. 创建良好舒适的医院环境
   C. 发挥社会支持系统作用
   D. 促进角色适应措施改革
   E. 建立良好人际关系

33. 患者入院时，护士应如何指导患者适应角色，首选下列哪项
   A. 首先向患者做自我介绍
   B. 及时提供有效的医疗信息
   C. 及时提供有效的护理信息
   D. 随时给予有针对性的指导
   E. 及时提供有效的医疗技术

34. 住院后应为患者创建适宜的空间范围，以减轻"社交隔离感"产生，下列哪项措施才能满足需求
   A. 正确评估患者角色适应水平
   B. 创建良好舒适的医院环境
   C. 建立良好人际关系
   D. 发挥社会支持系统作用
   E. 促进角色适应措施改革

（35~37题共用题干）

苗某，男，62岁，患糖尿病4年，未按医嘱规则服药，病情不稳定，昨日突发神志不清，经抢救治疗，于一周后病情好转、稳定。饮食如厕自理，经指导能配合医生护士进行治疗和护理。

35. 苗某神志不清时，护士给予护理的护患关系模式特征是
   A. "告诉患者做什么"
   B. "我为患者做什么"
   C. "护士教会患者做什么"
   D. "和患者商量做什么"
   E. "护士告诉患者应该做什么"

36. 患者病情稳定，经指导能按护士的意志主动配合护理活动的护患关系模式特征是
   A. "护士为患者做治疗"
   B. "我为患者做什么"
   C. "母亲与婴儿"的关系
   D. "护士教会患者做什么"
   E. "和患者商量做什么"

37. 苗某病情稳定，要求出院，按计划责任护士与患者商讨出院前学会注射胰岛素计划，这种护患关系模式特征是
   A. "告诉患者做什么"
   B. "我为患者做什么"
   C. "和患者商量做什么"
   D. "护士教会患者做什么"
   E. "护士告诉患者应该怎么做"

（38~40题共用题干）

江某，男，52岁，骨折术后康复中依赖性增强，对医疗费用及护理人员的操作不精而产生质疑，与护士熊某交流中产生不同意见，影响了护患关系。

38. 江某对医疗费用的质疑，护患关系的影响因素主要是
   A. 信任危机
   B. 角色模糊
   C. 责任不明
   D. 权益影响
   E. 理解差异

39. 由于江某对护理职业认知有限，对护理操作产生质疑，护患关系的影响因素主要是
   A. 信任危机
   B. 角色模糊
   C. 责任不明
   D. 权益影响
   E. 理解差异

40. 患者对护理人员的操作提出质疑，针对护士主要是什么原因产生的
   A. 信任危机
   B. 角色模糊
   C. 责任不明
   D. 权益影响
   E. 理解差异

二、思考题

1. 护理对于生命各个阶段有何意义？护理人员在健康保健事业中有何地位和作用？

2. 护患关系的基本过程有几个阶段？每个时期建立的主要任务是什么？

3. 患者，严某，32岁，装修工人，不慎从高处坠落，摔伤昏迷，被120急诊送入院。经抢救患者意识恢复，但双下肢失去知觉，患者痛苦万分，不愿配合医疗护理。请分析本案例，并回答下列问题：

（1）入院时患者神志不清，应采用何种护患关系模式？请分析原因。

（2）根据本案例，患者角色适应会出现哪些心理反应？

（3）护士应用哪些方法尽快促进护患关系建立？

（4）如何促进严某尽快适应患者角色？

（李丽娟）

思政之光

第二章 护理学发展历程及基本概念

案例 2-1　某护理学院礼堂新生入学教育大会，学院领导牟院长深情地介绍了现代护理学鼻祖"南丁格尔"生平事迹及护理学专业发展的光辉历程。殷切期望未来护理队伍专业人才，能以"南丁格尔"为榜样，爱岗敬业，为人类健康造福，为未来护理事业继续谱写更加辉煌的历史篇章。

思考：

1. 您能说说南丁格尔的生平事迹吗？南丁格尔为护理学做出了哪些突出贡献？
2. 护理学发展经过哪几个阶段？其主要特点是什么？
3. 您将如何树立自己专业思想意识和从事护理专业的信心？

学习内容

第一节　护理学发展历程
第二节　护理学的基本概念及相互关系与指导意义

学习目标

1. 掌握南丁格尔对护理学的突出贡献，护理学发展三个阶段及主要特点，护理学四个基本概念内涵。
2. 熟悉中国近现代护理学发展史，熟悉护理学四个基本概念的关系。
3. 了解西方护理学与中国护理发展经过。

任务目标

1. 树立专业思想意识，积极投身护理事业，为谱写护理事业新篇章尽自己的一份力量。
2. 通过学习能明确护理学四个基本概念的内涵及相互关系，并能指导护理实践。

思维导图

下载资源：
思维导图解析

- 护理学发展历程及基本概念
  - 护理学发展历程
    - 世界护理学的形成与发展
      - 人类早期的护理
      - 公元初期的护理
      - 中世纪的护理
      - 文艺复兴时期的护理
      - 近代护理学——南丁格尔的生平事迹和贡献
      - 现代护理学
        - 以疾病为中心的护理阶段
        - 以患者为中心的护理阶段
        - 以人的健康为中心的护理阶段
    - 中国护理学发展
      - 祖国医学与护理
        - 远古时代
        - 春秋战国
        - 汉朝
        - 唐代
        - 元、宋
        - 明、清
      - 中国近代护理发展
        - 西方护理的传入
        - 近代护理学会的发展
        - 近代护理教育的发展
        - 战争时期的护理
      - 中国现代护理
        - 护理教育体制日趋完善
          - 中等护理教育
          - 高等护理教育
          - 硕士护理教育
          - 博士护理教育
          - 继续护理教育
          - 岗位护理教育
        - 护理管理体制逐步健全
        - 护理科研迅速发展
        - 护理学术交流国际化
        - 护理实践领域的拓展
        - 护理事业迈向国际舞台
      - 我国护理发展趋势
        - 护理教育高层次化
        - 护理管理标准化
        - 护理工作国际化
        - 护理队伍高素质化
  - 人
    - 人是一个统一的整体
    - 人是具有社会和生物双重属性的整体
    - 人是一个开放系统
    - 人有基本需要
    - 人追求健康

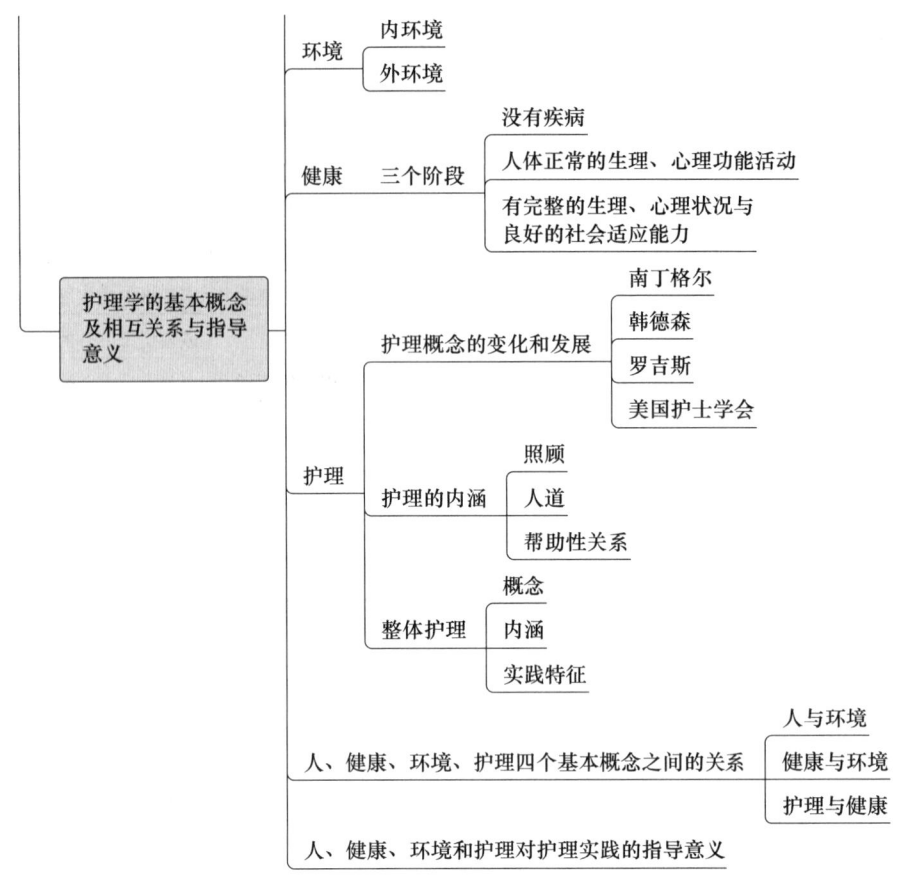

第一节 护理学发展历程

护理产生于人类生存的需要,其发展与人类的社会进步、文明程度、科学发展等因素密切相关,人类健康水平的提高和社会需求的不断变化,深刻影响并推动护理学逐渐发展为一门独立学科,成为以提供健康服务为核心的专业。

一、世界护理学的形成与发展

(一)人类早期的护理

1. **"自我保护式"的医疗照顾** 自从有了人类就有了最基本的照顾活动。人类为了生存,在与大自然作斗争的过程中,常常受到各种疾病、伤残和死亡的威胁,人类尝试着用各种原始方法保护自己的生命、减轻病痛、防病治病、繁衍后代,积累了许多生活和生产经验,如用溪水清洗伤口,以防伤口恶化;用树枝、藤条固定骨折肢体;腹部不适用手按摩以减轻不适;用火烧烤食物,以预防和减少胃肠道疾病;用热砂敷于疼痛部位的热敷疗法等,均蕴涵着原始的护理元素,即原始的护理雏形。

2. **"家庭式"的医护照顾** 进入母系氏族社会后,母亲慈爱的本性,以温柔慈祥的母爱照顾家中老人和伤病者,用原始的治疗、护理方法为伤病者解除痛苦,促进康复,即形成了医护不分的原始社会"家庭式"的医护照顾。

3. **"宗教迷信式"的医护照顾** 在人类社会的早期,由于当时人类对疾病缺乏科学的认识,常把疾病看成是灾难,认为疾病是由一种超自然的力量所致,是神灵或妖魔鬼怪所致,因而产生宗教和迷信,通过巫师采用巫术和其他方法祈求神灵的帮助,如念咒、画符、祈求、献祭、捶打，冷热水浇浸等方法以驱除鬼怪、减轻痛苦、治疗疾病。医护照顾长期与宗教、迷信活动联系在一起，是早期护理又一重要特征。

4. **"医、药、护一体"的原始照护** 随着人类文明的发展，人类在征服伤、病、痛的过程中，经过长期的实践和思考，对疾病逐渐有所认识，逐渐摒弃了祈求、献祭和巫术等方法。一些文明古国开始应用各种草药、动物药及矿物药等治病；重视饮食调节和生活照顾；形成了集医、药、护于一体的治疗护理。如中国、埃及、希腊、印度、罗马等文明古国，应用各种草药、动物及矿物质药丸、膏、汤剂等制剂，冷、热、泥敷等疗法，伤口止血、缝合、包扎、催吐、灌肠、导尿等技术，注重公共卫生、培养良好卫生习惯、供应清洁饮用水、修建浴室及体育场等，以预防疾病、促进健康。

（二）公元初期的护理（公元1—500年）

从公元初年起，由于基督教的兴起，教会建立许多医院、救济院、孤儿院、老人院等慈善机构，由修女从事护理工作，她们没有经过正规的护理训练，主要出于宗教的博爱和济世宗旨认真照顾患者，基督教会以宗教意识安排和组织护理活动，这个时期的护理带有很强的宗教色彩。公元400年，基督教会组织修女成立了护理团体，随着护理团体的不断成立，护理向"组织化和社会化"发展。

（三）中世纪的护理

中世纪的欧洲，战争频繁、疾病流行，迫切需要大量的医生、护士和医院。到中世纪后期，基督教和伊斯兰教之间长达200年的"十字军东征"战争，使伤病员大量增加，需要随军救护人员，于是由信徒组成的救护团应运而生。随着其他一些宗教性、民俗性及军队性的护理社团的形成，对护理工作的发展起到了一定的促进作用，使护理逐渐由"家庭式"的自助与互助模式迈向"规模化、社会化和组织化的服务"。

（四）文艺复兴时期的护理

1. **近代医学演变成独立的专业** 大约公元1400年，意大利的文艺复兴运动、宗教改革及工业革命，促进了文学、艺术、科学包括医学等领域的迅猛发展，西方国家称之为科学新发现时代。人们对疾病有了科学认识，疾病的治疗也有了新的依据，近代医学开始朝着科学方向发展，并逐渐演变成一门独立的专业。

2. **护理事业进入黑暗时期** 由于宗教革命导致社会结构和妇女地位发生变化，社会重男轻女；工业革命带来经济繁荣的同时也改变了人们的价值观，削弱爱心和奉献牺牲精神，护理工作不再由具有仁爱精神的教会人员担任，而是一些社会最底层，素质较差的妇女进入护理队伍，她们既未经正规培训又无护理经验，服务态度差，导致护理质量大大下降，护理工作几乎陷入瘫痪状态，此时的护理发展停滞不前，护理事业进入了历史上长达200年的黑暗时期。

3. **护理走向独立职业之旅** 1576年，法国天主教神父，圣·文森保罗（St.Vincent De Paul）在巴黎成立慈善姊妹会，成员不一定是教会的神职人员，但经过一定培训后，深入群众，为病弱者提供护理服务，深受人们的欢迎，也使护理逐渐摆脱教会的束缚，开始走向独立职业之旅，成为一种独立的职业。

（五）近代护理学

1. **建立系统化的护理培训** 19世纪初，随着科学的发展和医学的进步，社会对护理的需求日益迫切，护理实践也逐步得到发展，护理工作的地位有所提高，欧洲相继开设了一些护士训练班。1836年，德国牧师弗里德尔（Fliendner）在凯撒斯威斯城建立了医院和女执事训练所，招收年满18岁、身体健康、品德优良的妇女，进行系统化的护理培训。培训课程包括授课、医院实习、家庭访视。弗里德尔共建立32所女执事训练所培训护士，被视为世界上最早的、有组织的、较正规的护理培训所。弗罗伦斯·南丁格尔（Florence Nightingale，1820—1910年）

曾在此接受训练。

2. 科学护理专业的诞生 19世纪中叶，南丁格尔首创了科学的护理专业，使护理逐步走上了科学的发展轨道及正规的教育渠道，国际上称这个时期为南丁格尔时代，是护理工作的转折点，也是护理专业化的开始。

（1）南丁格尔的生平事迹：弗罗伦斯·南丁格尔（图2-1），1820年5月12日出生于意大利的佛罗伦萨城，出生英国名门望族的她，从小受到良好的教育，精通英、法、德、意、希腊及拉丁语等多国语言。她乐于助人，接济贫困，更关切伤病者和弱者，对护理工作怀有深厚的兴趣。成年后她决定当护士，但遭到家人及亲友的强烈反对，1850年她冲破封建意识的束缚和家庭的阻挠，前往德国凯撒斯威斯的护士训练班接受为期3个月的护理训练，开始了她的护理生涯。1853年，她又去法国学习护理组织工作，回国后被任命为英国伦敦妇女医院院长，她强调新鲜的空气、舒适且安静的环境对服务对象健康恢复的重要性。

图2-1 弗罗伦斯·南丁格尔

1854年克里米亚战争爆发，在这场英、法对付沙皇俄国入侵土耳其的战争中，英军伤兵由于缺乏医护人员照料及医药设备，伤员死亡率高达42%，这种状况引起英国朝野极大震动和舆论的哗然。南丁格尔获此消息后，立即请求率护士赶赴战地救护。同年10月，她被任命为"驻土耳其英国总医院妇女护士团团长"，率38名护士克服重重困难赶赴前线。抵达战地医院后，立即采取一系列措施：①改善医院环境，预防控制感染。如清洗伤口和衣物，消毒物品，消灭害虫。②加强士兵营养，以提高机体免疫。③满足士兵们的身心需求，如设立阅览室、娱乐室、重整军中邮务，帮助士兵们书写家信。通过她的努力，英国前线伤员的死亡率在半年时间内从42%下降到2.2%。

由于她经常手持油灯巡视伤病员，夜以继日地工作，亲自安慰那些受伤和生命垂危的士兵，被前线士兵亲切地誉为"提灯女神""克里米亚的天使"。南丁格尔卓有成效的工作，受到前线官兵和英国本土人民的赞誉，她的功绩，不仅传为奇迹，而且使英国朝野和社会改变了对护士的看法。1856年战争结束，南丁格尔返回英国，她把毕生全部奉献于护理事业，终生未嫁。1907年，英国国王授予她最高国民荣誉勋章，她是英国妇女中第一位获此殊荣的人。1910年8月13日，南丁格尔逝世，享年90岁。

南丁格尔以她渊博的知识、卓识的远见和高尚的品德，投身护理事业，对开创护理事业做出了杰出的贡献，被誉为近代护理事业的创始人和奠基人，她对护理事业的献身精神成为世界各国护士的学习楷模。为纪念她对护理事业的贡献，英国的伦敦和意大利的佛罗伦萨都铸有她的铜像；英国10英镑纸币的背面塑印她的半身像。1912年国际护士会成立了南丁格尔国际基金会，向各国优秀护士颁发奖学金供进修学习之用，并将她的生日5月12日定为国际护士节。同年在华盛顿召开的第九届国际红十字会大会上，设立了南丁格尔奖章（图2-2），作为各国护士的最高荣誉奖，每两年颁发一次。我国从1983年开始参加第29届南丁格尔奖的评选活动，至2019年第47届已有80人获此殊荣。

图2-2 南丁格尔奖章

> **知识链接**

我国第一位南丁格尔奖章获得者——王琇瑛女士

王琇瑛，中国护理教育及公共卫生护理专家，是我国第一位获得国际护理界最高荣誉奖的护理工作者。1908年5月28日王琇瑛出生于河北正定。1935年赴美国哥伦比亚大学师范学院护理系进修，获硕士学位。1950年当选为中华护士学会副理事长。1952年任抗美援朝护士教学队队长。曾任中华护理学会科普委员会主任委员、首都医学院护理顾问、中华护理学会荣誉理事长等职务。1983年当选为第五届全国妇联副主任，是我国第一位获得英国皇家护理学院荣誉校友称号的护士。她热爱护理事业，培养了大批护理人才。在培养公共卫生护理人才与宣传卫生保健知识方面，做出了卓越贡献。1983年7月11日下午，在北京人民大会堂举行南丁格尔奖章颁奖大会，全国政协主席、中华护理学会名誉理事长邓颖超同志亲自为王琇瑛女士授奖。2000年9月4日因年老体衰在北京逝世。

王琇瑛女士

> **知识卡片**
>
> **南丁格尔誓言**
>
> 余谨以至诚，于上帝及公众前宣誓：
> 终生纯洁，忠贞职守，
> 尽力提高护理职业标准，
> 勿为有损之事，
> 勿取服或故用有害之药，
> 慎守病者及家庭之秘密，
> 竭诚协助医师之诊治，
> 勿谋病者之福利。

（2）南丁格尔的主要贡献：南丁格尔对护理事业的献身精神已成为世界各国护士学习的楷模，她对护理事业发展的主要贡献表现在以下几个方面。

1）著书立说奠定护理专业理论基础：南丁格尔一生撰写了大量的日记、书信、报告和著作等。著名代表作有1858—1859年撰写的《医院札记》和《护理札记》，《医院札记》主要阐述对改革医院管理及建筑方面的构思、意见及建议。而《护理札记》则阐明自己的护理思想及对护理的建议，尤其对环境、个人卫生及饮食等因素影响患者健康的精辟论述，被认为是护士必读经典著作，被译成多种文字，曾作为当时护士学校的教科书而被广为应用。另有《影响英军健康、效率与医院管理问题摘要》的报告被认为是当时医院管理最有价值的文献。在研究报告《英军的死亡率》中，作者应用了科学的统计方法，利用图表列举数字以呈现护理工作的成效，被视为护理研究的开端。南丁格尔有关福利、卫生统计、社会学等方面的理念和思想至今对护理实践仍有指导意义，也为近代护理专业奠定了理论基础。

2）创办世界上第一所护士学校：经过克里米亚战争的护理实践，南丁格尔更加深信护理是科学事业，她认识到护士必须具有优良的品格和奉献精神，必须接受规范的科学训练。1860年，她在英国圣托马斯医院创办了世界上第一所正式的护士学校。使护理由学徒式的教导成为一种正式的学校教育，为护理教育奠定了基础。1860—1890年，该校共培养学生1005名，她们遍布英国本土及殖民地和欧洲其他各国，并远渡重洋赴美国，她们在各地推行护理改革，创建护士学校，弘扬南丁格尔精神，培养了大批具有专门知识的护士，使护理工作有了崭新的面貌，护理事业得以迅速发展。国际上称这个时期为"南丁格尔时代"。

3）开创了科学的护理专业：南丁格尔以克里米亚的成功护理实践经验为基础，对护理专业进行了精辟的论述。她认为"护理是一门艺术，需要有组织性、实务性及以科学为基础"。她确定了护理学的概念和护士的任务，提出公共卫生的护理思想，重视患者的生理及心理护理，并发展了自己独特的护理环境学说。这些实践经验和理论形成了护理学知识体系的雏形。尤其经过她的努力使护理逐渐摆脱教会的控制和束缚，使护理成功地从医护合一模式中分离出来，成为一门独立的职业。确立了护理专业的社会地位和科学地位，推动护理专业不断走向科学化、专业化轨道。

4）创立了一整套护理管理制度：南丁格尔首先提出护理系统化的管理方式，强调必须确定相应的政策和适当的授权，既使护理人员担负起责任，也能充分发挥护理人员的潜能；在医院护理行政组织机构设立上，要求设立护理部，由护理部主任负责全院的护理管理工作；在医院设备及环境等方面管理上，制定了相应的管理要求，促进了护理工作效率和护理质量的提高。

5）强调伦理职业道德素养：南丁格尔注重护理人员的训练及资历要求。强调人道主义护理伦理理念，要求护理人员不分信仰、种族、贫富贵贱，平等对待每一位患者，为患者提供平等的护理服务。

（六）现代护理学

1. **发展历经三个阶段** 从护理学的实践和理论研究来看，现代护理学的发展可概括为三个阶段。

（1）以疾病为中心的护理阶段：19世纪60年代开始，人们认为疾病是由于细菌或外伤等袭击人体后所引起的机体组织结构改变和功能异常，从而形成了"以疾病为中心"的医学指导思想，护理从属于医疗，协助医生诊断和治疗疾病成为这一时期指导和支配护理工作的基本理论观点。

此阶段的护理特点是：①护理已成为一门专业职业，护士从业前需经过专业的特殊培训。②护理从属于医疗，护士被看作医生的助手。③护理工作的主要内容是执行医嘱和完成各项护理技术操作。④护理尚未形成独立的理论体系。因此，护理教育类同于医学教育，课程内容涵盖较少的护理内容。

（2）以患者为中心的护理阶段：20世纪40年代开始，人们认识到健康与生理、心理和社会因素密切相关。1948年WHO提出新的健康观；1955年"护理程序"的首次提出；1977年"生物-心理-社会医学模式"新医学模式的提出，使护理理念从"以疾病为中心"开始向"以患者为中心"模式转变。护士不再是被动地、单纯地执行医嘱和进行护理技术操作，而是医生的助手和合作伙伴，是健康保健队伍中的专业人员。但护理工作重点仍然集中在疾病和照顾患者的护理，工作主要场所仍在医院，主要研究内容局限于协助康复方面的护理。

此阶段的护理特点是：①强调护理是一门专业，逐步建立了护理的专业理论基础；②护士与医生成为合作伙伴关系；③护理工作内容不再是单纯地、被动地执行医嘱和完成护理技术操作，取而代之的是对患者实施身心、社会等全方位的整体护理，满足患者的健康需要；④护理学逐渐形成了独立的学科理论知识体系，脱离了类同医学教育的课程设置，建立了以患者为中心的教育和临床实践模式。

（3）以人的健康为中心的护理阶段：20世纪70年代开始，随着科学技术、社会经济文化的迅速发展，与人的行为和生活方式相关的疾病成为威胁人类健康的主要问题，如心脑血管病、糖尿病、精神病、恶性肿瘤、意外伤害等。1978年WHO提出的"2000年人人享有卫生保健"的战略目标，对护理学科发展产生了重要的影响。护理是针对"有现存和潜在健康问题的人"；护士角色多元化；护理服务对象包括全人类所有人群；护理工作范围扩展到对人类生命的全过程；护理工作场所从医院扩展到社会和家庭；护理实施以人的健康为中心的护理。

此阶段的护理特点是：①护理学成为现代科学体系中一门独立的、综合自然科学和社会科学，为人类健康服务的应用科学；②护士角色多元化，即护士不仅是医生的合作伙伴，还是护理计划制订者、照顾者、教育者、管理者、执行者、患者的代言人；③护理工作场所从医院扩展到家庭、社区及所有人的地方；④护理工作范畴，从对患者的护理扩展到对人的生命全过程的护理，由患者个体扩展到对群体护理；⑤护理教育方面有完善的教育体系，有扎实的护理理论基础，良好的科研体系，并有专业的自主性。

2. 发展的主要表现　现代护理学从职业向专业发展的历程，主要表现在以下几个方面。

（1）护理教育体制的完善：自1860年南丁格尔开办第一所护士学校后，欧美许多国家的护士学校如雨后春笋般涌现。世界其他国家及地区也创建了许多护士学校及护理学院，使护理教育形成了多层次而完善的教育体制。如美国，1901年开设大学护理课程；1924年成立护理学院，授予护理学学士学位；1929年设立硕士学位点；1964年设立护理学博士学位；1965年美国护士协会提出：凡是专业护士都应具有学士学位。可见，现代护理教育已形成了规范化、多层次、高层次的完善的教育体系。

（2）护理理论体系的发展：南丁格尔被视为最早的护理理论家。从20世纪50年代开始，护理理论家高度重视护理学科发展的结晶，护理理论经历了借鉴期、创建期和应用期。20世纪70年代护理概念框架/模式陆续发表，如1967年Levine的护理实践守恒模式；1970年Rogers的生命过程模式、Roy的适应模式；1971年Orem的自理模式、King的互动结构和达标理论；1972年Neuman的健康照顾系统模式；1980年Johnson的行为系统模式等。到20世纪80年代，护理理论得到不断的修改和扩充，使之更加完善。20世纪90年代，护理理论应用于护理实践成为护理学发展的重点，护理学科逐步形成具有独特专业特点的理论体系。

（3）护理管理体制的建立：从南丁格尔之后，世界各国都相继应用南丁格尔的护理管理模式，并将管理学的原理及技巧应用到护理管理中，强调人性化的管理，其核心是质量管理。同时护理管理的要求更加具体及严格，如美国护理协会对护理管理者有具体的资格及角色要求。

（4）临床护理分科的形成：从1841年开始，特别是第二次世界大战后，随着科技的发展及现代治疗手段的进一步提高，护理专科化的趋势越来越明显，除了传统的内、外、妇、儿、急症等分科外，还有重症监护、职业病、社区及家庭等不同分科的护理。

（5）护理研究的发展：南丁格尔是早期的护理研究者，她依据调查研究结果来改变医院环境和卫生状况。20世纪早期有关于护理教育方面的研究报告；50年代，护理实践和护理学理论的研究受到重视；60年代，护理研究着重对护理措施结果和护理质量的评价；80年代研究范围更广泛，与其他学科研究者的合作更加紧密，研究方法从单纯的量性研究到量性与质性研究相结合。

（6）护理专业团体的成立：1899年，国际护士会（International Council of Nurses，ICN）在英国伦敦正式成立，现总部设在瑞士日内瓦。ICN是世界各国自治的护士协会代表组织的国际护士群众团体，目前已由创立之初的7个成员国扩大到111个，拥有会员140多万人。国际护士会的使命是代表全世界的护士推进护理专业的发展，影响卫生政策的制定。

二、中国护理学发展

（一）祖国医学与护理

我国的传统医学历史悠久，特点是医、护、药不分；强调"三分治，七分养"，"养"即为护理。

1. **远古时代** 火的发现和使用，使人们创造了局部热疗法，用于消除病痛；石器时代，人类用"砭石"治疗疾病，这些原始的医治活动，都孕育着朴素的护理思想。

2. **春秋战国** 春秋末年，齐国名医扁鹊总结出："切脉、望色、听声、写形，言病之存在"的经验，提出热敷保持体温等措施，记述了护理活动中观察病情的方法，被沿用至今。

3. **汉朝** 西汉时期的医学经典《黄帝内经》，强调了对人的整体观念和预防思想，记载着疾病与饮食调节、精神因素、自然环境和气候变化的关系等；东汉末年名医张仲景在《伤寒杂病论》中则记载了猪胆汁灌肠术、人工呼吸和舌下给药法。一代名医、外科鼻祖华佗的《五禽戏》进一步倡导强身健体，预防疾病的方法。

4. **唐代** 最具代表性的杰出医药学家孙思邈著有《备急千金要方》，他提出"凡衣服、巾、镜、栉、枕不宜与人同之"，强调隔离预防知识观念沿用至今；在总结前人筒吹导尿法基础上，改为葱管导尿术；他的著作内容丰富，对祖国医学做出了巨大贡献。

5. **宋、元** 宋代儿科和产科护理发展迅速，宋朝名医陈自明的《妇人十全良方》中对孕妇产前、产后护理提供了许多宝贵资料。此外，有关口腔护理的重要性和方法也有记载，如"早漱口，不若将卧而漱，去齿间所积，牙亦坚固"等。

6. **明、清** 明清时期的胡正心提出蒸汽消毒法处理传染病患者的衣物，当时还流传用艾叶、喷洒雄黄酒消毒空气和环境。明朝著名医药学专家李时珍的《本草纲目》对我国及世界药物学的发展均有很大贡献；他看病时，兼给患者煎药、送药、喂药，这其中都包含了重要的护理思想和方法。

祖国医学是中国几千年历史文化的灿烂瑰宝，孕育其中的中医护理，以其丰富的知识内涵为我国护理学的产生和发展奠定了基础。

（二）中国近代护理发展

我国近代护理事业的兴起是在鸦片战争前后，随着西方列强的入侵，宗教和西方医学也开始进入中国。因此，中国近代护理学的发展带有鲜明的西方文化特点。

1. **西方护理的传入** ①1835年，英国传教士巴克尔（Parker）在广州开设了第一所西医院，两年之后医院以短训班的方式培训护理人员。②1884年美国妇女联合会派到中国的第一位护士兼传教士麦克尼（Mckechnie）在上海妇孺医院推行"南丁格尔"护理制度，并开设护士培训班。③1888年，美国的约翰逊女士（Johnson）在福州开办了我国第一所护士学校。④1900年，中国各大城市建立了许多教会医院，并附设了护士学校，当时的医院和护士学校的环境、护士服、护理操作流程、教材和护理理念等均受西方文化的深刻影响，形成了欧美式的中国护理专业。⑤1907年，中国第一名女医生金雅梅在天津开设医科学校，并培养护士。

2. **近代护理学会的发展** ①1909年，中国最早的护士组织——"中华护士会"，在江西牯岭成立；1937年更名为"中华护士学会""中国护士学会"；1964年改为"中华护理学会"并沿用至今。②1914年，中华护士会在上海召开第一届会员代表大会，担任"中华护士会"副理事长的钟茂芳（出席大会24名代表中唯一的1名中国护士代表）认为：从事护理工作的人员应具有必要的科学知识，故将"nurse"一词译为"护士"并沿用至今。③1920年，护士会创刊《护士季报（中英文版）》，为我国第一份护理专业报刊。④1922年，中华护士会加入国际护士会，成为第十一个会员国，在国际上取得了应有的地位，1949年后终止。⑤1928年，第九届会员代表大会在汉口召开，结束了近20年外籍护士任会长的历史，由中国护士伍哲英承担护理管理与领导工作。

> **知识链接**
>
> **2013年5月8日中华护理学会加入国际护士会**
>
> 　　成立于1909年的中华护理学会,于2013年1月顺利通过了国际护士会的评估;同年4月,通过了国际护士会全球各国及地区会员的投票表决,正式加入国际护士会并成为其成员。2013年5月8日国际护士节护理大会上,国际护士会主席Rosemary Bryant女士代表国际护士会宣布中华护理学会加入国际护士会,并向中华护理学会颁发证书和授予国际护士会会旗,这一盛事标志着中国的护理事业真正迈向了国际舞台。

3. 近代护理教育的发展　①1921年,在美国人开办的私立协和医学院成立协和高等护士专科学校,毕业生授予理学学位,此为我国高等护理教育的开端。之后,燕京大学、金陵女子文理学院、东吴大学、岭南大学和齐鲁大学相继开设预科班,发给毕业生护士文凭。②1932年,南京成立了我国第一所公立护士学校——中央护士学校,学制3~4年。③1934年,教育部成立护理教育专门委员会,将护士教育纳入国家正式教育体系。④至1949年,全国共建立护士学校183所,培养护士3万余名。

4. 战争时期的护理　抗战期间,许多医护人员满怀激情奔赴革命圣地,在解放区设立了医院,护理工作受到党中央的重视和关怀。①1931年,傅连暲医生在闽西汀州开办了"中国工农红军中央看护学校",这是红军自己的第一所护士学校。②1941年在延安成立了"中华护士学会延安分会"。③1941年和1942年,毛泽东同志曾亲笔题词:"尊重护士、爱护护士""护士工作有很大的政治重要性"。在解放战争中也有许多勇于献身抢救伤员的英雄模范护士,如李兰丁、蒋南屏、李英熙、李桂英等,被誉为中国的南丁格尔。

视频:
红军看护学校及傅连暲简介

(三)中国现代护理

新中国成立后,随着卫生事业的发展,我国护理工作进入了一个崭新的时期。尤其是党的十一届三中全会后,改革开放政策更加推动了护理事业的发展。

1. 护理教育体制日趋完善　目前,我国已经形成了由中等、高等(大专、本科)、研究生(硕士研究生和博士研究生)系列组成的,多层次、多渠道的较为完善的护理教育体系。

(1)中等护理教育:1950年,在北京召开了第一届全国卫生工作会议,对护理专业教育进行统一规划,将护理教育列为中等专业教育之一。成立教材编写委员会,出版21本护理专业教材,使护理教育步入国家正规教育体系,成为我国培养护士的重要途径,为国家培养了大批中等护理专业人才。

1966—1976年,护士学校停办,护理教育基本停滞,直到1979年中断的护校才陆续恢复招生。

(2)高等护理教育:①专科教育,1980年南京医学院率先开办高级护理专修班。1984年教育部和卫生部召开了全国高等护理专业教育座谈会,明确指出要建立多层次、多规格的护理教育体系,培养高层次护理人才。这次会议不仅是对护理高等教育的促进,也是我国护理学科发展的转折点。随着社会对高等护理人才的需求,许多中等卫生学校合并升格,高等护理专科教育成为发展最为迅速的层次。2003年全国开设护理大专教育院校共255所。继1966年《中华人民共和国职业教育法》、2002年《国务院关于大力推进职业教育改革与发展的决定》、2005年《国务院关于大力发展职业教育的决定》相关文件的出台,高等护理职业教育得到迅速发展。2014年5月《国务院关于加快发展现代职业教育的决定》为职业教育提供新的机遇。②本科教育,1983年天津医学院(现天津医科大学)率先在国内开设了五年制护理本科专业,学生毕业后获得学士学位。此后其他院校纷纷开设了四年制或五年制的本科护理专业。据不完全统计,截至2011年中国有本科护理院系200多所,高职高专护理院系400多所。护士队伍的学历结构不断改善，大专及以上学历占比从 2011 年的 51.3% 提高到 2015 年的 60.5%，其中本科及以上占比为 14.6%。

（3）硕士护理教育：1992 年北京医科大学（现北京大学医学部）首批开设护理硕士研究生教育。1994 年在美国中华医学基金会的资助下，国内多所大学与泰国清迈大学联合举办了护理研究生班，为我国各院校培养硕士毕业护理人才 123 名。2011 年教育部批准开设护理专业研究生教育，目的是为中国培养更多的应用型高级护理人才。

（4）博士护理教育：2003 年第二军医大学、2004 年中国协和医科大学分别被批准为护理学博士学位授予点。北京大学护理学一级学科于 2014 年获批博士后流动站，现有博士后导师 5 人。至此，我国护理教育层次基本完全，护理人员的学历层次结构逐渐提高和优化。

（5）继续护理教育：根据教育部面向 21 世纪高等医学教育教学改革计划精神，我国护理教育通过不同渠道、不同办学方式大力发展护士在职教育、学历教育和继续教育。1987 年国家颁布《关于开展大学后继续教育的暂行规定》。1996 年卫生部继续医学教育委员会正式成立。1997 年卫生部继续医学教育委员会护理学组成立，同年，中华护理学会制定了护理继续教育的规章制度及学分授予办法，使护理继续教育更加制度化、规范化及标准化。

（6）岗位护理教育：2005 年卫生部印发《中国护理事业发展纲要（2005—2010）》，强调要根据临床护理领域的工作需要，有计划地培养临床专业化护理骨干，分步骤在重点临床专科护理领域开展专业护士培训。2007 年卫生部办公厅印发《社区护士岗位培训大纲》，结合国家大力发展社区卫生服务的有关精神，全国各地相继组织开展了专科护士及社区护士的培训工作。岗位护理培训教育通过专科护理领域和社区护士岗位培训，拓展了护理服务领域的同时，提高了护士队伍专业技术水平。

2. 护理管理体制逐步健全

（1）建立健全护理行政管理体系：新中国成立后到 1976 年期间，我国医院护理部的建制经历了多次的撤销和恢复，直到 1970 年卫生部发布了《关于加强护理工作的意见》后，我国医院的护理部才得以重新恢复。1982 年国家卫生部医政司设立了护理处，负责全国的护理管理，制定有关政策、法规。2018 年设立中华人民共和国国家卫生健康委员会，设置医政医管局"护理与康复处"。目前，各省、市、自治区、直辖市均设卫生健康委员会"护理与康复处"，承担推进管辖区域内的护理和康复事业发展工作。

（2）建立健全晋升考核制度：1979 年国务院批准卫生部颁发了《卫生技术人员职称及晋升条例（试行）》，明确规定了护理专业人员的技术职称，职称等级分别是：高级"主任护师"、"副主任护师"；中级"主管护师"；初级"护师"和"护士"。据这一条例，各省、市、自治区制定了护士晋升考核的具体内容和方法，使护理专业具有完善的技术职务晋升考核制度，护士的社会地位和待遇得以不断提高。

（3）护理专业法制化建设：①建立护士执业注册制度，1993 年 3 月卫生部颁发了新中国成立以来第一个关于护士执业和注册的部长令与《中华人民共和国护士管理办法》，1995 年 6 月全国举行首届执业护士考试，考试合格取得执业证书后方可申请注册。护理管理工作从此走上法制化轨道。②护理立法维权，2008 年 1 月国务院颁布《中华人民共和国护士管理条例》（简称"条例"），同年 5 月 12 日施行。"条例"明确了护士的义务、权利和法律地位，规范护士执业行为，建立职业准入制度，这是我国护理法制化建设的重要成就。

3. 护理科研迅速发展 随着高等护理教育的发展，高等院校已为护理领域培养和输送了大批高学历护士，她们在各个岗位中参与和开展护理研究工作，促进护理学科研究的发展。护理研究的范围、内容和水平得到不断拓展、丰富和提高。所研究的课题、成果和撰写论文的质量、数量也显著提升，从而促进护理期刊的发展。1993 年中华护理学会第 21 届理事会设立了"护理科技进步奖"，每两年评选一次，2009 年该奖项被科技部批准改为"中华护理学会科技奖"，成为中国护理学科最高奖项，标志着我国护理科研正迈向快速发展的科学轨道。

4. **护理学术交流国际化** 随着国家改革开放政策的深入，中华护理学会与国际许多国家护理界建立友好关系，积极开展国内、国际护理学术交流活动。中外护理专家、学者互访交流、互派讲学，进行护理骨干和师资的进修、培训。1985年全国护理中心在北京成立，进一步取得了WHO对我国护理学科发展的支持，为中国护理与国际先进护理之间的沟通交流搭建了平台。国际间交往，促进了我国护理事业与国际接轨，并逐渐迈入国际化舞台。

5. **护理实践领域的拓展** 以人的健康为中心的护理理念和新的健康观念对护理工作模式、工作内涵以及服务领域产生了深刻的影响。为患者提供全程、全面、专业的整体护理服务，保障患者安全和诊疗效果，满足患者的身心健康需求已成为临床护理工作发展的方向。为满足人民群众的健康服务需求，护理服务不断向家庭、社区延伸，并在老年护理、临终关怀等领域发挥着越来越重要的作用。

6. **护理事业迈向国际舞台** 经历半个多世纪的努力，2013年1月16日，中华护理学会最终与国际护士会签署了《中华护理学会加入国际护士会的谅解备忘录》。同年5月8日，在第101个国际护士节，中华护理学会终于完成和实现了中国几代护理人的梦想，正式成为国际护士会的成员。加入国际护士会标志着中国的护理事业真正迈向了国际舞台，为我国护理事业发展提供更加广阔的前景。我国的护理事业正面临着良好的发展环境，未来的中国护理事业将会以更加美好的姿态呈现在国际护理舞台上。

（四）我国护理发展趋势

1. **护理教育高层次化** 2011年国务院学位委员会正式批准护理学为医学门类下属的一级学科，这必将推动我国高等护理教育的科学化、规范化和高层次化发展。

2. **护理管理标准化** 护理管理的宗旨是以优质护理服务，为患者提供全面、全程、专业、人性化的护理。通过护理质量标准的完善、规范，促进护理质量的持续改进，提高临床护理水平。我国首次颁布的《临床护理实践指南（2011版）》，明确临床护理的技术要点，突出患者的专业评估、病情观察、人文关怀和健康指导，将有效地指导临床护士科学、规范地从事护理实践活动，为患者提供安全、优质的整体护理。该指南标志着我国护理走向标准化。

3. **护理工作国际化** 护理工作国际化主要是指专业目标、专业标准、职能范围、教育、管理、人才流动的国际化。随着中华护理学会迈入国际护士会这个国际舞台，随着全球经济一体化进程加快，护理领域国际化交流与合作将日益深入，跨国护理援助和护理合作必然日益增多。面对护理国际化发展趋势，21世纪的护理人才应该是能够适应这种国际化发展，具有国际意识、国际交往能力、国际竞争力的高素质人才。

4. **护理队伍高素质化** 多元文化护理、国际化护理、社区化护理、专科化护理、护理法制化管理、标准化护理管理、护理科研的科学化、护理范围的拓展、优质护理服务质量的提升等，充分显示护理专业的先进性、科学性、技术性、社会性和综合性，在护理学科这个广阔舞台中，护士应是高素质专业人才，护理整体队伍的高素质化提升，才能适应社会的发展。

第二节　护理学的基本概念及相互关系与指导意义

现代护理学包含四个最基本的概念——人、健康、环境、护理。对这四个基本概念的研究和描述构成了护理学的基本要素和总体理论框架。

一、基本概念

1. **人** 护理的服务对象是人（person），人是护理专业中最为关注的主体。护理中的人包括个体的人和群体的人，包括个人、家庭、社区和社会四个层面。

（1）人是一个统一的整体：整体是指人是一个身心统一、内外协调、不断发展变化的独特的有机整体。人的生理、心理、社会等方面相互影响，相互作用，其中任何一方面的功能变化都可引起其他方面功能的变化。人体各方面功能的正常运转，又能促进人体整体功能的最大限度发挥，从而使人获得最佳的健康状态。把人视为整体是现代护理的核心思想。

（2）人是具有社会和生物双重属性的整体：人是一个生物有机体，是由各器官、系统组成的受生物学规律控制的生物的人。如呼吸系统、消化系统等各系统组成人体系统。人是有思想、有情感、从事创造性劳动、过着社会生活的社会的人。因此人具有生物和社会双重属性。

（3）人是一个开放系统：人生活在自然环境和社会环境中，与周围环境不断进行物质、能量、信息的交流，不断地调节自身内环境以适应外环境的变化，保持机体内环境的稳定和平衡。①与自然界开放，如不断进行氧气、二氧化碳的交换。②与社会开放，如人脑对信息和知识的摄取，及与外界思想观点、态度的交流。③与环境互动，如污染的环境对人类造成危害，但人类可以通过治理荒漠、控制环境污染，营造良好社会人文氛围，创造舒适、安全的优质环境，以利于人的健康。

（4）人有基本需要：人为了生存、成长和发展，必须满足其基本生理、心理、社会等各方面的需要，才能使机体处于相对平衡的健康状态。若基本需要得不到满足，机体会因内外环境的失衡而导致疾病发生。

（5）人追求健康：人有拥有健康的权利和责任，每个人都希望自己拥有健康的体魄和健全的心理。人具有不同程度的自理能力，会采取不同的方式来满足对健康的追求；在治疗和护理中，每个人都应发挥自身最大的自理潜能，积极主动地配合工作，促进自身的康复。

2. **环境** 环境是人类赖以生存的周围一切事物。WHO对环境定义："环境是在特定时刻的物理、化学、生物及社会的各种因素构成的整体状态，这些因素可能对生命机体或人类活动产生直接或间接的作用，其影响可能是现在的或远期的。"环境包括内环境（人的生理、心理变化）和外环境（自然环境、社会环境）。内、外环境之间不断进行物质、能量、信息的交换，两者相互依存，相互影响。良好的环境可促进人的健康，不良的环境危害人的健康。

3. **健康** 随着医学模式的转变以及疾病谱的变化，人们对健康内涵的认识不断深化。归纳起来大致经历三个阶段：健康就是没有疾病——健康就是人体正常的生理、心理功能活动——健康要有完整的生理、心理状况与良好的社会适应能力。1989年，WHO将"道德健康"纳入新概念，其内涵表达人类追求更高水平的健康，对健康认识的深化起到了积极的指导作用。

护理是为人的健康服务的，是为个人、家庭和社区提供卫生保健服务，帮助人们预防疾病，恢复、维持和促进健康，使每个人保持最佳的健康状态。所以对健康和疾病的认识直接影响护理人员的行为。

4. **护理**

（1）护理概念的变化和发展

1）南丁格尔：1859年南丁格尔提出"护理的独特功能在于协助患者置身于自然而良好的环境下，恢复身心健康。"

2）韩德森：1966年美国护理学家韩德森（Virginia Henderson）指出"护理是帮助健康人或患者进行保持健康、恢复健康或安宁地死亡的活动。"

3）罗吉斯：1970年美国护理学家罗吉斯（Rogers）提出"护理是一种人文方面的艺术和科学，它直接服务于整体的人。护理要适应、支持或改革人的生命过程，促进个体适应内外环境，使人的生命潜能得到发挥。"

4）美国护士学会（ANA）：1980年美国护士学会将护理定义为"护理是诊断和处理人类对现存的和潜在的健康问题的反应。"2003年ANA更新护理定义"护理是通过诊断和处理人类的反应来保护、促进、优化健康的能力，预防疾病和损伤，减轻痛苦，并为受照护的个体、家庭、社区及特定人群代言。"可见，护理的概念是随着护理专业的建立和发展而不断变化和发展的。

（2）护理的内涵

1）照顾：照顾是护理永恒的主题，照顾（服务对象）永远是护理的核心。

2）人道：护士是人道主义忠实的执行者。对待服务对象一视同仁，不分高低贵贱，不论贫富与种族，积极救死扶伤，为人们的健康服务。

3）帮助性关系：帮助性关系是护士用来与服务对象互动，以促进健康的手段。护士在为服务对象提供帮助与服务时，也从不同患者那里深化所学知识，积累工作经验。

（3）整体护理

1）整体护理的概念：整体护理（holistic nursing）是一种以服务对象为中心，以满足服务对象身心需要、恢复健康为目标，运用护理程序的理论和方法，实施系统、计划、全面护理的护理思想和护理实践活动。

2）整体护理的内涵：整体护理是一种思想，一种理念。其思想内涵体现在：①护理服务对象的整体性；②护理工作的整体性；③护理工作范围的整体性；④生命过程的整体性。

3）整体护理的实践特征：①以现代护理观为指导；②以护理程序为核心；③实施主动的计划性护理；④重视护患合作过程。

二、人、健康、环境、护理四个基本概念之间的关系

1. **人与环境**　人类的一切活动都离不开环境，人类与环境相互依存、相互影响。

2. **健康与环境**　人类的健康与环境状况息息相关，一方面，环境质量影响人们的健康；另一方面，人类通过征服自然与改造自然来不断地改善和改变自己的生存与生活环境。

3. **护理与健康**　护士作为护理的专业工作者，通过护理活动，为患者提供良好的休养和医疗护理环境，帮助患者恢复健康，帮助健康人促进健康。

三、人、健康、环境和护理对护理实践的指导意义

1. 可以更好地理解人所具有的特征，并提供主动有效的护理。

2. 可以树立新型健康观，明白健康是个体生理、心理、社会适应与道德的良好状态。护士有责任也有义务为实现个人乃至于全人类的健康而不懈地努力。

3. 可以明确护理研究的目的、服务范畴与知识体系，提高对护理及护理专业的认识水平，增强自己对专业的信心，促进自身在专业上的成长与发展。

◆ 目标检测 ◆

下载资源：
目标检测参考答案

一、选择题

【A_1型题】

1. "自我保护"式的医疗照顾属于哪个时期

A. 近代护理
B. 中世纪的护理
C. 人类早期的护理
D. 公元初期的护理
E. 文艺复兴时期的护理

2. 不属于人类早期的护理方式是
   A. "自我保护式"医疗照顾
   B. "家庭式"的医护照顾
   C. "宗教迷信式"的医护照顾
   D. "医、药、护一体"的原始照护
   E. "组织化和社会化"护理

3. "护理走向独立职业之旅"发生在哪个时期
   A. 近代护理
   B. 中世纪的护理
   C. 人类早期的护理
   D. 公元初期的护理
   E. 文艺复兴时期的护理

4. "南丁格尔时代"发生在哪个时期
   A. 近代护理
   B. 中世纪的护理
   C. 人类早期的护理
   D. 公元初期的护理
   E. 文艺复兴时期的护理

5. 弗罗伦斯·南丁格尔出生于
   A. 1820年5月12日
   B. 1836年5月12日
   C. 1850年5月12日
   D. 1853年5月12日
   E. 1920年5月12日

6. 经过南丁格尔的努力,克里米亚战争中英国伤员死亡率在半年时间内从
   A. 32%下降到2.2%
   B. 38%下降到4.2%
   C. 42%下降到2.2%
   D. 42%下降到3.2%
   E. 42%下降到4.2%

7. 1912年国际护士会把每年的5月12日定为国际护士节,因为这天是
   A. 南丁格尔出生的日期
   B. 克里米亚战争胜利日
   C. 南丁格尔创办第一所护士学校的日期
   D. 设立南丁格尔奖章日
   E. 南丁格尔逝世的日期

8. 我国第一位南丁格尔奖章获得者是
   A. 钟茂芳
   B. 伍哲英
   C. 李兰丁
   D. 蒋南屏
   E. 王琇瑛

9. 世界上第一所护士学校创办于何年何地
   A. 1820年,佛罗伦萨城
   B. 1836年,凯撒斯威斯城
   C. 1853年,英国伦敦
   D. 1854年,克里米亚
   E. 1860年,英国圣托马斯医院

10. 我国第一所西医医院创建于
    A. 1935年,福州
    B. 1884年,上海妇孺医院
    C. 1909年,江西牯岭
    D. 1835年,广州
    E. 1928年,汉口

11. 中国历史上的第一所护士学校创建于
    A. 1886年,广州
    B. 1835年,广州
    C. 1888年,福州
    D. 1888年,广州
    E. 1835年,福州

12. "以人的健康为中心的护理阶段"是现代护理学发展的第几个阶段
    A. 第一个阶段
    B. 第二个阶段
    C. 第三个阶段
    D. 第四个阶段
    E. 第五个阶段

13. 下列哪一位护理前辈将"nurse"一词创译为"护士"并沿用至今
    A. 王琇瑛
    B. 钟茂芳
    C. 伍哲英
    D. 约翰逊
    E. 李兰丁

14. 中华护士会于哪年加入国际护士会,成为第几个会员国
    A. 1914年,成为第11个会员国
    B. 1920年,成为第12个会员国
    C. 1922年,成为第11个会员国
    D. 1928年,成为第12个会员国
    E. 1949年,成为第12个会员国

15. 我国在哪年举行首届执业护士考试
    A. 1992 年
    B. 1993 年
    C. 1994 年
    D. 1995 年
    E. 1997 年
16. 《中华人民共和国护士管理条例》颁布于
    A. 1998 年
    B. 2008 年
    C. 2009 年
    D. 2011 年
    E. 2013 年
17. 中华护理学会正式加入国际护士会，成为其成员是在哪年
    A. 1921 年
    B. 1949 年
    C. 1983 年
    D. 2003 年
    E. 2013 年
18. 以下哪个选项显示护士的社会地位和待遇得以不断提高
    A. 《卫生技术人员职称及晋升条例（试行）》
    B. 《中华人民共和国护士管理办法》
    C. 《中华人民共和国护士管理条例》
    D. 《关于加强护理工作的意见》
    E. 《中国护理事业发展纲要（2005—2010）》

【A₂ 型题】
19. 护生，小李，在学习中国近代护理学发展史时，对带有鲜明的西方文化特点特感兴趣。请问在上海妇孺医院推行"南丁格尔"护理制度的人物是
    A. 美国约翰逊女士
    B. 德国牧师弗里德尔
    C. 英国传教士巴克尔
    D. 护士兼传教士麦克尼
    E. 美国护理专家奥瑞姆
20. 护理学院蒋院长，参加中华护理学会举办的第 101 个国际护士节活动，心情无比激动，因为中华护理学会终于
    A. 成立全国护理中心
    B. 设立了"护理科技进步奖"
    C. 正式成为国际护士会的成员
    D. 取得 WHO 对我国护理学科发展的支持
    E. 制定护理继续教育规章制度及学分授予办法

【A₃/A₄ 型题】
（21~22 题共用题干）
护士，程某，本科毕业，临床工作 5 年，任职态度严谨、认真、勤奋，服务态度和业务能力优秀，深得群众和医院的认可，科研也取得了成果，职称得到顺利晋升。

21. 随着护理管理体制的逐步健全，以下哪个文件明确规定了护理专业人员的技术职称和职称等级
    A. 1970 年发布的《关于加强护理工作的意见》
    B. 1979 年颁发的《卫生技术人员职称及晋升条例（试行）》
    C. 1993 年颁发的《中华人民共和国护士管理办法》
    D. 2008 年颁布的《中华人民共和国护士管理条例》
    E. 2018 年国家卫生健康委员会设置医政医管局"护理与康复处"
22. 程某今年硕士研究生毕业，获得学历学位，体现我国护理事业哪方面的发展
    A. 护理科研迅速发展
    B. 护理管理体制逐步健全
    C. 护理教育体制日趋完善
    D. 护理学术交流国际化
    E. 护理实践领域的拓展

（23~25 题共用题干）
犁教授到福建闽西红色革命根据地接受红色再教育，参观"红色医院"——福音医院，加深了对战争时期医疗和护理的了解。

23. 傅连暲医生在闽西汀州开办了"中国工农红军中央看护学校"是哪一年
    A. 1931 年

B. 1932 年
C. 1941 年
D. 1942 年
E. 1945 年

24. 战争时期，护理工作受到党中央的重视和关怀，1941年在延安成立了
   A. 中央护士学校
   B. 中华护士学会
   C. 中央红色护士学校
   D. 中华护士学会延安分会
   E. 中国工农红军中央看护学校

25. 毛泽东同志"尊重护士、爱护护士""护士工作有很大的政治重要性"的亲笔题词充分显示护理工作受到党和国家的高度重视和关怀，该题词题于
   A. 1921 年和 1922 年
   B. 1931 年和 1932 年
   C. 1934 年和 1936 年
   D. 1941 年和 1942 年
   E. 1951 年和 1952 年

（26~29题共用题干）

李某，护理专业大一学生，通过"护理学基本概念"的学习，对护理学的基本要素和总体理论框架有了初步的认知。

26. 现代护理学包含的四个基本概念是
   A. 人、健康、疾病、预防
   B. 人、健康、环境、护理
   C. 人、环境、健康、预防
   D. 人、护理、疾病、健康
   E. 人、预防、健康、护理

27. 李某掌握了"护理的内涵"这个内容，请问："护理永恒的主题"是
   A. 照顾
   B. 人道
   C. 康复
   D. 保健
   E. 帮助性关系

28. 通过树立"整体护理"理念，才能为患者提供优质护理服务。下列哪项属于"整体护理的内涵"
   A. 以护理程序为核心
   B. 重视护患合作过程
   C. 以现代护理观为指导
   D. 实施主动的计划性护理
   E. 护理服务对象的整体性

29. 整体护理的"内涵"和"实践特征"有本质的区别，下列哪项属于"整体护理的实践特征"
   A. 护理工作的整体性
   B. 重视护患合作过程
   C. 生命过程的整体性
   D. 护理工作范围的整体性
   E. 护理服务对象的整体性

二、思考题

1. 南丁格尔对护理事业发展做出了哪些主要贡献？
2. 现代护理学的基本要素有哪些？能否谈谈整体护理含义、内涵及特征？

（李丽娟）

单元二 认知护理学支持理论

第三章 护理学支持理论

思政之光

> **案例 3-1**
>
> 程某，女，20岁，职业芭蕾舞演员，因意外交通事故，造成右下肢粉碎性骨折，行截肢手术后生命体征稳定。患者麻醉清醒后得知病情，面对将终身失去自己喜爱的职业，无法接受这个残酷现实，情绪非常激动，拒绝接受任何治疗与护理。
>
> 思考：
> 1. 人体是一个系统吗？健康与疾病是否处于动态变化之中？
> 2. 人类的生存需要满足哪些基本需要？
> 3. 程某成长为职业演员，您知道什么是成长与发展？个人的成长发展与护理有关系吗？
> 4. 面对疾病患者有哪些压力？如果您是该患者的责任护士，应该采取哪些护理措施？
> 5. 面对情绪激动的患者，您将如何给予沟通？您知道有哪些技巧可以提高沟通的效果？

学习内容

第一节　一般系统论
第二节　人类基本需要层次理论
第三节　压力与适应理论
第四节　成长与发展理论
第五节　沟通理论

学习目标

1. 掌握系统的概念、应用；需要理论内容；压力概念、理论及防卫，压力与适应理论应用；弗洛伊德三大理论要点；艾瑞克森心理社会发展理论；皮亚杰的认知发展理论；沟通的概念，常用的沟通技巧。
2. 熟悉系统基本属性，需要理论基本规律、需要理论在护理工作中的应用，压力的适应，沟通构成要素、类型、影响因素，护患沟通的原则。
3. 了解系统的分类，需要的概述，压力的意义，护患沟通的作用。

任务目标

1. 通过学习系统理论，树立整体护理理念，为患者实施整体护理。
2. 能应用基本需要理论，分析判断患者的需要，并给予满足需求。
3. 能应用压力与适应理论，及时帮助患者应对和适应压力。
4. 能应用成长与发展理论，正确引导个体成长各个阶段的人格发展。
5. 能运用沟通技巧与患者进行有效沟通，建立良好护患关系，提供优质护理服务。

思维导图

下载资源：
思维导图解析

- 一般系统论
  - 概念
  - 分类
    - 按组成系统的要素性质分类
    - 按系统与环境的关系分类
    - 按系统的动静态分类
    - 按组成系统的内容分类
  - 基本属性
    - 整体性
    - 目的性
    - 相关性
    - 动态性
    - 层次性
  - 一般系统论在护理实践中的应用
    - 用系统观点看待人
    - 用系统观点看待护理
    - 系统理论促进整体护理理念的产生和形成
    - 系统理论构建了护理程序的理论框架
    - 系统论指导护理管理工作

- 人类基本需要层次理论
  - 概述
    - 需要的概念
    - 需要的特征
  - 基本需要层次理论内容
    - 马斯洛的人类基本需要层次论
      - 主要内容——五个层次
      - 各层次需要之间的关系
    - 凯利希的人类基本需要层次论——六个层次
    - 韩德森的患者需要模式——14项患者需要
  - 基本需要层次理论在护理工作中的应用
    - 需要层次理论对护理实践的意义
    - 患者的基本需要及需要的满足
    - 帮助患者满足需要的方式

- 压力与适应理论
  - 概念
    - 压力
    - 压力源
      - 躯体性
      - 心理性
      - 社会性
      - 文化性
    - 压力反应
      - 生理反应
      - 心理反应
  - 意义
    - 积极意义
    - 消极意义

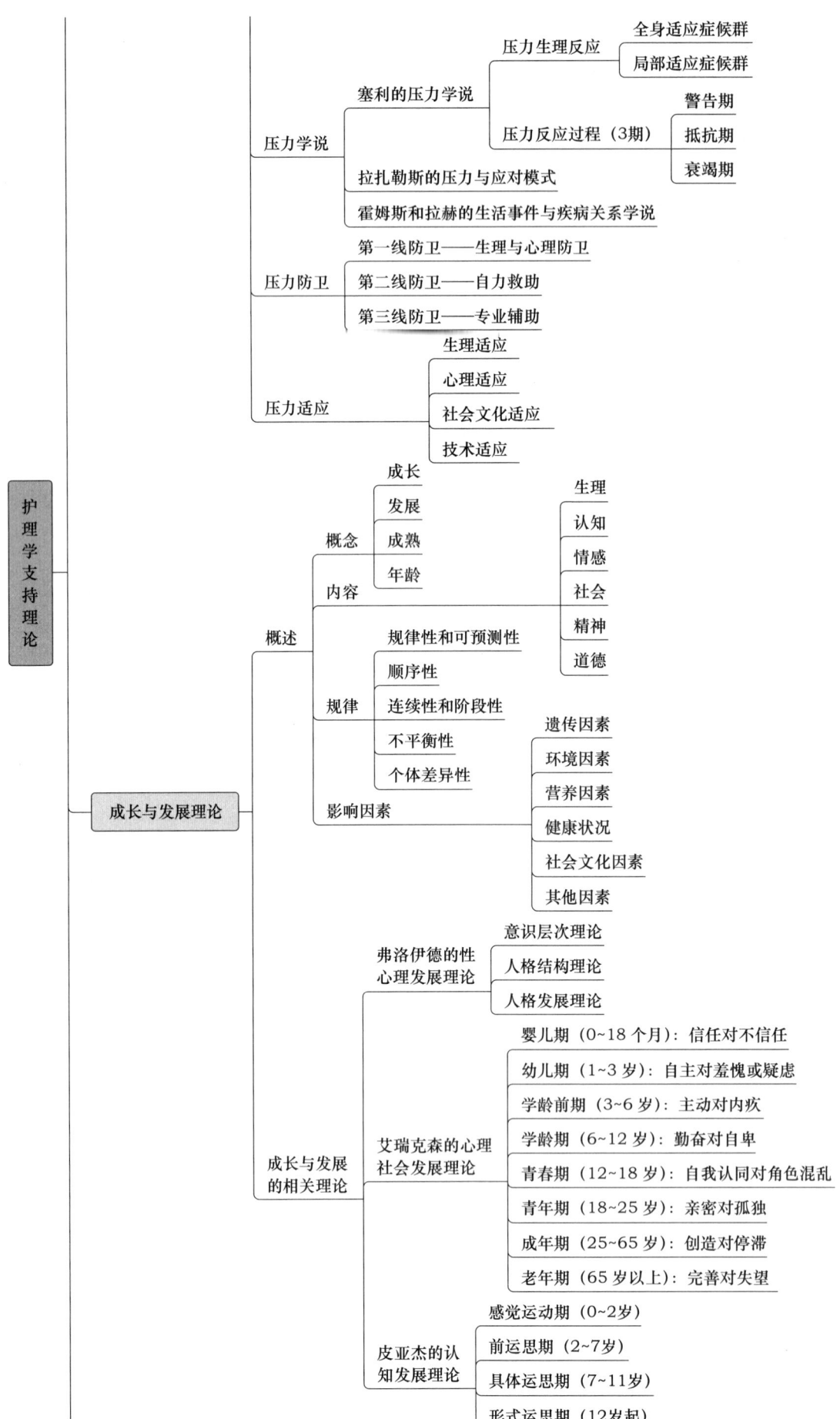

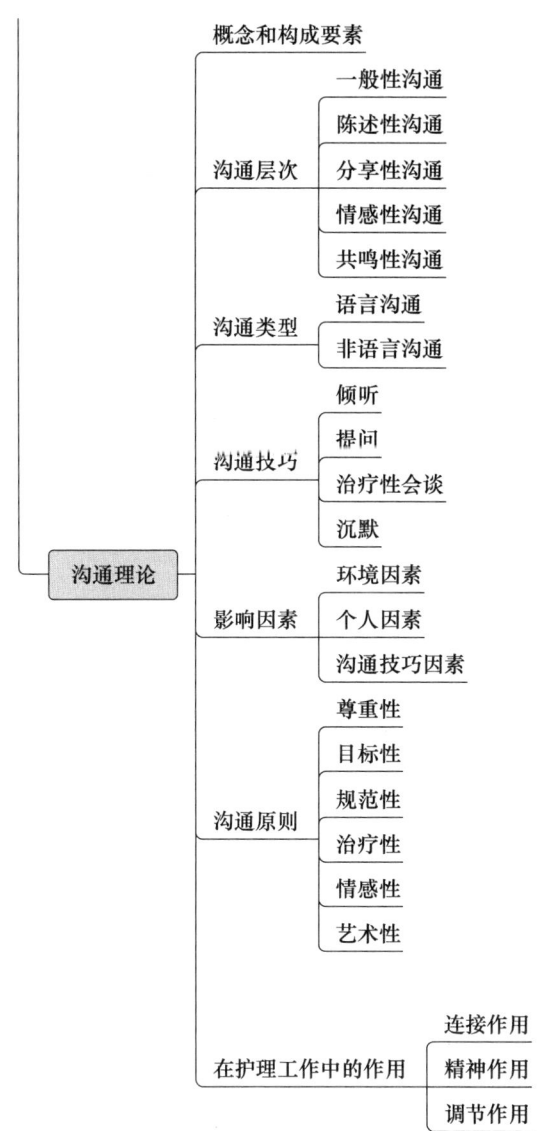

第一节 一般系统论

早在古代,系统作为一种思想已经存在,但作为一种科学术语、一种理论,是由美籍奥地利生物学家路·贝塔朗菲(Bertalanffy L.V.)创立。1925 年,他首次提出应把有机体视为一个整体或系统来考虑,从而成为系统论的创始人。在随后的 40 年中,贝塔朗菲逐步完善了系统论。20 世纪 60 年代后,许多其他学科的学者们发现一般系统论的概念和原理同样可以很好地应用到自己的学科领域,系统论得到了广泛的发展和应用。

> **知识链接**
>
> **系统论的发展历史**
>
> 1925 年,路·贝塔朗菲提出应把有机体视为一个整体或系统来考虑。1937 年,他第一次提出了"一般系统论"的概念。1954 年,以贝塔朗菲为首的科学家们创建了"一般系统论学会"。1968 年,他发表了著作《一般系统论——基础、发展与应用》,为系统科学提供了纲领性的理论指导。1972 年,他发表《一般系统论的历史和现状》,把一般系统论扩展到系统科学范畴。

一、系统的概念

系统是指由若干相互联系、相互作用的要素所组成的具有一定结构和功能的有机整体。这个概念涵盖了两层意义：一是指系统是由一些要素（子系统）所组成，这些要素间相互联系，相互作用；二是指系统中的每一个要素都有自己的独特结构与功能，但这些要素集合起来构成一个整体系统后，就具有各孤立要素所不具备的整体功能。

二、系统的分类

（一）按组成系统的要素性质分类

系统可分为自然系统和人工系统。自然系统是指由自然物所组成的、客观存在的系统，如人体系统、生态系统等。人工系统是为某特定目标而建立的系统，如护理质量管理系统、计算机软件系统等。现实生活中，大多数为自然系统和人造系统的综合，称复合系统，如医疗系统、教育系统等。

（二）按系统与环境的关系分类

1. **闭合系统** 指不与外界环境进行物质、能量和信息交换的系统。闭合是相对的、暂时的，绝对闭合的系统是不存在的。

2. **开放系统** 指与外界环境不断地进行物质、能量和信息交换的系统。开放系统与环境联系是通过输入、转换、输出和反馈过程来完成的（图3-1）。①输入：物质、能量和信息由环境进入系统的过程。②转换：系统对输入的物质、能量和信息的识别、处理和转换。③输出：系统处理、改变的结果进入环境的过程。④反馈：系统的调节部分，将输出部分与系统目标做比较后，反馈给输入部分，进行调节和控制，从而修正以后的输出结果，最终达到目标。

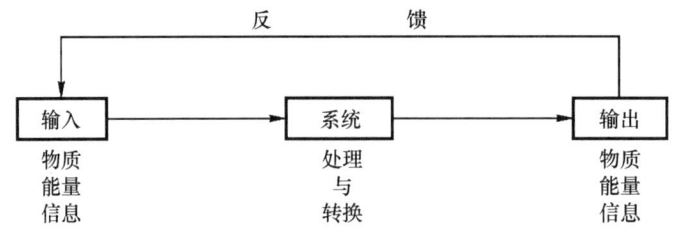

图 3-1 开放系统示意图

（三）按系统的动静态分类

系统可分为动态系统和静态系统。动态系统是指系统的状态随着时间的变化而变化，如生物系统。静态系统是指系统的状态不随时间而变化，具有相对稳定性，如建筑群。静态系统是动态系统的一种暂时的极限状态，绝对静止不变的系统是不存在的。

（四）按组成系统的内容分类

系统可分为物质系统和概念系统。物质系统是指以物质实体构成的系统，如仪器、动物等。概念系统是指由非物质实体构成的系统，如理论系统。但大多数情况下，物质系统和概念系统是相互联系，以整合的形式出现的。

三、系统的基本属性

（一）整体性

系统的整体性表现为系统的整体功能大于系统每个要素功能的总和。系统是由某些要素组成的，每一个要素都有自己独特的结构和功能。当系统将其各个要素以一定方式组织起来，构成一个整体时，就具有了孤立要素不具备的特定功能。

（二）目的性

每个系统均有其明确的目的，不同的系统有不同的目的。系统的结构是根据系统的目的和功能组成的整体。如医院系统的目的是救死扶伤、防病治病，学校系统的目的是教书育人。

（三）相关性

系统的各要素之间既相互独立，又相互联系、相互制约，任何一个要素的功能或作用发生变化，都会引起其他各要素甚至系统整体的功能或作用发生相应的变化。

（四）动态性

系统是随时间变化而变化的，具体反映在系统的运动、发展与变化过程。一方面，系统要进行活动，必须通过内部要素的相互作用，能量、信息、物质的转换，内部结构的不断调整以达到最佳功能状态。另一方面，系统总是存在于一定环境中，与环境进行着物质、能量、信息的交流，以适应环境，维持自身的平衡与发展。

（五）层次性

任何系统都是有层次的。对于某一个具体的系统来说，它既是由某些要素（子系统）构成，同时，它自身又是组成更大系统（超系统）的一个要素（子系统）。如人是一个系统，它本身是由神经、肌肉、骨骼等要素组成，而人本身又是构成社会大系统的一个要素（图3-2）。

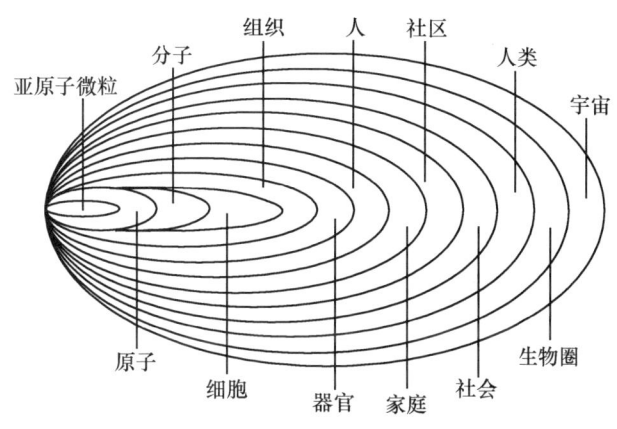

图 3-2　一般系统论示意图

四、一般系统论在护理实践中的应用

（一）用系统观点看待人

1. **人是一个自然的系统**　人是一个整体，是一个自然的系统，由生理、心理、社会、精神、文化等组成。人生命活动的基本目的是维持人体内外环境的协调和平衡。

2. **人是一个开放的、动态的系统**　人与外界环境每时每刻都在进行着物质、能量和信息的交换活动，以维持生命活动和机体的健康。

3. **人是具有主观能动性的系统**　一方面思想意识上的主动性，使人对自己的活动具有选择、调节、维护的能力。另一方面机体存在自然的免疫监控机制。

（二）用系统观点看待护理

1. **护理是一个具有复杂结构的系统**　护理系统包括医院临床护理、社区护理、护理管理、护理教育、护理科研等一系列相互关联、相互作用的子系统。各子系统内部又有若干层的子系统。要发挥护理系统的最大效益，必须具有全局观念，运用系统的方法，不断优化系统的结构，调整各部分的关系，使之协调发展。

2. **护理是一个开放的系统**　护理系统是社会的组成部分，是国家医疗卫生系统的重要组成部分。在开展护理工作时，要考虑护理系统和医疗系统与社会大系统的相互适应，通过不断调整与控制，保持护理系统与外部环境的协调，以求得自身的稳定与发展。

  3. **护理系统是一个动态的系统** 随着科学技术的发展，社会对护理的需求也在不断变化，对护理的组织形式、工作方法、思维方式提出变革的要求。护理系统要适应变化，主动发展，就必须深入研究护理系统内部发展机制和运作规律，要学习，勤于思考，勇于创造。

  4. **护理系统是一个具有决策和反馈功能的系统** 在护理系统中，护士和患者构成系统的最基本要素，而护士又在基本要素中起支配、调控作用。患者的康复依赖护理人员在全面收集资料、正确分析的基础上，做出科学决策、及时评价与反馈，修正和调整护理策略，为患者提供连续的、整体的护理。

  （三）系统理论促进整体护理理念的产生和形成

  系统理论观点认为人是一个由生理、心理、社会等要素组成，且与外界环境不断进行着物质、能量和信息交换的整体。当机体出现健康问题时，必须充分考虑人的整体性，应从生理、心理、社会等要素提供全方位的整体护理。因此，系统理论促进了整体护理理念的形成。

  （四）系统理论构建了护理程序的理论框架

  护理程序是一个开放系统，是将护理理论应用于护理实践的工作方法。通过评估、诊断、计划、实施和评价五步骤，运用系统方法为患者实施连续、计划、全面的整体护理，故系统论构建了护理程序工作过程的基本框架。

  （五）系统论指导护理管理工作

  系统论为系统护理管理提供理论基础。护理管理系统是医院整体系统的一个子系统，与医院的其他子系统如医疗、医技、后勤、行政等部门相互联系、相互支持。因此，护理管理者在实施管理过程中运用一般系统论的方法，调整与各部门之间的关系，取得医院行政部门领导、医疗和后勤的支持与配合，并不断优化自身内部的管理结构，使护理系统得以高效、合理地运行。

第二节 人类基本需要层次理论

一、概述

  （一）需要的概念

  需要是人脑对生理与社会要求的反应，是包括人在内的一切生命体的本能。它的概念和定义很多，不同的人对其有不同的理解，护理学家奥兰多对需要的定义是："个体需求，一旦得到满足，可消除或减轻其不安与痛苦，维持良好的自我感觉，获得舒适感"。

  需要是有机体、个体和群体对其生存与发展所表现出来的依赖状态，是个体和社会的客观需求在人脑中的反映，是个人的心理活动与行为的基本动力。需要与人的活动密切相关，每个人的活动都是直接或间接、自觉或不自觉地为了满足某种需要。

  （二）需要的特征

  1. **需要的对象性** 人的任何需要都指向一定的对象。人类需要的对象既可以是物质性的东西，也可以是精神性的内容，如空气、食物、自尊、追求等。

  2. **需要的发展性** 需要是个体生存与发展的必要条件，个体生存发展的不同阶段，有不同的优势需要和需要特点。例如，婴儿期的优势需要是生理需要，而老年期突出的需要是尊重的需要。

3. **需要的独特性** 人的需要有相同的方面，也有不同的方面。这种需要的独特性是由个体的遗传因素、环境因素所决定的。护理人员应仔细观察患者的独特需要，及时合理地给予满足。

4. **需要的无限性** 需要并不会因暂时的满足而终止。当一些需要满足后，又会产生新的需要，而新的需要又推动人们去从事新的满足需要的活动。正是在不断产生与满足需要的活动过程中，个体获得了自身的成长与发展，并推动了社会的发展。

5. **需要的历史制约性** 个体有各种各样的需要，但需要的产生与满足受到个体所处的环境条件与社会发展水平的制约。在社会生产力低下、经济落后时期人们主要追求温饱等生理和安全的需求。随着社会进步和生产力的提高，人类不断产生文化与精神的需要。

二、基本需要层次理论内容

（一）马斯洛的人类基本需要层次论

1. **主要内容** 美国著名心理学家马斯洛认为人类的行为受基本需要所支配，这些需要支配着人们的行为，直到需求得以满足。这些需要彼此有相关性，且有先后层次的差别。马斯洛将人的基本需要按其重要性和发生的先后次序排列分成五个层次，见图3-3。

图3-3 马斯洛人类基本需要层次论示意图

视频：
需要层次理论

> **知识链接**
>
> **马斯洛简介**
>
> 亚伯拉罕·哈洛德·马斯洛于1908年4月1日出生于纽约市布鲁克林区一个犹太家庭，是美国著名哲学家、社会心理学家、人格理论家和比较心理学家。1926年入康奈尔大学，三年后转至威斯康辛大学攻读心理学，1934年获得博士学位。1935年在哥伦比亚大学任桑代克学习心理研究工作助理。1937年任纽约布鲁克林学院副教授。1951年被聘为布兰戴斯大学心理学教授兼系主任。1967年任美国人格与社会心理学会主席和美国心理学会主席。1970年6月8日因心力衰竭逝世。

（1）生理需要（physiological needs）：是人类与生俱来最基本的维持个体生命与生存的需要。主要包括氧气、食物、水、温度、排泄、休息、睡眠、性爱等。这些需要位于"金字塔"的最底部，应首先得以满足。个体只有在生理需要得到满足后，才会产生其他更高层次的需要。若个体的生理需要无法满足，不但其他需要会被推到次要地位，甚至个体可能无法生存。

（2）安全需要（safety needs）：指希望受到保护与免遭威胁，从而获得安全感的需要，涉及生理和心理两个方面。生理安全是指个体需要处于一种生理上的安全状态，避免现存或潜在的身体上的伤害。心理安全则指个体需要有一种心理上的安全感觉，避免焦虑、恐惧等负面情绪的发生。

（3）爱与归属的需要（love and belongingness needs）：包括给予和得到两个方面，即个体需要去爱和接纳别人，同时也需要被别人爱，被集体接纳，希望归属于某个群体，希望在群体中占有一定的位置，并与他人建立良好的人际关系，以避免孤独感。

（4）尊重的需要（esteem needs）：主要包括自尊与被尊重两个方面。自尊是指个体渴求能力、自信等；被尊重是指个体希望受到别人的尊重，得到认可、重视和赞赏。尊重需要的满足会使人产生自信、有价值和有能力的感受，从而产生更大的动力，追求更高层次的需要；反之，则会使人失去自信，怀疑自己的能力和价值，出现自卑、软弱、无能等感受。

（5）自我实现需要（self-actualization needs）：是指个体希望最大限度地发挥潜能，实现理想和抱负的需要。自我实现是最高层次的需要，最难实现，是在其他需要获得基本满足后，才出现并变得更加强烈，其需要的程度和满足方式有很大的个体差异。

人在其一生中，总是在设法满足各个层次的需求，然而不同时期各层次需要的主要内容是存在差异的。马斯洛视人的一生为一个从生到死不断发展、不断完善的过程。人一生中的需求可能完全得到满足，也可能仅是部分得到满足或者根本未得到满足。

2. 各层次需要之间的关系

（1）需要的满足有层次性：人的需要从低到高有一定层次性，但不是绝对固定的。不同个体在不同条件下各需要的层次顺序会有所不同，低层次、最明显、最强烈的需要应首先得到满足。

（2）需要的满足是逐级上升的：必须首先满足较低层次的需要，当较低级需要满足后，就向高层次发展。层次越高，越难满足。

（3）人的行为是由优势需要决定的：同一时期内个体可存在多种需要，但只有一种需要即优势需要占支配地位，并决定个体的行为。随着优势需要的变化人的行为也发生相应的变化。

（4）各层次需要互相依赖和彼此重叠：不同个体在不同条件下需要层次顺序会有所不同，但各层次之间是相互依赖和彼此重叠的。一种需要得到满足之后出现新的需要一般是从无到有、由弱到强逐步发生的。较高层次需要发展后，低层次的需要依然存在，只是对人行为影响的比重降低而已。

（5）不同层次需要的发展因人而异：各层次需要与个体年龄、社会经济与文化教育程度有关。它受个人愿望、社会文化的影响，由个人的身心发展而决定。

（6）人的需要满足程度与健康成正比：生理需要的满足是生存和健康的必要条件，有些高层次的需要虽然并非生存所必需，但却能促进生理机能更旺盛；若人体的需要无法得到满足，将导致机体的失衡，并最终导致疾病的发生。

（二）凯利希的人类基本需要层次论

在马斯洛提出人的基本需要层次论数年之后，美国护理学家理查德·凯利希将这一理论加以修改，在生理和安全需要之间增加一个层次，即刺激的需要，包括性、活动、探索、新奇和操纵（图3-4）。他认为刺激的需要虽然也属于生理需要，但必须在食物、空气、水、温度、排泄、休息及避免疼痛等生理需要获得满足之后，才会寻求此需要。同时，人们为了满足好奇心，常在探索和操作各项事物的时候忽略了自身安全。因此，刺激的需要优先于安全的需要。

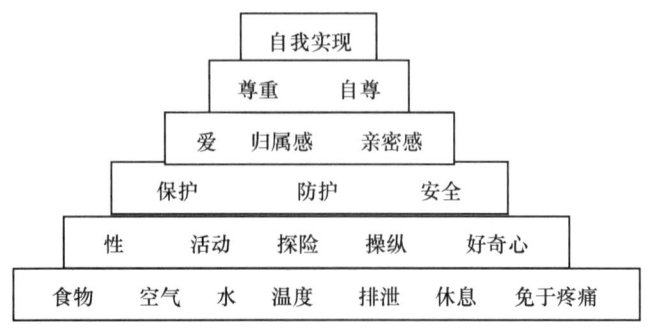

图3-4　凯利希的人类基本需要层次论示意图

(三)韩德森的患者需要模式

韩德森是美国杰出的护理理论家、教育家。她认为护理人员的基本任务是协助患者满足其基本需要,因此,她提出了护理人员应关心的14项患者需要,也就是14项基本的护理要素。即:

1. 正常地呼吸。
2. 适当地摄入食物、水。
3. 通过各种途径排出代谢产物。
4. 变换并维持所期望的姿势,如走路、坐、卧等。
5. 充足的睡眠和休息。
6. 恰当的穿衣打扮。
7. 通过调整衣被或环境,使体温维持在正常范围。
8. 保持身体的清洁和良好的修饰,保护皮肤的完整性。
9. 避开环境中的危险因素,并且避免伤害他人。
10. 通过表达自己的情绪、需要、观点等与他人进行沟通。
11. 遵照自己的信仰进行适当的宗教活动。
12. 从事可带来成就感的工作。
13. 参与各种不同形式的娱乐活动。
14. 学习、发展和满足各种有利于正常身心发展的好奇心。

此外,韩德森还特别指出:"患者的这些需要可通过不同的方式来满足。"因此个体化护理非常重要。

三、基本需要层次理论在护理工作中的应用

需要层次理论对护理实践有着非常重要的指导意义,能指导护理人员识别患者的各种需要,明确目前未满足的需要,预测可能出现的需要,从而提供有效的护理措施以满足患者的需要,促进患者的康复。

(一)需要层次理论对护理实践的意义

1. **识别患者未满足的需要并满足患者的需要** 护士可按照人类基本需要的不同层次,从整体的角度,系统地收集资料,评估并识别患者尚未满足的需要,发现护理问题,满足患者需求。

2. **更好地领悟和理解患者的行为和情感** 需要理论有助于护士领悟和理解患者的行为和情感。如新入院患者对环境的不熟悉并流露出疑虑和担心,就是对安全的需要;当患者描述渴望亲人的探望和关心就是爱与归属的需要。

3. **预测患者尚未表达的需要并预防问题的发生** 全面评估病情,预测患者未知需要,对可能出现的问题采取预防性措施预防问题的发生。如患者手术前,责任护士认真、耐心为其进行术前准备,介绍手术过程,介绍主管医生等,可预防患者因手术而引起的紧张、焦虑、恐惧等情绪。

4. **确定护理计划的优先顺序** 按照马斯洛基本需要的层次,根据患者护理问题的轻、重、缓、急,制订护理计划,排列先后顺序。

5. **系统地收集资料和评估患者的健康问题** 基本需要层次理论可为护士评估患者资料建立理论框架,有利于护理人员系统地收集和整理资料,从而避免资料的遗漏。

(二)患者的基本需要及满足需要

1. **生理需要** 疾病状态常使个体的基本生理需要得不到满足而表现为营养失调、排泄失禁、失眠、缺氧等,甚至可能导致患者死亡。护理工作的重点是了解患者的基本需要,采取有

效措施给予满足。

2. **安全需要** 个体患病期间，由于日常生活环境的变化、舒适度的改变、担心疾病的预后、担心住院带来的经济问题、对各种检查和治疗不了解等，会使患者安全感明显降低。因此，护理人员应加强与患者的沟通，做好入院介绍和疾病相关知识介绍、健康教育，消除患者的顾虑，增强患者的安全感。

3. **爱与归属的需要** 因生病及住院，与亲人分离，生活方式改变等，使患者无助感增强，爱与归属的需要变得更加强烈，他们希望得到亲人、朋友、周围人更多的关心、理解和支持。因此，护理人员应通过细致全面的护理，与患者建立良好的护患关系。根据医院规章制度，鼓励家属探视并参与患者的护理，使其获得爱与归属的需要。

4. **自尊与被尊重的需要** 疾病可导致个体某些方面能力的下降甚至丧失，从而影响其对自身价值的判断，担心自己成为别人的负担，担心被轻视等，从而影响其自尊需要的满足。护理人员应始终保持对患者的尊重，在进行护理操作时尽量减少患者躯体的暴露，保护患者的隐私，维护患者的自尊。同时，应充分调动患者的自我护理能力，以增强患者的自尊感、自信心和价值感。

思政之光

5. **自我实现的需要** 这是患者在患病期间受影响最大，且最难以满足的需要。疾病不可避免地导致个体暂时或长期丧失某些能力，不得不离开学习和工作岗位，严重影响患者自我实现需要的满足。护理工作在保证低层次需要满足的基础上，为满足患者自我实现的需要创造条件，鼓励患者表达自己的个性、追求，帮助患者认识自己的能力和条件，鼓励积极配合治疗和护理，为战胜疾病、达到自我实现而努力。

（三）帮助患者满足需要的方式

1. **直接满足患者需要** 对某些暂时性或永久性丧失自我满足需要的患者，护理人员应及时采取有效措施，直接满足患者的基本需要。如意识不清、瘫痪、昏迷、麻醉未清醒等患者，护士应直接提供全面的帮助。

2. **协助患者满足需要** 对具有部分自我满足需要能力的患者，护理人员应鼓励患者完成力所能及的自理活动；同时根据实际情况有针对性地提供必要的帮助和支持，以提高患者自护能力。如疾病恢复期患者协助其进行康复功能锻炼。

3. **间接满足患者需要** 对需要卫生保健知识和提高自我满足需要的患者，护理人员可通过健康教育、健康咨询、科普讲座等方式，间接指导和满足患者的需要。如糖尿病患者需要帮助其制订饮食计划。

第三节 压力与适应理论

每个人一生中可能会经历无数的、各种形式的压力，压力是把双刃剑，适当的压力可以促进个体的成长发展，而如果长期处于压力状态下，就会导致个体的不适，甚至疾病的发生。护理人员学习压力与适应理论，可以进一步正确认识压力并积极应对生活、学习和工作中的压力，能够全面评估自身及服务对象的压力，采取恰当的措施，促进身心健康。

一、压力的相关概念

（一）压力

压力一词源于拉丁文"stringere"，有"紧紧捆扎和用力提取"之意。目前，汉语中翻译有"压力""应激""紧张"三种，本文选用"压力"一词。

压力是一个复杂的概念，不同时期、不同学科领域对压力有不同的解释。但目前普遍认为：压力是个体对作用于自身的内外环境刺激，做出认知评价后引起的一系列非特异性的生理及心理紧张性反应状态的过程。

（二）压力源

压力源又称紧张源或应激源，指任何能使个体产生压力反应的内外环境刺激。从压力源的本质来看，压力源并没有绝对的好坏之分。压力源能否对个体形成压力取决于个体本身的感受，现存的或潜在的支持系统，当时所处的情景，压力源的性质、强度、频率、数量、影响范围、持续时间、可预测性等因素，以及所采用的应对方式等。根据压力源性质将其分为以下四类：

1. **躯体性** 指对个体直接产生刺激的各种刺激物，包括各种理化因素、生理病理因素、生物性因素的刺激。如温湿度不当、药物毒副作用、病毒、细菌、妊娠、分娩、更年期的改变等。

2. **心理性** 指大脑中的紧张信息产生的压力。如考试、竞赛、求职应聘、竞聘上岗等，工作不顺心、难以胜任任务等造成的心理挫折及心理冲突等。

3. **社会性** 指因各种社会现象及人际关系而产生的刺激。如战争、自然灾害（地震、水灾、海啸等）、意外事件、下岗、丧亲、失恋、离异、人际关系紧张等。

4. **文化性** 指因文化环境的改变而产生的刺激。如个体到一个陌生的文化环境后，由于语言、风俗习惯、信仰、社会价值等方面无法适应，而出现的紧张、焦虑等压力反应。

（三）压力反应

压力反应是指个体对所受压力产生的一系列身心反应。

1. 压力反应分类

（1）生理反应：表现为心率加快、血压升高、呼吸加快、肠蠕动减慢、括约肌失去控制、敏感性增强、免疫力降低等。

（2）心理反应：表现为焦虑、恐惧、愤怒、怀疑、否认、依赖、自卑、忧郁、孤独等。

2. 压力反应特征

（1）不同的压力源可以引起同一种压力反应，如气温过高、紧张等都会导致出汗。

（2）不同的个体对同一种压力源的反应可以不同，如突闻失窃，可出现愤怒、绝望、头脑混乱或无所谓等。

（3）多数人都有能力避免一般性压力源，如外伤、疼痛等。

（4）对极端的压力源和灾难性事件，大部分人的反应方式相似，如火灾、地震等。

（5）对压力反应的程度和持续的时间起决定作用的因素有：既往的经历、儿童时期所建立的社会交往型态及当时情境对个体的意义。

（6）在某些情况下压力源对个体是有益的，即完全缺少压力源可能是有害的。如"绝对寂静"会令人产生意识模糊和"寂静感"。所以，个体不能完全缺少压力源。

二、压力的意义

（一）积极意义

1. **维持正常人体活动的必要条件** 如果没有相应的生理及心理反应，人体的生命活动将会停止。如没有与"渴"有关的压力反应，人将会因脱水而死亡。

2. **有利于提高个体的适应能力** 如果个体处于正常的刺激环境，则能适应内外环境的刺激；如果经常处于一个刺激较少的环境，适应能力可能降低。如娇生惯养的孩子，适应社会环境及独立生活的能力较差，极易受到各种刺激的伤害。

3. **使机体处于应对刺激的紧张状态** 适当的压力可以提高机体的警觉水平，促使人们随时应对环境的挑战，促进身心健康。

(二) 消极意义

1. **突发心理压力对健康的影响** 突发的心理压力使个体身心功能突发障碍或崩溃。如失恋、离异等，使个体产生抑郁、绝望、愤怒等消极情绪及各种躯体状态，使个体采用不当的攻击性行为、自杀或引发其他心理障碍等。

2. **持久的慢性压力对健康的影响** 持久的慢性压力使个体长期处于紧张状态，身心耗竭，导致身心疾病。研究证明，冠心病、高血压、溃疡、神经症等均与压力有关。

3. **压力对个体社会功能的影响** 当个体无法应对强烈的刺激时，会产生一系列的生理紊乱或心理障碍，影响人的心理社会功能。如面试时，应试者面对考官临时增加的问题，由于毫无心理准备而表现出手足无措、目瞪口呆等紧张反应，从而影响其正常能力的发挥。

三、压力学说

(一) 塞利的压力学说

汉斯·塞利（1907—1982年）是加拿大著名的生理心理学家，被誉为"压力学之父"。他主要通过动物实验来研究生物体在压力下的反应，形成了著名的压力与适应学说。其理论的主要观点包括：

1. 塞利认为，压力是人体应对环境刺激而产生的非特异性反应，压力源是引起机体全身系统反应的各种刺激。压力源可分为积极压力源和消极压力源。

2. 塞利主要从生理角度描述了人体面对压力产生的反应，他认为压力的生理反应包括全身适应综合征（general adaptation syndrome，GAS）和局部适应综合征（local adaptation syndrome，LAS）。① GAS 是指机体面临长期不断的压力而产生的一些共同的症状和体征，如全身不适、体重下降、疲乏、倦怠、疼痛、失眠、胃肠功能紊乱等。这些症状通过神经内分泌途径产生，涉及身体的各个系统。② LAS 是机体应对局部压力源而产生的局部反应，如卧床患者皮肤由于长时间受压而出现的红肿、破溃甚至压疮。

3. 塞利认为压力反应过程分为以下3期：警告期、抵抗期和衰竭期。

（1）警告期：是机体觉察到威胁、激活交感神经系统而引起的搏斗或逃跑的警戒反应，会出现交感神经兴奋为主的改变，表现为血糖升高、血压升高、心搏加快、肌肉紧张度增加。这种复杂的生理反应的目的就是动用机体足够的能量以克服压力。如果防御反应有效，则机体会恢复正常活动；如果机体持续地暴露于有害刺激之下，在产生警戒反应之后机体就转入第二期抵抗期。

（2）抵抗期：此期以副交感神经兴奋及人体对压力源的适应为特征。机体需要动员各种身心力量去对抗及适应压力源，在警告期所产生的各种反应如心率加快、血压升高等在此期均趋于正常水平的状态。对峙的结果有两种：一种是机体成功抵御了压力，内环境重建稳定；二是压力持续存在，进入第三期衰竭期。

（3）衰竭期：在衰竭期，由于压力源过强或过长时间侵袭机体，使机体的适应性资源被耗尽，故个体已没有能量来抵御压力源，最终出现病理反应，导致个体抵抗力下降、衰竭。此时，容易出现各种身心疾病或严重的功能障碍，导致全身衰竭，甚至死亡。

> **知识链接**
>
> **塞利与压力学说**
>
> 塞利从1926年就读医学院二年级时就开始对压力进行研究，并通过对人及动物的大量研究结果，于1950年提出"压力学说"。塞利的"压力学说"，从基本的生理学角度解释压力，强调了人体神经内分泌系统与压力反应的关系。

视频：
塞利压力学说

（二）拉扎勒斯的压力与应对模式

拉扎勒斯（1922—2002年）是美国杰出的心理学家，应激理论的现代代表人物之一，提出了压力与应对模式。1989年获美国心理协会颁发的杰出科学贡献奖。拉扎勒斯认为压力是个体与环境相互作用的产物，如果个体认为内外环境刺激超过自身的应对能力及应对资源时，就会产生压力。因此，压力是由内外需求与机体应对资源的不匹配从而破坏了个体的内稳态所致。压力源作用于个体后，能否产生压力，主要取决于两个重要的心理学过程，包括认知评价及应对。

（三）霍姆斯和拉赫的生活事件与疾病关系学说

美国精神病学家霍姆斯和拉赫将生活中对人的情绪产生不同影响的事件称为生活事件，提出了生活事件与疾病关系的学说。他们在研究中发现，个体在适应生活事件时，需要消耗较多的能量以维持机体内部的恒定状态。如果个体在短期内经历较多的生活事件，引起了机体的剧烈变化，机体本身就会因过度消耗而容易出现疾病。

四、压力的防卫

不同个体对相同的压力会产生不同的反应，个体的压力反应型态取决于其对压力的感知、应对能力和条件。压力源并无绝对的强弱度，如面对同一压力刺激，防卫能力弱的人，所经受的压力相对严重，甚至会导致疾病的发生；而防卫能力强的人，却可以很好地适应，甚至认为是必需的。除了个体本身具有的自然防卫能力以外，还可以通过学习获得新的防卫能力，有助于主动处理所面临的压力情况。

（一）第一线防卫——生理与心理防卫

1. **生理防卫** 生理防卫是指包括遗传因素、营养状况、免疫功能等在内的生理状况。如完好的皮肤和健全的免疫系统可抵抗病毒、细菌等微生物的侵袭，而营养不良的人即使是受轻伤也容易出现感染等。

2. **心理防卫** 心理防卫是指心理上对压力做出适当反应的过程。个体常常在潜意识状态下运用一种或多种心理防卫机制，达到解除情绪冲突、避免焦虑、恐惧等。心理防卫应用适当有益于心理成长和发展，应用不当将导致不良后果。个体防卫能力取决于过去经验、教育程度、生活方式、经济状况、社会支持系统、性格特征、焦虑阈等。

（二）第二线防卫——自力救助

当个体处于压力源较强，而第一线防卫能力较弱时，就会出现一些身心应激反应。如反应严重，就必须进行自力救助，以减少疾病的发生。自力救助的方法有4种。

1. **正确对待问题** 首先应弄清楚压力的来源，然后采取相应的措施进行针对性的处理，可以是改变环境，也可以是改变自己对问题的看法。

2. **正确对待情感** 人们在遭受压力后可产生焦虑、沮丧、愤怒或其他情绪，通过自我评估，找出情感反应的原因和伴随的生理反应，应用过去的经验、与朋友交谈或心理防卫机制等来处理好自己的情绪。

3. **利用可能的支持力量** 当个体经受压力时，需要有一个强有力的社会支持系统，有效地帮助其度过困境。支持系统主要成员可以是父母、配偶、子女、好友等。也可向有关的专业机构寻求帮助，如心理咨询中心；也可与曾有过类似经验、值得信赖的朋友交谈沟通；也可参加有益的社团活动。

4. **减少压力的生理诱因** 良好的身体状况是有效抵抗压力源侵入的基础，要提高保健意识，养成良好的生活卫生习惯，改善营养状况、改变不良行为习惯（吸烟、酗酒）等均有助于加强第一线防卫。此外，松弛锻炼以及一些娱乐活动（音乐欣赏、阅读、画画）等均是帮助人们解脱压力的实用方法。

（三）第三线防卫——专业辅助

当强烈的压力源突破了个体的第一、第二线防卫后导致个体出现身心疾病时，就必须及时寻求医护人员的帮助，由医护人员提供针对性的处理，以提高个体的应对能力，促进身心康复。若专业辅助不及时或不恰当，则会出现病情加重或演变成慢性疾病，如溃疡性结肠炎。慢性疾病又可成为个体新的压力源，导致个体负担加重。如果防卫继续失败，最终可能导致个体死亡。

五、压力的适应

适应是生物体调整自己适应生存环境的过程，是应对的最终目的，是所有生物的特征。个体在遇到任何压力源时，都会选择一系列应对行为尝试着去适应。适应层次如下：

1. **生理适应**　指个体调整生理变化来适应外界刺激的过程。
2. **心理适应**　指个体感到心理压力时，调整自身认识压力源的态度和情绪去适应环境和解决问题，摆脱或消除压力、恢复心理平衡的过程。
3. **社会文化适应**　社会适应是指个体调整自身的行为举止以符合特定的社会规范、习俗、信念等。文化适应是指个体调整自身的行为以符合某一特定文化环境的要求。如"入乡随俗"。
4. **技术适应**　指人们通过创造和掌握新技术达到改变周围环境，控制环境中的压力源。技术适应是人类对现代化先进科技所造成的新压力源的适应。

第四节　成长与发展理论

人类的生命是一个连续不断发展变化的过程。在人生的每一个阶段中，均有其特殊的问题需要解决。护理工作贯穿于人的一生，涉及各个年龄阶段的人，帮助其解决每个阶段的问题。因此，护理人员需要学习和运用有关成长与发展理论，了解不同年龄阶段护理对象的身心特征，开展具有针对性的护理，以提高护理的质量。

一、成长与发展理论的概述

成长与发展，又称为生长与发育，是人类生命过程中具有的基本特点。根据整体护理的观点，成长与发展不仅是指生理的发展，同时还包括认知、情感、道德、精神等心理社会各个方面的发展。成长、发展及成熟之间相互联系、相互影响，不能将其截然分开。

（一）成长与发展的基本概念

1. **成长**　成长又称生长，是指人生理方面的改变，是细胞增殖的结果。表现为机体整体和各器官的长大，即机体在量方面的增加。成长是可以观察到的，如身高、体重、骨密度等。一般成长的形态可分为四类：①增量性增长：如身高的增加；②更新：是机体维持正常生理所需而进行的更新换代，如表皮细胞的更新；③肥大：即细胞体积的增大，如脂肪细胞的长大；④增生：即细胞数量的增多。
2. **发展**　发展又称发育，是生命过程中有顺序的、可预期的功能改变，是个体随着年龄的增长以及与环境间的互动而产生的身心变化过程。表现为细胞、组织、器官功能的成熟和机体功能的演进，即质方面的改变，通常不易被测量，如行为改变，技能增强等。发展是学习的结果和成熟的象征。人必须不断地发展和改变，才能有效地适应日趋复杂的生物和社会环境。
3. **成熟**　成熟是指个体生理上的成长与心理、智能发展充分发挥的过程，是成长和发展的结果，由遗传基因所决定，但又受环境影响。狭义的成熟是生理上的生长发育，广义的成熟还包括心理社会的发展。

4. **年龄** 年龄是衡量成长与发展的阶段性指标之一，人的年龄可以分为两种：时序年龄及发展年龄。时序年龄指个体自出生之日起计算的年龄；发展年龄代表身心发展程度的年龄，包括生理年龄、心理年龄、社会年龄、精神年龄和道德年龄等。

（二）成长与发展理论的基本内容

成长与发展是一个整体的概念，对个体成长和发展的了解和评估主要包括以下几个方面的内容：

1. **生理方面** 生理方面的发展主要是指体格的生长，以及各器官系统功能的增加和成熟。如骨骼生长、体重增加等。

思政之光

2. **认知方面** 认知的发展是指获得和使用知识的能力增强。包括观察、想象、推理、判断等能力的增强和对知识、技能应用的增强。

3. **情感方面** 情感方面的发展是指人在对客观事物认识过程中判断能否满足各种需要而产生的喜、怒、哀、乐、悲、恐、惊等各种体验和发展。

4. **社会方面** 社会方面的发展是指个体在与外界其他个体的交往过程中有关社会态度和社会角色的形成、社会规范的建立等。表现为与他人、群体、社会的相互作用，如能够正确处理人际关系等。

5. **精神方面** 精神方面的发展指人在成长与发展过程中，获得的对生命意义及生存价值的认识，如人生观、价值观的形成等。

6. **道德方面** 道德方面的发展是指个体的道德认识、道德情感、道德意志、道德行为等方面的发展，简单地说指人的是非观念和信仰的形成，不同社会文化背景的人会形成不同的道德价值观念。

（三）成长与发展的规律

人的成长发展过程非常复杂，受诸多因素的影响。所有正常人均依照预期的生长发育规律成长，但最终每个人所表现出的成熟方式又具有个体的差异性。

1. **规律性和可预测性** 人的成长发展具有一定的规律，以可预测的方式进行。主要体现在，虽然每个人生长发展速度各不相同，但都遵循相同的发展过程，即每个人都要经过相同的发展阶段。

2. **顺序性** 人的成长发展以一定的顺序进行，这种顺序不可逾越、不可逆转，一般遵循由上到下或由头到尾、由近到远、由粗到细、由简单到复杂、由低级到高级的顺序或规律。

3. **连续性和阶段性** 成长和发展在人的一生中是不断地进行的，是一个连续的过程，是非等速进行的，但发育是分阶段性的。每个人都要经过相同的发展阶段，每个发展阶段都各具一定的特点，与一定的年龄相对应，占优势的特征是该阶段的本质特征，也包含前一阶段的特征，并且为下一阶段打下基础。发展的阶段不能跨越也不能逆转。

4. **不平衡性** 在人的体格生长方面，各器官系统的生长发育快慢不同、各有先后，具有非直线、非等速的特征，心理社会的发展同样存在不平衡性。

5. **个体差异性** 成长发展在一定范围内受各种因素的影响而存在一定的个体差异。例如，在正常标准范围内，体格成长的个体差异随年龄增长而增大，青春期差异更明显。心理社会方面也因社会文化背景、家庭教养等不同而存在较大差异，并随年龄增长个体差异增大。

（四）影响成长与发展的因素

个体的成长与发展受内、外环境因素的影响。

1. **遗传因素** 人体的成长发展受到父母双方遗传因素的影响，遗传因素是影响个体成长、发展的最基本因素，其影响不仅表现在身高、体重及肤色等生理方面，还可表现在性格、气质、智力、能力等方面。

2. **环境因素** 环境因素是影响个体成长、发展的另一重要因素,环境因素包括自然环境和社会环境。它对个体的成长发展提供条件、对象和各种可能性。

3. **营养因素** 充足和合理的营养是成长发展的物质基础,尤其对于儿童,其成长、发展受营养因素影响较大。处于成长、发展时期的有机体需要不断从外界吸收各种营养物质。如果长期营养不良,不仅会妨碍正常的生长发育,还会导致营养不良和各种营养缺乏症,降低机体对疾病的抵抗力,影响心理、社会能力与智力的发展。营养长期过剩同样会影响个体的身心发展。

4. **健康状况** 一个人的健康状况能够影响其体格、心理以及智力的发育。良好的健康状况能够促进个体正常的成长、发展,使个体顺利通过各个发展阶段,并对后阶段的成长、发展产生影响。与之相反,疾病、创伤等因素均会妨碍人的成长、发育。

5. **社会文化因素** 社会文化因素对个体尤其是儿童的成长、发展有较大的影响。不同的社会文化环境对人在各个发展阶段所需完成的任务有不同的要求,因此,不同文化背景下的教养方式、生活习俗、宗教信仰及社会事件等,都对人的成长发展有一定程度的影响。

6. **其他因素** 包括个人动机、学习与生活经验、心理能力的发展水平、宗教、季节变化等,都会影响到个体的成长发育。

二、成长与发展的相关理论

关于人的成长与发展的理论有很多,不同的理论从不同的角度解释了人类成长、发展、成熟的过程,本部分主要介绍在护理领域中广泛使用的有关人在心理社会方面的成长与发展的理论。

(一)弗洛伊德的性心理发展理论

西格蒙德·弗洛伊德(Sigmund Freud,1856—1939年)是奥地利著名精神病科医生,精神分析学派创始人,被誉为"现代心理学之父"。他以多年对精神疾病患者的观察和治疗过程为依据,创建了性心理发展学说。弗洛伊德认为人的本能是追求生存、自卫及享乐,而刺激人活动的原动力是原欲(libido)或称性本能。原欲是人的精神力量,也是性心理发展的基础。人的一切活动都是为了满足性本能,但条件及环境不允许人的欲望任意去满足,因此,人的本能压抑后会以潜意识的方式来表现,从而形成了性压抑后的精神疾患或变态心理。弗洛伊德的性心理发展理论包括意识层次、人格结构和性心理发展阶段三大理论要点。

> **知识链接**
>
> **弗洛伊德简介**
>
> 西格蒙德·弗洛伊德是奥地利犹太心理学家、精神病医师,精神分析学派创始人。他曾在维也纳大学医学院学习,1881年获医学博士学位。次年起作为临床精神病学家私人开业。早期从事催眠治疗工作,后创用精神分析法。1936年当选为英国皇家学会通讯会员。1938年奥地利被德国侵占,赴英国避难,不久因颌癌逝世。主要著作有《梦的解析》(1900)、《日常生活的精神病理学》(1904)、《精神分析引论》(1910)、《精神分析引论新编》(1933)等。

1. **意识层次理论** 弗洛伊德认为人的心理活动是有层次的,分别为意识、潜意识和前意识三个层次,并将其形象地比喻为漂浮在大海上的一座冰山,各层次理论要点见表3-1。

表 3-1　意识层次理论要点表

层次	理论要点
意识	被形容为海平面以上的冰山之巅部分 指个体直接感知的心理活动部分，是心理活动中与现实联系的部分，如感知觉、情绪、意志和思维等
潜意识	被形容为海平面以下的冰山部分 是人们无法感知到的深层的心理活动部分，不被外部现实和道德理智所接受的各种本能冲动、需求和欲望，或明显导致精神痛苦的过去事件。潜意识虽然不被意识所知觉，但它是整个心理活动中的原动力
前意识	被形容为介于海平面上下部分冰山之间，随海平面被动若隐若现部分 是介于意识和潜意识之间，主要包括目前未被注意到或者不在意识之中，但通过自己关注或经他人提醒而出现意识区域的心理活动，这种心理活动时隐时现

2. 人格结构理论　弗洛伊德分析人的心理发展过程，认为人格由本我、自我和超我三部分结构组成。人格结构理论及要点见表3-2。

表 3-2　人格结构理论要点

组成	理论要点
本我	是人格中最原始的部分，代表人先天的本能与原始的欲望，出生时就已存在。"本我"受快乐原则支配，目标在于获取最大的快乐和最小的痛苦，是人类非理性心理活动的部分
自我	是人格中最具理智、策略的部分，对"本我"加以控制，是人格的执行者。出现在个体出生的头两年里，是在个体与外界环境相互作用中逐渐发展起来的。"自我"受现实原则支配，在"本我"的冲动欲望与外部现实的制约之间起调节作用，从而使人的行为适应社会和环境，避免个体受到伤害
超我	是人格中最具理性的部分。代表社会的标准和人类生活的高级方向，包括良心和自我理想，属于道德范畴。个体大约5岁时，"超我"开始形成，是在社会道德规范内化的基础上发展起来的。"超我"受完美原则支配，按照社会道德的标准对个体的动机进行监督和管制，指导"本我"，限制"本我"，达到"自我"完美的高度

思政之光

3. 人格发展（性心理发展阶段）理论

（1）人格发展（性心理发展阶段）理论观点：弗洛伊德认为人格的发展在生命的早期就已完成，性本能冲动是人格发展的原动力。个体人格的发展经历五个阶段，每个阶段变化的标志是性本能冲动分布和集中投放的主要部位的变化。如果个体某个阶段遭遇了特殊的创伤体验或过度满足，就会导致消耗或滞留大量的性本能冲动，后果是自我缺乏足够的能量维持正常的成人心理功能，就会出现停滞在那个早期阶段的人格特征。弗洛伊德认为人格发展分为口欲期、肛欲期、性蕾期、潜伏期及生殖期五个阶段。

（2）人格发展（性心理发展阶段）理论各阶段特点及护理应用：见表3-3。

表 3-3　人格发展（性心理发展阶段）理论各阶段特点及护理要点

阶段	特点	护理要点
口欲期 0~1岁	原欲集中在口部，快乐和安全感通过吮吸、吞咽、咀嚼等与口有关的活动获得。口部欲望满足过少会形成紧张和不信任的人格，满足过度会形成依赖人或纠缠人的人格	满足婴幼儿口部的欲望，通过恰当的喂养和抚触给婴幼儿带来舒适和安全感，以利于情绪及人格的正常发展

续表

阶段	特点	护理要点
肛欲期 1~3岁	原欲集中在肛门区，愉快感来自排泄所带来的快感和自己对排泄的控制。控制过严会形成谨小慎微、缺乏自我意识的人格特征，控制过松会形成自以为是、消极、无条理的人格特征	进行恰当排便训练，培养自我控制能力。多给予鼓励和表扬，给幼儿愉快体验
性蕾期 3~6岁	原欲集中在生殖器，对自己性器官感兴趣，并产生性别差异，恋慕异性的父母，排斥同性的父母。此期顺利度过可形成正确的性别行为和道德观念，不顺利可导致各种性偏离行为	引导儿童对性别的认同，帮助其解决恋母或恋父情结的矛盾冲突。有助于其日后走出家庭，建立良好的两性关系
潜伏期 6~12岁	早期的性冲动被压抑到潜意识中，把精力投入到学习、游戏等各种智力和体育活动上。此期顺利发展可获得许多人际交往经验，促进自我发展；此期不顺利会造成压抑、强迫性人格	为儿童提供各种活动的机会，鼓励认真学习，追求知识，积极锻炼
生殖期 12岁以后	原欲重新回到生殖器，注意力转向年龄相近的异性，建立正常的两性关系。此期顺利发展可培养独立性和自我决策的能力，性心理的发展趋向成熟；此期不顺利可导致病态人格	尊重青少年的自主意识，鼓励其独立性、自我决策能力，正确引导青少年与异性的交往

（二）艾瑞克森的心理社会发展理论

米尔顿·艾瑞克森（Milton Hyland Erickson，1901—1980年）是美国哈佛大学的心理及人类发展学教授。他在弗洛伊德学说的基础上，将理论扩展至社会方面，提出了解释整个生命过程的心理社会发展理论，强调文化及社会因素对人格发展的影响，并认为人格在人的一生中都在不断地发展。

1. **理论观点** 艾瑞克森将人的发展分成8个阶段，每个阶段都有一个发展的危机和中心任务必须解决。成功解决危机人格会顺利发展；危机处理不成功，则导致人格缺陷或行为异常。每个阶段的发展顺利与否，均与前一阶段有关。前一阶段发展顺利则为下一阶段打下良好基础，反之，将会影响下一阶段的人格发展。

2. **艾瑞克森的心理社会发展过程及护理要点** 见表3-4。

表3-4 艾瑞克森的心理社会发展理论内容及护理措施

发展阶段	发展危机	任务	发展结果	护理措施
婴儿期 0~18个月	信任对不信任	建立信任感	①正面：有信任感。表现为信赖他人、有安全感、乐观，愿意与人交往，有信心 ②负面：不信任自己和他人，缺乏安全感	提供良好的照料和关怀
幼儿期（儿童期） 1~3岁	自主对羞愧或疑虑	最低限度的自我照顾和控制的能力	①正面：学会自我控制感，形成自主性 ②负面：缺乏自信，怀疑自己的能力并产生羞愧感	鼓励力所能及的自理活动，提供自己决定的机会。适时学习最低限度的自我照顾及自我控制能力，获得自主感
学龄前期 3~6岁	主动对内疚	获得主动感，体验目标的实现	①正面：获得主动感，能主动进取，有创造力 ②负面：产生内疚或罪恶感，态度消极，缺乏探究精神和好奇心	鼓励和表扬有益的主动行为，提供探索的机会，让其体验发现新事物的乐趣
学龄期 6~12岁	勤奋对自卑	获得勤奋感	①正面：发展竞争意识和获得勤奋感 ②负面：产生自卑心理和无能感	鼓励和指导自主完成学习任务，获得成功的体验

发展阶段	发展危机	任务	发展结果	护理措施
青春期 12~18岁	自我认同对角色混乱	建立自我认同感	① 正面：建立自我认同感，明确自我概念和自我发展方向 ② 负面：角色混乱，缺乏生活与发展的目标	创造参与讨论的机会，鼓励表达自己的想法，支持和赞赏其正确决定，尊重隐私
青年期（成年早期） 18~25岁	亲密对孤独	发展与他人的亲密关系	① 正面：建立亲密的人际关系，相互理解、支持和帮助，主动承担应有的责任和义务 ② 负面：不能与人建立亲密的人际关系，会有孤独的体验，缺乏责任感和兴趣	帮助建立相互信任、理解、亲密的人际关系
成年期 25~65岁	创造对停滞	养育下一代	① 正面：富有创造性，热爱家庭，关心他人，生活充实 ② 负面：自私，人际关系不良	给予更多感情支持，帮助调整和适应角色，适当赞扬成就
老年期 65岁以上	完善对失望	建立完善感	① 正面：感到人生完美，能乐观对待死亡，安享晚年 ② 负面：出现挫折感，失落感和绝望感，追悔往事、害怕死亡	耐心倾听，肯定成就，发掘潜能，鼓励交往和参加活动，及时发现不良情绪，采取相应措施，避免意外发生

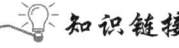

艾瑞克森简介

米尔顿·艾瑞克森，出生于1901年12月5日，是医疗催眠、家庭治疗及短期策略心理治疗的顶尖权威，被喻为"现代催眠之父"。他在潜意识操作的研究及实务成就极具开创性，被誉称为至目前为止世界上最伟大的沟通者，心理学学者尊称他为二十世纪的首席心理治疗师。他是美国临床催眠学会的创办人兼第一任主席，同时创办了学会的官方刊物《美国临床催眠期刊》，并担任编辑长达十年。

（三）皮亚杰的认知发展理论

让·皮亚杰（Jean Piaget，1896—1980年）是瑞士杰出的心理学家和哲学家，在对儿童数十年的观察和研究后，提出了一套有关儿童思维、推理和问题解决的理论，即认知发展理论。

1. 认知发展理论观点　皮亚杰认为儿童的认知发展是通过主体的调整获得对客体的适应而实现的。适应的本质在于主体经同化及顺应两个基本认知过程取得自身与环境间的平衡。①基膜：每个个体都有一个原有的认知结构，称为基膜。②同化：当个体面临一个刺激情境或困难情境时，企图用自己现有的认知结构来解决所遇到的问题，这种认知经历称之为同化。③顺应：如果现有的认知结构不能对新事物产生认知作用，就会出现心理上的失衡。为了重新达到平衡，个体只有通过改变原有的认知结构，以适应新的情况，这种认知心理历程称顺应。

2. 认知发展特征　皮亚杰将儿童的认知发展划分为四个阶段，并认为这四个阶段有以下特征：①认知发展是一个有顺序的、连续的过程，阶段可提前或推迟，但先后顺序不变；②发展阶段不是阶梯式的，而是有一定程度的交叉和重叠；③各个阶段的发展与年龄有一定关系，但每个人通过各个阶段的速度有所不同。

3. 皮亚杰的认知发展理论及在护理中的应用　见表3-5。

表 3-5　皮亚杰认知发展理论各阶段特点及护理应用

阶段	特点	护理措施
感觉运动期 0~2岁	是思维的萌芽期，通过感觉运动认识自己和周围的世界。主要成就是形成自主协调运动，开始出现心理表征，特别是形成客体永久性观念，是婴幼儿思维的萌芽	提供各种感觉和运动性刺激，如色彩的视觉刺激；轻柔悦耳的语言听觉刺激；轻柔抚摸的触觉刺激；提供玩具和游戏等
前运思期 2~7岁	能用语言符号及象征性游戏等手段来表达自己的需求。思维具有单线性、不可逆性和自我中心的特点，只注意问题的一个方面或只从自己的角度来看问题，不理解事情的转化或逆向运动	利用其象征和表象思维，通过游戏、玩具等方式进行沟通，让其表达自己的感受；尽量从儿童的角度出发满足其需求
具体运思期 7~11岁	学会从别人的角度看问题，能够理解事物的转化，能够进行逻辑推理活动、可逆性思维。主要成就是形成守恒观念，即能够理解到客体外形变化但属性不变	可用图片、模型及配上简短的文字说明等具体方式进行沟通，不用抽象的词语
形式运思期 12岁起	思维能力得到迅速发展，从具体思维转向抽象逻辑思维。不仅能从逻辑推理现实情境，而且能对情境进行假设演绎。在认知活动中，不仅能注意行为的结果，还能主动地监控、调整和反省自己的思维过程	对有关事情发生、过程及其必要性做更详尽的解释，鼓励青少年做出合理的选择。尊重隐私，不嘲笑或否定其天真的想法

第五节　沟通理论

沟通是人际交往的主要形式和方法，沟通可以达到信息的交换和情感的交流。通过有效的护患沟通，既可以建立良好的护患关系，又可以获得患者全面的健康信息，通过对信息进行分析判断，为患者提供个性化的护理。因此，沟通能力是护理人员必须具备的临床能力之一，通过沟通理论的学习，可以提高护理人员的沟通技巧。

一、沟通的概念和构成要素

（一）概念

1. **沟通**　是指信息发送者遵循一系列共同规则，凭借一定媒介将信息发给信息接受者，并通过反馈以达到理解的过程。

2. **人际沟通**　是指人们借助语言和非语言符号，彼此之间进行信息、思想和情感交流沟通的过程。

（二）构成要素

1. **沟通发生的背景或情景**　是指沟通发生的场所或周围的环境，不仅包括场所的大小、隐秘性、温湿度、安静程度等，还包括沟通的时间和参与沟通者的个人特征（如情绪状态、文化层次、现阶段的需求等）。背景或情景对沟通有着重要的影响，为了获得有效的沟通，应该满足沟通参与者的需求。

2. **信息发出者也称信息源**　是指发出信息的主体，可以是个人、群体或组织。信息源对信息的理解表达受其社会文化背景、知识水平、情绪状态和沟通技巧的影响。

3. **信息本身**　是指沟通过程中信息发出者希望传达的思想、观点、情感、态度和指令等。信息可以是语言、文字、图表，也可以是动作、眼神、表情等。信息是沟通的最基本因素，是沟通的灵魂。

4. **信息传递途径**　是指信息由一个人传递到另一个人所通过的手段或媒介，包括视觉、触觉、听觉、味觉和嗅觉等。它是信息发出者和接受者之间的桥梁,要适合于要传递的信息,有助于信息的表达。

5. **信息接受者** 指信息接收的主体,是沟通的被动方。同样,接受者对信息的理解、判断、接受也受其社会文化背景、知识水平、情绪状态和沟通技巧的影响。

6. **解码** 指信息接受者把接收到的信息符号译成具有特定含义的信息,并加以理解的过程。

7. **反馈** 是指信息接受者将译成特定含义的信息,通过理解和整理后传回给信息发出者的过程。信息发出者应及时寻求信息接受者的反馈,以便了解信息是否准确地传递给对方,以及信息意义是否被准确理解。只有沟通双方对信息的理解相同时,沟通才是最有效的。

二、沟通的层次

根据沟通双方的信任程度、参与程度、与他人分享感觉程度不同,将沟通分为以下五个层次。

1. **一般性沟通** 指参与程度最差、分享彼此真实感觉最少的沟通方式,是沟通的最低层次。如"您好""今天天气真好"等,只限于表达一些表面上的社交话题。适合于第一次与患者见面,有助于建立信任关系。

2. **陈述性沟通** 这是一种客观性的沟通,只简单地陈述事实,其中不带任何个人的意见、建议,也不涉及人与人之间的关系。如"我的肚子很疼""我今年20岁"等。护患沟通时主要是鼓励患者叙述,陈述性的沟通有助于收集患者的信息。

3. **分享性沟通** 这是一种除了沟通信息外,还交流个人观点、想法的沟通。这一层次沟通是建立在双方相互产生一定信任的基础上,适合于心理护理和治疗性沟通。

4. **情感性沟通** 这是一种分享及表达彼此看法、判断、情感及愿望的沟通,是在沟通双方彼此信任度高、已建立安全感的基础上发生的。

5. **共鸣性沟通** 是指沟通双方达到了彼此分享感觉的最高境界。有时双方无需任何语言就能完全领会对方的体验及感觉。这是沟通双方信任程度及参与度最高的沟通层次,是沟通的最高层次。

三、沟通的类型

(一)语言性沟通

1. **语言性沟通概念** 语言性沟通是使用语言、文字或符号进行的沟通。要想达到有效的语言沟通,要求沟通双方使用相同的语言系统以及对相同的语言有相同的理解。

2. **语言性沟通类型** 根据语言的表达形式,语言性沟通主要分为口头语言沟通和书面语言沟通两个类型。①口头语言沟通是人们利用有声的自然语言符号系统,通过口述和听觉来实现的沟通。②书面语言沟通是用文字符号进行的信息交流。

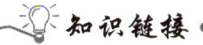

> **知 识 卡 片**
>
> 美国纽约东北部的撒拉纳克湖畔,特鲁多医师的墓志铭镌刻着"To Cure Sometimes, To Relieve Often, To Comfort Always."。用中文描述就是"有时去治愈,常常去帮助,总是去安慰。"经常去帮助,总是去安慰,是一种人性的传递,也说明了鼓励性的语言在医学工作中的重要性。积极的语言不仅使患者感到温暖和安全,也能调动患者的积极因素,解除患者的心理隐患,增强患者战胜疾病的信心。在医疗服务中重视语言的作用,正说明了医学是一门人学。舍弃医学的人文性,就抛弃了医学的本质属性。

（二）非语言性沟通

在人际交往中，许多信息不能用语言来形容和表达，往往需借助身体动作、体态、语气语调、空间距离等非语言方式来表达，从而使双方的信息得以交流。

1. 非语言性沟通的概念　非语言性沟通是通过非语言媒介，如表情、眼神、姿势、动作等类语言实现的沟通。人际交往中有60%~70%是非语言性沟通。

2. 非语言性沟通的作用

（1）具有增强表达力和感染力的作用：比如当我们说"是"时点头可增强语言信息的表达力，当我们高兴时手舞足蹈可增强喜悦的感染力。

（2）具有语言所不能替代的作用：沟通双方所获得的信息绝大部分来自非语言性沟通，它具有语言性沟通所不能替代的作用。美国心理学家艾伯特·梅热比曾提出这样一个公式

$$信息接收的全部效果 = 语言（7\%）+ 表情（55\%）+ 语调（38\%）$$

（3）是医务人员获得信息的重要途径：在医疗护理工作中，很多时候患者无法准确地表达自己的真实感受，医护人员可以从患者的面部表情和身体姿势等来观察其内心感受，从而获得真实的信息。

3. 非语言性沟通特点

（1）真实性：人的非语言行为更多是一种对外界刺激的直接反应，常常是无意识的，比语言沟通更能够表露、传递真实的信息。在人际交往中，当语言和非语言的信息出现不一致的情形时，有可能非语言行为能够更准确地表达说话者的真实情感。

（2）广泛性：非语言性沟通的运用是极为广泛的，人们即使在语言差异很大的环境中，也可以通过非语言信息了解对方的想法和感觉，从而实现有效的沟通。但是，在不同的文化环境下，相同的非语言行为可能表示不同的意义。

（3）情境性：在不同的情境中，相同的非语言符号，表示不同的含义。如流泪在悲伤的环境中，可以表达悲痛、仇恨、生气、委屈等情感；在开心的环境中表达幸福、兴奋、感激、满足等情感。微笑可传达真诚友善，但许多时候也有掩饰紧张的意思。

（4）持续性：非语言性沟通是一个持续的过程。在一个互动的环境中，自始至终都有非语言载体在自觉或不自觉地传递信息。

4. 非语言性沟通的形式

（1）仪表：包括相貌、身材、衣着、装饰等。一个人的仪表一定程度上，反映个人的文化修养、社会角色、人格特征及心理状态。因此，护士的仪表应端庄大方、朴实美观。

（2）面部表情：是人类情绪、情感的生理性表露。人可以通过面部表情表达和传递感情，如疼痛时皱眉、高兴时微笑。所以，护理人员在面对患者的时候，应注意自己的面部表情，给患者以亲切、和蔼、愉快、充满希望的感觉。①目光：适当的目光接触可以表示尊重对方以及希望继续沟通的信号。目光接触的水平影响沟通的效果，如缺乏目光接触给人以焦虑、防御和缺乏自信的感觉，目光接触过多则会导致对方紧张。理想的目光接触是沟通双方的眼睛在同一水平，适当接触。目光具有表达情感、调控互动、显示关系的作用。②微笑：是一种最常用、最自然、最容易为对方接受的面部表情，是内心世界的反映，是礼貌的象征。在护理工作中具有传情达意、改善关系、优化形象、促进沟通的作用。

（3）身体姿势：身体姿势可以反映其精神状态、自我概念和健康状况。如稳健步态显示良好的健康状况、萎靡不振的精神状态显示情绪抑郁、来回踱步可能显示心情焦虑。

（4）手势：是会说话的工具，是体态语言的主要形式之一。使用频率最高，形式变化最多，因而表现力、吸引力和感染力也最强，最能表达人们丰富多彩的思想感情。如挥拳表示义愤；摆手表示拒绝；比划物品的大小形状等用以模拟物的形式、体积、高度等特点，给人以具体明确的印象；拇指手势、"OK"手势、"V"手势用以表现某些抽象概念。

（5）触摸：是非语言沟通中最亲密的动作，是向他人表示关心的一种有效方式，包括抚摸、握手、拥抱、搀扶、依偎等。触摸有利于儿童生长发育、有利于改善人际关系、有利于传递各种信息。如护士触摸高热患者的额部，传递的是护士对患者的关心和对工作负责的信息。

然而，触摸是一种个性化很强的行为，对不同的人有不同的含义。护士在运用触摸沟通时，应考虑沟通对象的性别、年龄、社会文化背景、双方的关系、当时的情况、触摸的形式等各方面因素，保持谨慎态度。例如，双方关系很浅，可礼节性地握一下手；双方关系较亲密，可轻拍一下对方的手背或肩膀；关系更深一层，可将手在对方的身体上稍作停留。

> **知识链接**
>
> **触摸对儿童成长的影响**
>
> 心理学家研究发现，常被亲人拥抱的婴幼儿，能意识到同亲人紧密相连的安全感，有皮肤上"温饱"的感觉，因而啼哭少、睡眠好、体重增加快、抵抗力较强，学步、说话、智力发育也明显提前；相反，如果缺少或剥夺这种皮肤感觉上的"温饱"，让孩子长期处于"皮肤饥饿"状态，则会引起孩子食欲缺乏、智力发育迟缓以及行为异常，如性情抑郁、孤僻、爱咬嘴唇或啃指甲，甚至将头和身体乱碰乱撞。

四、常用的沟通技巧

（一）倾听的技巧

倾听是指全神贯注地接受和感受交谈对象发出的全部信息（包括语言信息和非语言信息），并对信息进行分类、整理、评价和证实，以能够理解信息的所有涵义。倾听将伴随整个交谈过程，是获取信息的重要渠道。为了做到有效的沟通，可以运用下列技巧：

1. **参与** 是指将注意力全部放在对方身上，全神贯注地倾听。包括应面向患者，保持合适的距离和姿势；与患者保持良好的目光接触；避免分散注意力的动作；适度地给患者发出反馈和鼓励。

2. **核实** 是核对自己的感觉。核实的方法包括复述、改述、澄清和总结。复述即复述对方的话，但不加任何判断；改述即将患者的话用自己的语言重新叙述，但要保持原意；澄清即将患者一些模糊的、不完整的或不明确的叙述弄清楚；总结即用简单概括的方法将患者的话再叙述一遍。在核实时，护士应注意留有一定的停顿时间，以便让患者纠正、修改或明确自己所说的话。

3. **反映** 是指将患者所表达的信息全部反馈给对方，尤其是患者语句中隐含的意义以及其非语言性沟通所表达的内容，使对方明确你已理解他的意思。同样，在反映的时候，应注意留有一定的停顿时间，以便让患者纠正、修改或明确他所说的话。

（二）提问的技巧

在沟通的过程中，人们不仅能够通过倾听收集信息，还可以通过提问的方式获取信息。在护患沟通的过程中，护理人员适时恰当的提问可以促进、鼓励患者提供更多的信息。

1. **问题的种类** 提问是收集信息和核对信息的重要方式，也是确保交谈围绕主题持续进行的基本方法。为了保证提问的有效性，护士可根据具体情况采用开放式提问或封闭式提问。

（1）开放式提问（敞口式提问）：即对所问问题的回答没有范围限制，患者可根据自己的感受、观点自由回答，护士可从中了解患者的真实想法和感受。开放式提问的优点是护士可以获得更多、更真实的资料，缺点是需要的时间较长。

（2）封闭式提问（限制性提问）：是将问题限制在特定的范围内，患者回答问题的选择性很小，只能通过简单的"是或不是""有或没有"或"单一性的回答"等。封闭式提问的优点

思政之光

是护士可以在短时间内获得需要的信息，缺点是患者没有机会解释自己的想法。

2. **提问的技巧** ①善于组织提问内容。交谈的目的是为了获取信息，因此，所提问题应紧紧围绕谈话的中心目的，而且所提问题的内容应该少而精，并且适合对方的理解水平。②注意把握提问的时间。沟通过程中遇到某一问题未能获得明确的解释，不要急于提问，应待双方充分交流的基础上再提问。过早提问会打断对方的思路，影响交流；过晚提问容易产生误会。③注意提问的方式、语气和语调。沟通过程中应避免诱导式的问题和一些不愉快的问题。此外，还应注意提问的语速、语气和语调。提问时语速过快、语气生硬、语调过高容易使对方产生反感而不愿意回答；而语速过慢、语调过低容易使对方不耐烦而不愿认真回答问题。

（三）治疗性会谈的技巧

治疗性会谈是护患双方围绕与患者健康有关的内容进行的有目的的、高度专业化的相互沟通过程。治疗性会谈要求护理人员对会谈的时间、地点、目的、内容及形式，进行组织、计划及安排，并有效地实施计划，对结果进行评价。治疗性会谈的过程分为四个阶段。

1. **准备阶段** 在准备会谈阶段，需要做好下列准备工作：全面了解患者的有关情况；明确会谈的目的；根据目的确定具体的会谈内容并列出提纲；选择合适的会谈时间；准备合适的会谈环境；提前告知患者会谈的时间；护理人员做好自身准备。

2. **开始阶段** 在会谈开始时，第一印象非常重要。如果会谈开始不顺利，可能会影响患者的情绪，进而阻碍会谈的进行。在开始会谈阶段，护理人员需要做好下列工作：有礼貌地称呼患者；主动介绍自己；介绍会谈的目的和所需的大致时间；创造适合会谈的环境；帮助患者处于身心舒适状态。

3. **正式阶段** 经过短暂的相互熟悉之后，会谈正式开始。在正式会谈阶段，注意应做到：①根据会谈的目的应用会谈技巧，选择合适的问题。所提问题应简单明了，一次只提一个问题。根据患者的理解能力选择合适的表达方式，注意使用通俗易懂的语言。根据情况选择合适的问题种类，一般以开放式问题提问，以封闭式问题引导。②注意对方非语言性沟通信息的内容，以获取全面信息；同时，注意自己非语言信息的表达。③以特定的会谈方法为患者提供帮助。④应用沟通技巧加强会谈效果。⑤及时做好会谈记录。交谈中，为了不遗漏信息，护士应及时简要记录；会谈结束应及时补写会谈内容。为防止患者误会，应向患者解释记录的原因。

4. **结束阶段** 顺利地结束会谈可以给患者留下良好的印象，有利于下一次会谈的进行。因此，在会谈结束阶段，应注意做到：提醒患者会谈预定时间；总结会谈内容；不再提新问题，如果患者有新问题可以另约时间会谈；询问患者有没有需要补充的信息；感谢患者的配合，为患者提供舒适的休息环境；必要时预约下次会谈的时间。

（四）沉默的技巧

沉默是指沟通的一方对另一方的陈述暂时不做出显性的反应。沉默可以给对方思考的时间，也可以给自己观察对方和调试自己的机会。恰到好处地运用沉默，可以达到意想不到的效果，尤其是一方感到焦虑不安时，沉默会让人感觉对方是在认真地倾听、仔细地感受自己的心情，从而促进沟通的顺利进行。但是，长时间的沉默可能会使人不舒适、焦虑。因此护理人员还应该学会打破沉默的技巧。我们可以通过下列问题来打破沉默：您是不是还想说点什么？还有呢？您是否可以告诉我您现在在想什么？您是否可以告诉我这个问题给您造成了什么样的困扰呢？

五、影响有效沟通的因素

（一）环境因素

1. **物理环境** 沟通环境中的光线、温湿度、噪声、整洁度、隐秘性等都会影响沟通的效果。护患沟通应该在舒适安全、整洁安静、隐秘的环境中进行。

2. **社会环境** 沟通的氛围、人际关系、沟通的距离等也会影响沟通的效果。要保证沟通效果，应注意保持良好的护患关系，选择融洽的氛围和适当的距离。

（二）个人因素

1. **生理因素** 包括疼痛、饥饿、疲劳等暂时性生理不适因素；还包括听力、视力障碍；智力不健全，如弱智、痴呆等永久性生理缺陷。永久性生理缺陷者的沟通能力将长期受到影响，需采用特殊沟通方式。

2. **情绪因素** 是指一种具有感染力的心理因素，可影响沟通的有效性。轻松、愉快的情绪可增强沟通者的沟通愿望和能力，焦虑、烦躁的情绪将阻碍沟通者传递、接受信息的能力。

3. **知识水平** 沟通双方的知识水平不同，对事物的理解程度会有所不同，影响沟通的进行。

4. **社会背景** 包括民族、种族、信仰、习俗和价值观等。不同的社会背景对事物的理解不同，很容易使沟通双方产生误解，造成沟通障碍。

（三）沟通技巧因素

1. **改变话题** 这是沟通中常见的错误。沟通中，如果一方缺乏耐心，随意地改变话题，会阻碍对方说出有意义的内容，同时会影响对方沟通的意愿。

2. **主观判断或快速下结论** 沟通中，一方还没陈述完自己的感受之前，另一方不顾对方的感受主观、片面地对对方的信息进行总结，常会导致无法收集全面的信息。

3. **提供错误或不恰当的保证** 在没有理论依据的情况下，给予对方虚假的保证、不恰当的安慰或没有针对性的解释，会给人一种不负责任、敷衍了事的感觉，不利于信任关系的建立。

六、护患语言沟通的原则

1. **尊重性** 尊重是确保沟通顺利进行的首要条件。
2. **目标性** 护患之间的语言沟通是一种有意识、有目的的沟通活动。
3. **规范性** 无论是与患者进行口头语言沟通还是书面语言沟通，护理人员应做到发音纯正、吐字清楚、用词朴实、准确、语法规范、精练，同时还要有系统性和逻辑性。
4. **治疗性** 护理人员的语言可以起到辅助治疗、促进康复的作用，也可能产生扰乱患者情绪、加重病情的后果。
5. **情感性** 护理人员应以真心实意的态度，从爱心出发，加强与患者的情感交流。
6. **艺术性** 艺术性的语言沟通不仅可以拉近医护人员与患者之间的距离，还可以化解医患、护患之间的矛盾。

七、人际沟通在护理工作中的作用

1. **连接作用** 沟通是人与人之间情感连接的主要手段，在建立和维持人际关系中具有重要作用。
2. **精神作用** 良好的沟通可以加深积极的情感体验，减弱消极的情感体验。
3. **调节作用** 沟通可以提供信息，可以加深人们之间的理解，调控人们的行为。

目标检测

下载资源：
目标检测参考答案

一、选择题

【A_1 型题】

1. 关于系统的描述，下列哪项是错误的
   A. 指若干相互联系、相互作用的要素组成的一个整体
   B. 各部分有相同的结构和功能
   C. 各部分共同发挥着整体功能
   D. 几个系统可以组成更大的系统
   E. 系统按层次组合

2. 系统理论的最基本思想是重视系统的
   A. 整体性
   B. 相关性
   C. 层次性
   D. 动态性
   E. 目的性

3. 开放系统与封闭系统的基本区别在于
   A. 系统内部各要素有无相互联系
   B. 系统内部各要素的组成层次
   C. 系统有无边界
   D. 系统有无功能
   E. 系统是否与环境相互联系

4. 按照马斯洛的"人的基本需要层次理论"，生理的需要满足后应满足
   A. 社交需要
   B. 安全需要
   C. 爱与归属的需要
   D. 自尊需要
   E. 自我实现的需要

5. 下列关于需要理论对护理的指导意义的论述哪项不妥
   A. 帮助护士识别患者未被满足的需要
   B. 使护士能更好地理解患者的言行
   C. 使护士能预测患者尚未表达的言行
   D. 使护理工作省时省力
   E. 指导护士满足患者的需要

6. 下列有关人类基本需要各层次之间关系的陈述，正确的是
   A. 人们满足各层次需要的活动是基本相同的
   B. 生理的需要位于最底层，可暂缓满足
   C. 满足高层次的需要对每个人意义有所不同
   D. 人的各层次基本需要之间相对独立
   E. 各层次需要不会重叠或颠倒出现

7. 按照人的基本需要层次论，下列排列正确的一组是
   A. 水电解质平衡　活动　发挥自我潜能　受称赞　获得友谊
   B. 食物和水　活动　免受伤害　良好的人际关系　受尊重
   C. 活动　生活有情趣　营养　受尊重　获得友谊
   D. 受尊重　活动　营养　友谊　良好的人际关系
   E. 食物和水　免受伤害　娱乐　友谊　受尊重

8. 为满足患者自尊的需要，下列最恰当的护理措施是
   A. 详细的入院介绍
   B. 提供良好的住院环境
   C. 及时的健康教育
   D. 熟练的操作技术
   E. 重视患者的特性与习惯

9. 凯利希将马斯洛的人类基本需要层次理论加以修改和补充，其中增加的一个层次是
   A. 安全的需要
   B. 刺激的需要
   C. 爱与归属的需要
   D. 尊重的需要
   E. 自我实现的需要

10. 护士在为患者做导尿术时应及时用屏风加以遮挡，以满足患者何种需要
    A. 安全的需要
    B. 刺激的需要
    C. 爱与归属的需要

D. 尊重的需要
E. 自我实现的需要

11. 当个体经受某种压力时,调整自己的态度去认识和处理情况属于
    A. 生理适应
    B. 心理适应
    C. 文化适应
    D. 社会适应
    E. 技术适应

12. 下列有关适应特征的叙述,不正确的是
    A. 适应是有一定限度的
    B. 适应本身也具有应激性
    C. 应激源来得越突然,个体越难以适应
    D. 面对应激源机体只能做出一个层次的适应
    E. 适应是区别有生命机体和无生命物质的一个特征

13. 第三线防卫是指
    A. 利用支持力量
    B. 求助于专业医护人员
    C. 正确对待感情
    D. 成功地适应
    E. 向朋友寻求帮助

14. 下列属于艾瑞克森的心理社会发展理论分期的是
    A. 口欲期 0~3 岁
    B. 性蕾期 3~6 岁
    C. 学龄期 6~12 岁
    D. 具体运思阶段 13~18 岁
    E. 形式运思阶段 18 岁起

15. 根据皮亚杰的认知发展理论,出现初步逻辑思维的阶段是
    A. 感觉运动期
    B. 前运思期
    C. 具体运思期
    D. 形式运思期
    E. 后形式运思期

16. 下列不属于非语言性沟通技巧的是
    A. 眼神交流
    B. 提问
    C. 沉默
    D. 触摸
    E. 微笑

17. 属于开放式提问的是
    A. 现在肚子还痛吗
    B. 当你知道病情时有什么想法
    C. 你的家庭成员中有糖尿病患者吗
    D. 你现在感觉好些吗
    E. 你喜欢喝酒吗

18. 交流中沉默往往用于
    A. 交谈开始时
    B. 交谈中
    C. 交谈结束前
    D. 交谈受阻时
    E. 交谈热烈时

【A₂ 型题】

19. 李某,某企业主管,因工作压力大而过度焦虑,导致食欲缺乏,营养物质的摄入与吸收减少,下列何因素影响了其基本需要的满足
    A. 生理因素
    B. 情绪因素
    C. 认知障碍和知识缺乏
    D. 环境因素
    E. 社会文化因素

20. 患者杨某,女,68 岁,糖尿病入院治疗。因子女工作繁忙,探视较少,患者情绪低沉,经常流泪不语,并要求出院。护士应特别注意满足患者哪方面的需要
    A. 生理的需要
    B. 安全的需要
    C. 爱与归属的需要
    D. 自尊的需要
    E. 自我实现的需要

21. 张女士,28 岁,面部烧伤后恢复期,因瘢痕较重患者常有自卑感,不愿见人。护理该患者应特别注意满足患者哪一方面的需要
    A. 生理的需要
    B. 安全的需要
    C. 爱与归的需要
    D. 尊重的需要

E. 自我实现的需要

22. 李某因甲状腺瘤定于明日手术，其情绪紧张，无法入睡，此时哪种需要应予以满足
    A. 生理的需要
    B. 安全的需要
    C. 爱与归的需要
    D. 尊重的需要
    E. 自我实现的需要

23. 王某，失子母亲，拒绝承认孩子已离世的事实，天天在家等待孩子回家。这种行为属于哪种心理防卫机制
    A. 转移
    B. 隔离
    C. 否认
    D. 合理化
    E. 选择性忽视

24. 某学生，留学澳大利亚深造，由于语言、信仰、风俗习惯不同而产生的心理刺激属于哪种压力源
    A. 社会性
    B. 心理性
    C. 技术性
    D. 躯体性
    E. 文化性

25. 患者，女，对探视的儿子抱怨：病房里无报纸、无电视机、无网络等，感觉特别寂寞和孤独。引起抱怨的压力源可能是
    A. 环境陌生
    B. 疾病威胁
    C. 不被重视
    D. 丧失自尊
    E. 缺少信息来源

26. 患者，女性，55岁，胆结石，次日于硬膜外麻醉下行胆囊切除手术，术前患者病情稳定，术前准备工作已做好，但对手术仍焦虑不安，犹豫不决等，患者所面临的压力源是
    A. 环境陌生
    B. 与外界隔离
    C. 缺少信息
    D. 丧失独立与尊严
    E. 疾病的威胁

27. 李某是一位有强迫性人格的患者，根据弗洛伊德的观点，其性心理发展障碍主要发生在哪个时期
    A. 口欲期
    B. 肛欲期
    C. 性蕾期
    D. 潜伏期
    E. 生殖期

28. 儿科病房收治了11岁的儿童脑炎患者，根据皮亚杰的成长与发展学说，这位患儿的智力发展属于以下哪个阶段
    A. 感觉运动期
    B. 前运思期
    C. 具体运思期
    D. 形式运思期
    E. 反射运动阶段

【A_3/A_4型题】

(29~30题共用题干)

安某，男，55岁，有糖尿病病史十年，今晨因突发脑卒中而急诊入院。患者意识清醒，左侧肢体瘫痪。

29. 下列哪项因素影响了患者基本需要的满足
    A. 生理病理因素
    B. 情绪因素
    C. 环境因素
    D. 社会因素
    E. 文化因素

30. 在住院过程中，亲朋好友前来探视，满足了患者哪一层次的需要
    A. 生理的需要
    B. 安全的需要
    C. 爱与归属的需要
    D. 自尊的需要
    E. 自我实现的需要

(31~32题共用题干)

王某，男，45岁，因车祸胸腹部严重外伤入院。表情痛苦，面色苍白。查体 T 37.3 ℃，P 105次/分，R 28次/分，BP 75/50 mmHg。

31. 患者严重失血，脉搏、呼吸加快，机体的这种代偿属于
    A. 生理适应
    B. 心理适应
    C. 社会适应
    D. 文化适应
    E. 技术适应

32. 按照需要理论，护士应首先为患者满足的需要是
    A. 生理的需要
    B. 安全的需要
    C. 爱与归的需要
    D. 尊重的需要
    E. 自我实现的需要

（33~34题共用题干）

33. 患儿小军，今年5岁，因心肌炎入院，根据皮亚杰的认知发展理论，你认为患儿小军处于哪个发展阶段
    A. 前运思期
    B. 反射运动阶段
    C. 具体运思期
    D. 感知运动阶段
    E. 形式运思期

34. 以下护理措施中不正确的一项是
    A. 通过游戏等方式与小军进行沟通
    B. 多鼓励和表扬小军的主动行为
    C. 从儿童角度出发满足小军的需求
    D. 阐明事情经过，鼓励小军做出合理选择
    E. 倾听他的真实感受，耐心回答他的问题

（35~36题共用题干）

患者，女，40岁，胸腹部严重外伤入院。面色苍白，神情恐惧，痛苦面容，口中始终念叨"大夫，我要死了。"查体：T 37.5 ℃，P 103次/分，R 27次/分，BP 75/50 mmHg，患者严重失血，脉搏、呼吸加快。

35. 机体的这种代偿属于
    A. 心理适应
    B. 技术适应
    C. 生理适应
    D. 社会适应
    E. 文化适应

36. 患者现在所承受的压力源的性质是
    A. 精神性压力源
    B. 文化性压力源
    C. 社会性压力源
    D. 躯体性压力源
    E. 心理性压力源

二、思考题

1. 需要的特征有哪些？

2. 马斯洛认为人类基本需要层次有哪些？

3. 简述医院内患者常见的压力源有哪些，护士应怎样协助患者应对压力？

4. 弗洛伊德的性心理发展学说三大理论要点是什么？人格发展学说各阶段有哪些特点？如何引导个体人格发展？

5. 李女士，32岁，公司职员，平日工作较繁忙，儿子刚上小学。五天前洗澡受凉后，出现寒战，体温高达40 ℃，伴咳嗽、咳痰，痰量不多，为白色黏痰。无胸痛，无痰中带血，无咽痛及关节痛。门诊给双黄连及退热止咳药后，体温仍高，在38~40 ℃之间波动。病后睡眠差，大小便正常，体重无变化。门诊以"肺炎"收住院。
（1）根据需要层次理论分析李女士的需要。
（2）护理人员应该首先满足李女士哪方面的需要？

6. 谢某，男，32岁，某外企公司市场营销部经理。因上班路上意外车祸致下肢开放性骨折而急诊入院。查体：BP 70/40 mmHg，HR 120次/分，脉搏细弱，表情淡漠、四肢厥冷，躁动不安，立即进行输血、输液等抗休克治疗。
（1）此时患者有哪些基本需要？
（2）护士应如何满足患者的基本需要？

7. 王某，女，46岁，乳腺癌，拟行乳腺癌根治术，患者对疾病一无所知。
（1）什么是治疗性沟通？
（2）护士应如何与该患者进行第一次治疗性沟通？

8. 孙先生,男,76岁,大专文化程度,因冠心病入院治疗。该患者曾因老年退行性神经病变而导致耳聋。

(1) 对孙先生而言,影响沟通的主要因素有哪些?

(2) 护士向孙先生介绍病房环境及疾病相关知识时,应如何进行有效的沟通?

(刘玉华 孙丹丹)

单元三 认知护理学理论

第四章 护理学理论

思政之光

案例 4-1

患者，男，55岁，小学文化，慢性肾炎十余年，有厌食、恶心、疲乏、全身瘙痒近1个月，皮肤可见抓痕，瘙痒严重时可影响休息睡眠。其血清尿素氮81.5 mmol/L，血清肌酐1025.2 μmol/L，血红蛋白67 g/L，血压160/100 mmHg，入院诊断为：尿毒症。患者每周行3次血液透析，透析穿刺时均感疼痛，透析期间需要他人照顾，但家人均不在身边，之后因经费太高，患者强烈要求更换成每周2次透析。期间服用降压药、铁剂，皮下注射益比奥。患者血液透析数次后便要求出院返乡务工。

思考：
1. 患者无法自我照顾，说明出现自理能力缺陷，应如何提供护理系统帮助？
2. 患者受疾病和经济双重刺激，其效应如何？
3. 该患者哪一道防线遭受破坏？需要采取哪些护理措施帮助机体恢复完整统一？
4. 请讨论在该案例中，护士可以发挥哪些角色功能以帮助患者？

学习内容

第一节　奥瑞姆自理模式理论
第二节　罗伊的适应模式理论
第三节　纽曼健康系统模式理论
第四节　佩普劳人际关系模式理论

学习目标

1. 掌握奥瑞姆自理缺陷结构和护理系统结构、罗伊适应模式的控制过程及效应器、纽曼保健系统模式的机体防御、佩普劳人际关系4个时期。

2. 熟悉奥瑞姆自理结构、罗伊适应模式的输入、纽曼保健系统模式的压力源、佩普劳人际关系模式的护士角色。

3. 了解自理模式、适应模式、健康系统模式及人际关系模式的意义及应用。

第四章 护理学理论

任务目标

1. 能判断患者的自理能力，有针对性地提供护理帮助。
2. 认识常见的刺激源，能判断机体做出的反应是否适应有效。
3. 能运用纽曼健康系统模式，为患者选择正确的预防保健护理。
4. 学会运用佩普劳的人际关系模式正确处理护患关系。
5. 培养爱伤观念和以人的健康为中心护理理念，树立全心全意为病患服务的价值观。
6. 以护理学家为榜样，培养爱岗敬业职业态度和救死扶伤的职业荣誉感。

思维导图

下载资源：
思维导图解析

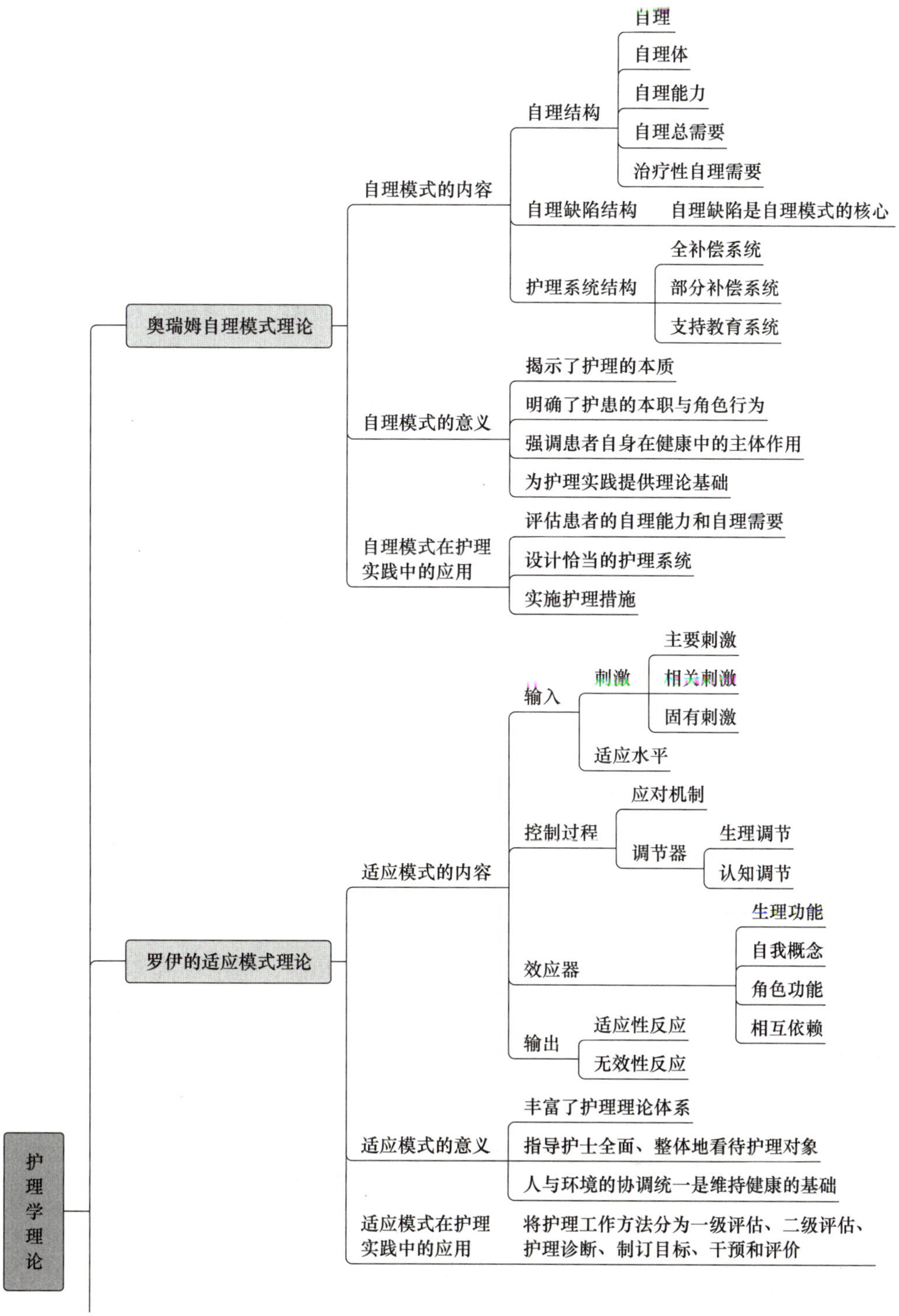

护理学理论
├─ 奥瑞姆自理模式理论
│ ├─ 自理模式的内容
│ │ ├─ 自理结构
│ │ │ ├─ 自理
│ │ │ ├─ 自理体
│ │ │ ├─ 自理能力
│ │ │ ├─ 自理总需要
│ │ │ └─ 治疗性自理需要
│ │ ├─ 自理缺陷结构——自理缺陷是自理模式的核心
│ │ └─ 护理系统结构
│ │   ├─ 全补偿系统
│ │   ├─ 部分补偿系统
│ │   └─ 支持教育系统
│ ├─ 自理模式的意义
│ │ ├─ 揭示了护理的本质
│ │ ├─ 明确了护患的本职与角色行为
│ │ ├─ 强调患者自身在健康中的主体作用
│ │ └─ 为护理实践提供理论基础
│ └─ 自理模式在护理实践中的应用
│   ├─ 评估患者的自理能力和自理需要
│   ├─ 设计恰当的护理系统
│   └─ 实施护理措施
└─ 罗伊的适应模式理论
   ├─ 适应模式的内容
   │ ├─ 输入
   │ │ ├─ 刺激
   │ │ │ ├─ 主要刺激
   │ │ │ ├─ 相关刺激
   │ │ │ └─ 固有刺激
   │ │ └─ 适应水平
   │ ├─ 控制过程
   │ │ ├─ 应对机制
   │ │ └─ 调节器
   │ │   ├─ 生理调节
   │ │   └─ 认知调节
   │ ├─ 效应器
   │ │ ├─ 生理功能
   │ │ ├─ 自我概念
   │ │ ├─ 角色功能
   │ │ └─ 相互依赖
   │ └─ 输出
   │   ├─ 适应性反应
   │   └─ 无效性反应
   ├─ 适应模式的意义
   │ ├─ 丰富了护理理论体系
   │ ├─ 指导护士全面、整体地看待护理对象
   │ └─ 人与环境的协调统一是维持健康的基础
   └─ 适应模式在护理实践中的应用——将护理工作方法分为一级评估、二级评估、护理诊断、制订目标、干预和评价

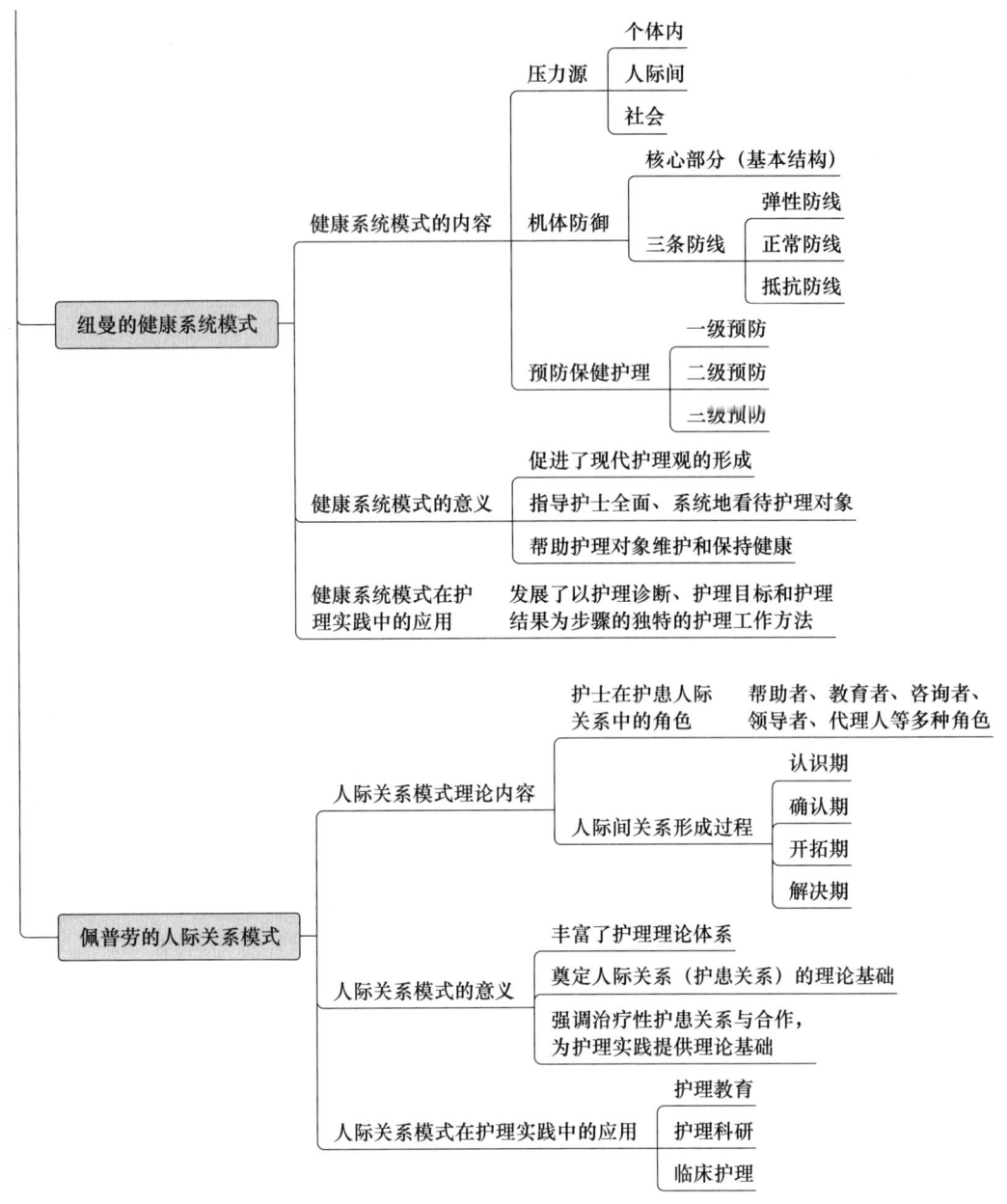

护理学理论（nursing theory）是对护理学科系统的理性认识，以护理理念和模式为基础，并借鉴其他学科的理论原理及原则，由护理人员和护理专家在长期实践中所形成的护理专业知识成果。它清楚地阐明了护理现象及其之间的联系，是客观事物本质及其规律性的正确反应。毛主席曾说过："真正的理论在世界上只有一种，就是从客观实际总结出来，又在客观实际中得到了证明的理论。"所以，学习护理学理论，要从护理实践出发，理论联系实际，才能洞悉真理，有所收获。随着护理学科的不断发展，护理学理论也得到了完善和丰富。本章主要介绍奥瑞姆的自理模式、罗伊的适应模式、纽曼的健康系统模式及佩普劳的人际关系模式理论。

第一节 奥瑞姆自理模式理论

多萝西娅·奥瑞姆（Dorodthea E. Orem）是美国当代著名护理理论家，她思考"一个人在什么情况下需要接受护理照顾"，由此而提出"自理模式理论"。该模式主要阐述什么是自理、自理需求、服务对象在什么情况下需要得到护理照护、如何帮助服务对象重建自理能力等，并强调护理的最终目标是恢复和增强患者的自我护理能力。

> **知识链接**
>
> 奥瑞姆1914年生于美国的马里兰，1932年完成初级护理教育获得大专学位，又先后于1939年和1945年分别获得美国天主教大学的护理学学士、教育学硕士学位。1976年获得乔治城大学的荣誉博士学位。奥瑞姆曾任临床护士、护士长、带实习教师、护理部主任、护理教育咨询专家、护理研究者等；1957年受聘于国家卫生教育福利部教育司，主管临床护士的培训工作。自理模式理论最初是奥瑞姆于1959年提出的，1971年发表其代表作《护理：实践的概念》，她在这本书中，系统地阐述了自理模式理论的内容，为后人留下了丰厚的护理理论财富。

一、奥瑞姆自理模式理论内容

奥瑞姆自理模式包括三个部分的理论结构：自理结构、自理缺陷结构和护理系统结构。

（一）自理结构

1. 自理（自我护理） 即自我照顾、自我护理，是个体为了维持自身的结构完整和功能正常，维持生长发育的需要，所采取的一系列自发性调节活动。自理是连续的、有意识的活动，完成自理活动需要智慧、经验和他人的指导与帮助。自理是人类的本能，绝大多数人都能进行自理活动，但是婴幼儿、老人或患者等则需要不同程度的帮助才能完成自理活动。

2. 自理体（自理主体） 指能完成自理活动的人。人是一个有自理能力的自理体，一般情况下，成人的自理体为自己；而儿童、患者、残疾人等，其自理体部分为自己，部分为健康服务者或其他人。

3. 自理能力（自护能力） 个体完成自理活动或自我照顾的能力称为自理能力，是个体为了满足个人需要而采取的行动。人类可以通过学习获得自理能力，也可以在成长中发展自理能力，所以自理能力受到年龄、生活经历、健康状况、社会文化背景、宗教信仰等因素的影响。

奥瑞姆认为自理能力包括以下10个主要方面：①重视和警惕健康危害因素的能力；②控制和利用体能的能力；③适当调整体位的能力；④认识疾病和预防复发的能力；⑤正确对待疾病的态度；⑥对健康问题的判断能力；⑦学习和运用疾病治疗和康复相关知识和技能的能力；⑧与医务人员有效沟通并配合治疗的能力；⑨安排自我照顾行为的能力；⑩寻求恰当社会支持和帮助的能力。

4. 自理总需要（自护需求） 是指在特定时期内，个体自理活动的总称。包括一般性、成长发展和健康偏离性等自理需要。每个人都有自理的需要，护理关心的是个体自我照顾能力在特定时期是否能满足其自理的需要。

（1）一般性的自理需要：称日常生活需要，是所有人在生命周期各个发展阶段都具有的需要，既有生理方面，又有心理方面。是个体为了满足生存的基本需要所进行的一系列活动。如维持足够的空气、水分及食物的摄入；维持良好的排泄功能；保持活动与休息的平衡；独处与社交的平衡；避免危险和有害因素的刺激；促进及提高人类整体功能与发展的需要等。

（2）成长发展性的自理需要：指在生活发展过程中各阶段特定的自理需要以及在某些特殊情况下出现的新需要。如婴幼儿期养成良好进食、排泄习惯的需要；儿童期发展德智体美的需要；防范处理失业、失去亲人等意外事件的需要等。

（3）健康偏离性的自理需要：指在身体不适、受伤、患病时的自理需要，或由于诊断、治疗措施引起改变后的需要。如了解自己病情变化及预后；合理配合诊疗及护理；学习相应的技

视频：
奥瑞姆自理模式理论

能及接受自己病残的事实；重新树立自我形象及自我概念等需要。

5. **治疗性自理需要**　是个人通过正确而有效的途径以满足自己的发展及功能的需要。奥瑞姆把所有满足个体一般性、成长发展性和健康偏离时的自理需要的混合行为需求称为治疗性自理需要。治疗性自理需要是需要进行护理活动时的自理需要，奥瑞姆认为人的自理需要和自护能力受个体的个性特征和生活条件等因素影响。影响自我护理完成的因素有：①年龄；②性别；③生长发育阶段；④健康状况；⑤社会文化背景；⑥健康服务系统；⑦家庭系统；⑧生活方式与行为习惯；⑨环境因素；⑩资源及利用情况。

（二）自理缺陷结构

自理缺陷是奥瑞姆自理模式的核心，主要阐述了个体什么时候需要护理。奥瑞姆认为自理缺陷是指在某一特定的时间内，个体有特定的自理能力及自理需要，当个体的自理能力能够满足治疗性自理需要时，机体处于平衡状态；当个体的自理能力无法满足治疗性自理需要时，平衡被破坏，即出现了自理缺陷，这时，个体为恢复平衡就需要借助外界的力量，即需要护理人员提供照顾和帮助（图4-1）。

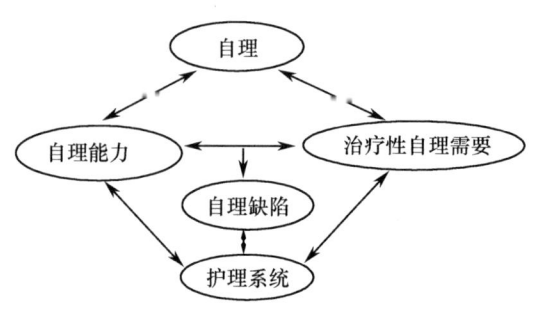

图4-1　奥瑞姆自理理论模式

（三）护理系统结构

奥瑞姆认为护士应根据患者的自理需要和自理能力的不同而分别采取三种不同的护理系统（图4-2），并且指出各护理系统的适用范围及护士和患者在各系统中所承担的职责。

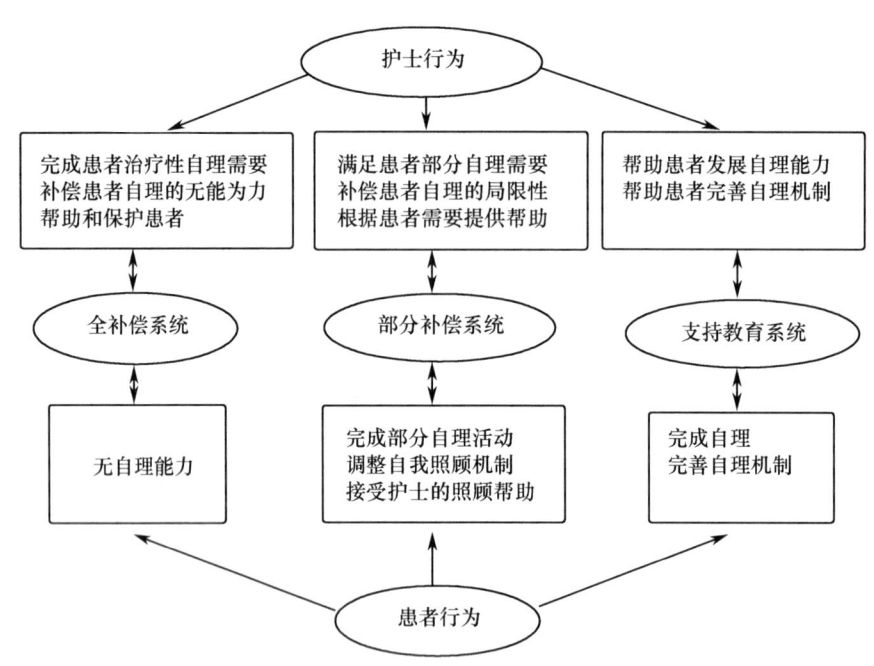

图4-2　奥瑞姆护理系统结构

1. **全补偿系统**　患者没有自理能力，需要护士进行全面帮助，以满足其氧气、水、营养、排泄、个人卫生、活动和感官刺激等各方面的需要及治疗性自理需要。适用于意识不清、颅脑损伤或无活动能力者，如昏迷患者、智能低下、精神疾病患者、截瘫、危重患者等。

2. **部分补偿系统**　患者能完成大部分自理活动，但某些方面还缺乏自理能力，需护士提供不同程度的帮助以满足自理需要，由护士和患者共同承担患者的自理活动。适用于手术后患者,如协助其进食、如厕、活动;疾病或医嘱限制活动患者,如骨折患者协助其翻身活动;缺乏自理知识、技术或心理准备患者,如直肠癌术后协助患者进行人工肛门的自护。

3. **支持教育系统** 患者有自护能力,但缺乏自理有关的知识和技术,必须在护士的帮助下学习一些自理的正确知识和方法,才能较好地完成自理活动。护士应提供心理上的支持、技术上的指导及合适的环境,使患者克服自理缺陷提高自理能力。适用于疾病康复期的患者,如糖尿病患者重视血糖监测并学习如何进行胰岛素自我注射、高血压患者规范掌握血压测量和健康饮食自理方法等。

针对采用何种护理系统,应根据患者的自理能力和治疗性自理需求而定。同一患者不同病情阶段可以采用不同的护理系统。如手术患者术后麻醉未清醒时可采用完全补偿系统,清醒后术后恢复期可采用部分补偿系统,出院前则采用支持教育系统。

二、自理模式的意义

(一)揭示了护理的本质

奥瑞姆对人、健康、环境和护理四个基本概念的论述,体现了护理哲理与整体护理的思想。

1. **人** 人是一个具有生理、心理、社会及不同自理能力的整体,这种能力不是天性,而是通过学习经验得到的。自理能力的培养不但能调动人的主观能动性,而且是尊重人的尊严、尊重患者权利的体现。

2. **健康** 健康的躯体以及良好的心理、人际关系、社会适应是人体健康不可缺少的组成部分。健康是一种最大限度的自理,自理对维持健康是必需的,当人不能维持自理时,疾病便出现了。

3. **环境** 环境是存在于人周围并影响人的自理能力的所有因素。人与环境组成统一的系统,人会利用不同的方法去控制或改变环境,以满足自己的需要或适应环境。

4. **护理** 护理是克服和预防自理缺陷发生、发展并为有自理缺陷的人提供治疗性自理的活动。护理是一种服务,一种助人的方式。护理活动应根据患者的自理需要和自理能力缺陷程度而定,护理重点是帮助患者获得自理的能力。

(二)明确了护患的本职与角色行为

奥瑞姆认为,运用何种护理系统对患者实施何种护理,主要取决于患者的自理能力的大小、自理缺陷的情况、自理需求的多少。一方面,护士应在其现有能力的基础上补偿自理的不足,帮助患者克服自理的局限性,恢复和提高其自理能力。另一方面,患者也有责任提高自理能力和主体作用。护士要善于调动患者的自护潜能,引导患者和家属积极参与护理,增进护患合作,增强患者的主动性和战胜疾病的信心。由此看,奥瑞姆的自理理论明确了护士的职责范围和患者的角色与行为。

(三)强调患者自身在健康中的主体作用

患者对自身健康赋予不可推卸的责任,护理人员虽有职责要为其自理缺陷提供各种护理帮助,积极调动患者主观能动性。但作为维护和恢复健康的主体,患者本身也应该义不容辞地提高自理能力,不能过分依赖家属、亲友、医护人员等照顾者。积极消除自卑、沮丧、焦虑、恐惧等不良情绪,积极配合医疗和护理,维护个人自尊,提高自信心。可充分发挥患者主观能动性,鼓励大胆参与病情的讨论,参与护理方案的制订和实施,以取得事半功倍的康复效果。

(四)为护理实践提供理论基础

奥瑞姆的理论被广泛地应用于护理教育、临床护理、护理管理和护理科研等领域。首先,它对护理教育提出了更高的要求。作为护士,不但要掌握护理技术,更要掌握护理艺术。不仅要具备护理学理论知识,还要具备自然科学、人文科学的理论基础。其次,自理模式极大地拓展了护理临床实践和科研的领域,并为护士从事健康教育提供了依据。

三、自理模式在护理实践中的应用

奥瑞姆的理论及其自理模式被广泛地应用在护理实践中。以奥瑞姆理论为框架的护理工作方法可以分成以下三步:

1. **评估患者的自理能力和自理需要** 护士可通过收集资料确定患者存在哪些方面的自理缺陷,以及引起自理缺陷的原因,评估患者自理能力和自理需要之间的关系,从而决定患者是否需要护理帮助。

2. **设计恰当的护理系统** 根据患者目前的自理需要和自护能力,选择恰当的护理系统,确定预期护理目标,根据患者治疗性自理需求制订详细的护理计划,指导护理工作,以达到帮助患者恢复和促进健康、增进自理能力的目的。

3. **实施护理措施** 根据护理计划提供恰当的护理措施,将实施后的护理效果与目标进行比较,以评价护理结果,从而达到满足患者自理需求,帮助患者恢复和提高自理能力的目的。

第二节 罗伊的适应模式理论

卡利斯塔·罗伊(Callista Roy),美国护理理论家,于20世纪70年代提出适应模式(adaptation model)阐述了人如何适应环境中的刺激,揭示了人类应对压力源时所产生的压力反应和调节适应的过程。

思政之光

> **知识链接**
>
> 卡利斯塔·罗伊于1963年获护理学学士学位,后又获护理学、社会学双硕士学位以及社会学博士学位。曾任临床护士,当过护理专业教师。20世纪70年代提出适应模式,先后出版了论述其适应模式的理论专著:《护理学简介:适应模式》《护理理论架构:适应模式》以及《罗伊的适应模式》等。罗伊一生致力于护理事业,获得过许多荣誉,她的事迹还被《世界妇女名人录》《美国名人录》收录在内。

一、罗伊适应模式理论内容

罗伊的适应模式认为人作为一个适应系统,当内外环境发生改变,所形成的刺激作用到达个体后,机体就会通过生理调节器和认知调节器对刺激做出应对,产生生理需求、自我概念、角色功能、相互依赖四个方面的效应变化,机体最终做出适应性反应或者无效反应。适应模式重点指出护理的作用就是要帮助个体在面对不良刺激时,能不断地从生理和心理两个层面做出调节,以适应内外环境的不断改变,维持个体的完整和健康(图4-3)。

(一)输入

罗伊认为刺激和人的适应水平构成适应系统的输入部分。

1. **刺激** 指来自外界环境和人体内部的,能够引起护理对象某种反应的物质、能量或信息。根据其不同的作用方式,刺激可分为以下三类:主要刺激、相关刺激和固有刺激。

(1)主要刺激:又称焦点刺激,指当时面对的、需要立即应对的刺激。可促使个体立即发生某些显而易见的行为。主要刺激可以引起机体的病理生理改变,如昏迷、外伤;也可引起环境的改变,如入院、转科;或引起关系角色的改变,如生育、失业。

(2)相关刺激:即一些诱因性的刺激,是可以观察到的、可测量到的或由本人所诉说的。

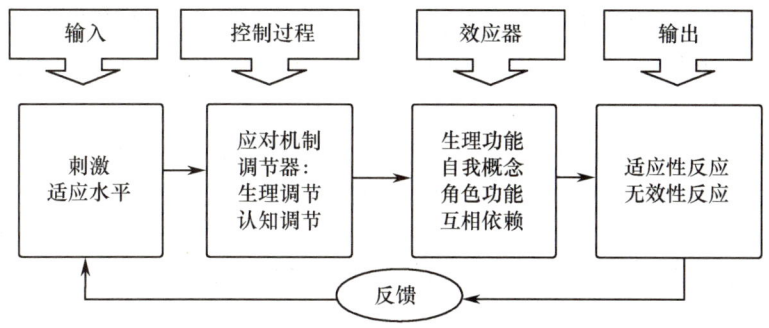

图 4-3 罗伊的适应系统模式

如：年龄、性别、遗传、宗教、文化、精神压力、自我概念等。

（3）固有刺激：指原有的、构成本人特性的刺激，这些刺激可能与当时的情况有一定联系，可能引起机体反应，但不易观察或测量到、也未得到证实。如：人的嗜好、过去经验、性格、态度等。例如一个心肌梗死的患者，当时面临的主要刺激是心肌梗死造成的剧烈持续性胸痛；相关刺激可能是运动量、疼痛阈、天气、饮食、饮酒、情绪变化等；固有刺激如吸烟史、家族遗传史、职业、性格、工作压力等。

2. **适应水平** 是输入的另一部分，是指在一般情况下可实现适应性反应的刺激强度。其水平因人而异，并受应对机制的影响。如果刺激在人的适应区内，则个体可能适应；反之，则个体无法适应。

（二）控制过程

罗伊认为控制过程是个体面对环境的变化，通过应对机制来完成自身系统的调节过程，是人对刺激的应对过程。包括应对机制和调节器。

1. **应对机制** 是指个体对外界或内在环境的刺激，机体内在总的应对过程。

2. **调节器** 可分为生理调节和认知调节两种。

（1）生理调节：由先天获得的，通过神经—化学物质—内分泌途径来进行应答的应对机制。如缺氧时人体的呼吸代偿反馈调节机制、对抗侵入人体细菌的白细胞防御系统。

（2）认知调节：也称心理调节，由后天通过感觉、加工、学习、判断和情感等复杂的过程来进行应答的应对机制。人是一个完整的个体，遇到刺激时，生理和心理调节如协调一致，则维护健康将发挥更强大的作用。

（三）效应器

效应器指经过生理和心理调节后个体的适应活动。适应水平因人而异，并受应对机制的影响而不断改变。生理调节与认知调节将共同作用在以下4个适应层面：

1. **生理功能** 与人的基本适应需要有关的生理性需要，主要作用是保持人体生理功能的完整，包括呼吸、循环、营养、排泄、活动与休息、水与电解质平衡、皮肤完整性等。

2. **自我概念** 是个体在特定时间对自己的情绪、思想、优点及缺点等的全面看法，主要作用是维持人的心理功能完整。自我概念包括躯体自我及人格自我两部分，躯体自我包括躯体感觉及自我形象，人格自我包括自我统一、自我理想及道德—伦理—精神自我。

3. **角色功能** 即个体行使其社会角色的表现，主要作用也是保持个体的社会功能完整。如角色冲突、角色强化、角色缺失等。

4. **相互依赖** 是个体的社交及人际关系方面的能力，主要作用也是保持个体的社会功能完整，如预防分离性焦虑、社交孤独等。

（四）输出

人是一个开放的适应系统，在与环境互动的过程中，对输入的刺激做出相应的反应。输出即人的行为，包括内部和外部行为，这些行为都是可以被观察、测量并记录的，罗伊将输出分为适应性反应和无效性反应。一个人在面对刺激时，到底能不能做出有效的反应，关键取决于刺激的强度和这个人的适应水平。例如，画一条直线作为个人的适应水平，并且在直线上下划两条虚线，则虚线范围内界定为个人的适应范围，当全部的刺激作用于个人的适应范围以内，输出的就会是适应性反应；反言之，当刺激作用于个人的适应范围以外，输出的就只能是无效性反应。当然，个人的适应水平也不是固定不变的，它会随着时间、环境、条件等发生相应的动态变化。所以面对同一刺激，在不同阶段，个人的适应性反应也有可能会不同。

1. **适应性反应** 即人能适应刺激、与环境保持和谐，并维持自我的完整统一，是个体对面临的刺激做出的积极反应，促进了人的完整性和发展性，并使得个体得以生存、成长、繁衍、主宰及自我实现。

2. **无效性反应** 即人不能适应刺激，自我的完整统一受到损害，出现疾病甚至死亡。当个体对面临的刺激做出消极和无效性反应时，就会出现疾病，此时护理目的就是要帮助服务对象，尽快摆脱这种不良反应和状态（图 4-4）。

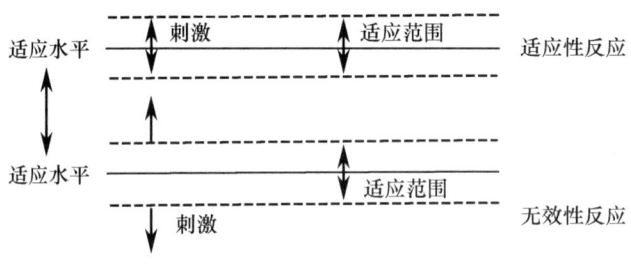

图 4-4 罗伊适应水平示意图

二、适应模式的意义

（一）丰富了护理理论体系

罗伊适应模式的内容涉及对四个基本概念的描述。

1. **人** 罗伊认为人作为护理的接受者，可以是个体，也可以是家庭、群体、社区或社会。人作为一个具有生物、心理和社会属性的有机整体，在与变化的环境之间，始终处于不断发生互动和反应中。人需要适应并保持其完整性。因此，人是一个适应系统。

2. **健康** 罗伊认为健康是人的功能处于动态适应状态。健康是静态和动态的结合，是人达到完整的一种状态和过程。机体作为完整的统一体，一旦失去完整性也就失去健康。所以健康也是适应的一种反应，适应是促进人的生理、心理和社会完整的过程。当人能做出适应性反应时，就能保持健康；当人应对无效时，就会产生疾病。

3. **环境** 罗伊认为环境是"围绕和作用于人或群体发展和行为的所有情况、事件和影响因素"。来自机体内部和周围的刺激构成了环境，这些刺激包括主要刺激、相关刺激和固有刺激，它们不断输入人这个适应系统。

4. **护理** 罗伊认为护理应先明确目标，然后再进行护理活动。

（1）护理目标：是对作用于人的各种刺激加以控制，使个体能够耐受较强的刺激。促进人在四个适应层面上的适应性反应。适应性反应是对健康有利的反应，使人得以生存、成长、繁衍、主宰及自我实现。

（2）护理活动：为了达到增进个体适应性反应的目标，护士可通过采取护理措施控制各种刺激，使个体减少无法承受的伤害；也可以扩展适应范围，使个体能够耐受较大范围的刺激。因此，护理人员应针对疾病情况，辨别各种刺激大小和程度，以便有意识地操控它们，使所有的刺激都落在患者的适应区内，维持和促进患者健康。

（二）指导护士全面、整体地看待护理对象

人在面对刺激时会表现出生理功能、自我概念、角色功能和相互依赖等多方面的反应，护士应收集这四个方面的适应性行为，从而在生理、心理和社会各方面了解患者，更好地实施整体护理。

（三）人与环境的协调统一是维持健康的基础

护理的宗旨是帮助人改善和适应环境，以达到最佳的健康状态。护士应了解护理对象的适应水平及所有的刺激，促进其在生理功能、自我概念、角色行为和相互依赖方面的适应性反应。通过观察和识别所有作用于护理对象的刺激并加以控制，使其落在护理对象的适应范围之内，也可扩大患者的适应范围和适应性反应，恢复和维持其身心健康。

三、适应模式在护理实践中的应用

罗伊根据适应模式发展，将护理的工作方法分为六个步骤，包括一级评估、二级评估、护理诊断、制订目标、干预和评价。

1. **一级评估** 又称行为评估，是指收集与生理功能、自我概念、角色功能和相互依赖四个层面有关的输出性行为，找出无效反应。评估的方法包括观察、会谈、应用仪器设备检查等。通过一级评估，护士可确定患者的行为反应是否存在无效性反应。

2. **二级评估** 又称影响因素评估，是对影响患者行为的三种刺激（主要刺激、相关刺激、固有刺激）因素的评估，帮助护士明确引起患者无效性反应的原因。

3. **护理诊断** 护理诊断是对患者适应状态的陈述或诊断。护士通过一级和二级评估，可明确患者的无效性反应及其原因，进而推断出护理问题或护理诊断，为制订护理目标提供依据。

4. **制订目标** 目标是对患者经护理干预后应达到的行为结果的陈述。制订目标时护士应注意尽可能与患者共同探讨制订，并尊重患者的选择，目标应可观察、可测量和可达到。

5. **干预** 干预是护理措施的制订和落实。罗伊认为护理干预可通过改变或控制各种作用于适应系统的刺激，使其全部作用于个体适应范围内。在处理刺激时，应先处理主要刺激，然后是相关刺激及固有刺激。控制刺激的方式有消除刺激、增强刺激、减弱刺激或改变刺激。干预也可着重于提高患者的应对能力、扩大适应范围，使全部刺激能作用于适应范围以内，以促进适应反应。

6. **评价** 即将干预后患者的行为改变与目标行为进行比较，确定是否实现护理目标，找出未实现的原因，根据评价的结果对护理措施进行修订与调整。

第三节 纽曼健康系统模式理论

健康系统模式由美国护理理论家贝蒂·纽曼（Betty Neuman）提出，主要是围绕压力与系统组织，阐述个体系统与环境之间存在着互动的关系。纽曼在20世纪60年代以后逐步发展并完善了健康系统模式，并广泛用于指导社区护理及临床护理实践。

一、纽曼健康系统模式理论内容

纽曼认为健康系统模式是一个综合的、以开放系统为基础的护理概念性框架，论述了压力源对个体的影响以及个体面对压力时如何防御，并提出了帮助个体应对压力源的干预措施，以发展及维持人最佳的健康状态。其模式包括三部分内容：压力源、机体防御和预防保

视频：
纽曼健康系统模式理论

健护理。

> **知识链接**
>
> 贝蒂·纽曼是美国杰出的护理理论家，精神卫生护理领域的开拓者。她在1947年完成了初级护理教育，又先后获护理学学士、精神卫生硕士及临床心理学博士学位。纽曼曾任临床护士、护士长、私人护士、学校护理人员、心理辅导员及教师。健康系统模式是纽曼在20世纪60年代提出的。1974年纽曼发表了其理论代表作《纽曼系统模式在护理教育与实践中的应用》，这本书较完善地阐述了健康系统模式。健康系统模式被广泛应用于指导社区护理及临床护理实践。

（一）压力源

压力源是指改变系统稳定的所有内外环境因素，是导致个体紧张乃至不稳定的刺激的总称。当压力源突破机体防线后，会引发紧张和导致个体状态发生不稳定。

1. **个体内** 指来自于个体内部与内环境有关的压力，如愤怒、悲伤、自我形象改变、自尊紊乱、疼痛、憋气、失眠等。

2. **人际间** 指来自于两个或多个个体之间的压力，如夫妻关系、上下级关系、护患关系紧张，父母与子女间的角色期望冲突等。

3. **社会** 是指发生于体外、距离比人际间压力更远的压力，如经济状况欠佳、下岗失业、环境陌生、社会医疗保障体系的改变等。压力源是中性的，也就是说承受压力的结果可能是有益的、积极的或有害的、消极的。这取决于压力源的性质及个体应对的能力。

（二）机体防御

纽曼认为人与环境是互动的开放系统，这个系统的结构可以用围绕着一个核心的一系列同心圆来表示，如图4-5。核心部分为基本结构，它是机体能赖以生存的能量源泉，并由各种生物体共有的生存基本要素组合而成。而在基本结构外机体还具有三条防线，由内向外分别为：抵抗防线、正常防线、弹性防线。这三条防线可抵抗压力源的侵扰，维持个体自身系统的稳定和完整。

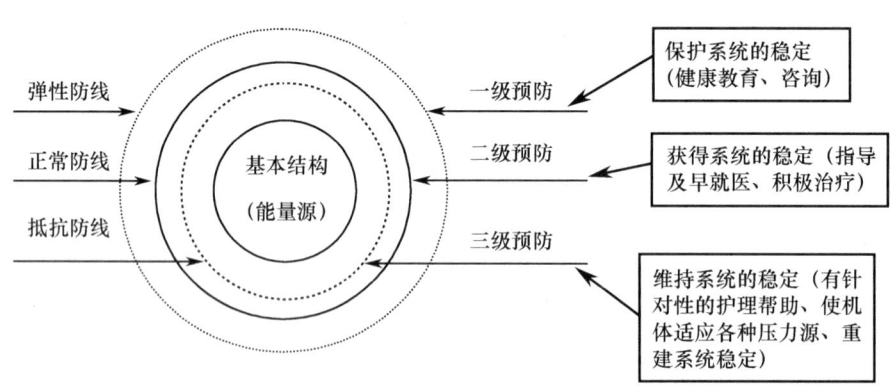

图4-5 机体防御及预防保健示意图

1. **核心部分** 核心部分为基本结构，是机体生存的基本因素和能量源，它由生物体共有的生存基本要素组成，如解剖结构、生理功能、基因类型、反应类型、自我结构、认知能力、体内各系统的优势与劣势等。基本结构和能量源受人的生理、心理、社会文化、精神与发展这5个方面功能状态及其相互作用的影响和制约。当能量源储存大于需求时，个体保持机体的稳定与平衡；当能量源储存小于需求时，个体的稳定和平衡就被打破，进而发生一系列不良反应。

2. 三条防线

（1）弹性防线：弹性防线是机体的第一层防线，为最外层虚线，位于机体正常防线之外，充当机体的缓冲器和滤过器，常常是动态和变化的。弹性防线的主要功能是：防止压力源入侵，缓冲、保护正常防线。当机体受到刺激后，弹性防线可在短期内快速发生变化。一般来说，弹性防线距正常防线越远，弹性防线离核心部分越宽，缓冲、保护作用就越强。弹性防线受个体生长发育、身心健康状况、认知能力、社会文化、精神信仰等因素影响。良好的饮食、睡眠、作息规律、适当运动均可增强其防御效能；而失眠、营养不足、生活欠规律、身心压力过大等有害因素均可削弱其防御效能。

（2）正常防线：正常防线是机体的第二层防线，为弹性防线内层的实线圈，位于弹性防线和抵抗线之间，是防御系统的主体，代表个体平衡状态和适应水平。正常防线是人在其生命历程中建立起来的健康状态或稳定状态，它是个体在生长发育及与环境互动过程中，对环境中压力源不断调整、应对和适应的结果。正常防线的强弱与个体在生理、心理、社会文化、精神与发展等方面对环境中压力源的适应与调节程度有关。正常防线也可伸可缩，但变化速度比弹性防线慢。当健康水平增高时，正常防线扩展；健康状态恶化，正常防线萎缩。当压力源侵犯到正常防线，个体可表现出稳定性降低和产生疾病。

（3）抵抗防线：抵抗防线是机体的第三层防线，位于基本结构外层的虚线圈，是核心的防卫屏障。其主要功能是保护机体基本结构的稳定、完整及正常功能。它由支持基本结构和正常防线的一系列已知和未知因素组成，如免疫功能、遗传特征、生理机制、应对行为等。当压力源入侵到正常防线时，抵抗线被无意识地激活，若抵抗线功能能有效发挥，则可促使个体恢复到正常防线的健康水平。反之，若抵抗线功能失效，则导致个体能量耗竭，甚至死亡。

以上机体防御机制，既有先天的，也有后天习得的，抵抗效能取决于个体心理、生理、社会文化、精神、发展5个变量的相互作用。当个体遇到压力源时，弹性防线被首先激活；若弹性防线抵抗无效，则正常防线被侵犯激活，压力反应随即出现；若正常防线也衰竭无效，此时抵抗防线就被激活，若抵抗有效，个体又恢复健康；抵抗无效，则再出现疾病甚至死亡。三条防线中，弹性防线保护正常防线，抵抗防线保护基本结构。

（三）预防保健护理

纽曼认为护士应根据个体对压力源反应采取不同水平的干预，从控制压力源及增强人体各种防卫系统功能两方面帮助护理对象保持、维持、恢复机体的平衡与稳定，获得最佳的健康状态。护理措施由三级预防保健护理完成：既可应用于不同的护理对象，也可用于同一护理对象对压力源反应的不同时期（图4-5）。

1. 一级预防 是为保护系统的稳定，当怀疑或发现压力源确实存在，而压力反应尚未发生时所采取的预防措施。一级预防目的是防止压力源侵入弹性防线，保持机体系统的稳定，促进及维护个体的健康。主要措施可采取减少或避免与压力源接触，巩固弹性防线和正常防线的干预。如对健康人群进行健康教育、做好灾害性事件防范和心理干预，可提高预防疾病的发生。

2. 二级预防 是为获得系统的稳定，当压力源穿过正常防线，个体表现出压力反应所采取的治疗措施。此时压力源已侵入正常防线，系统的动态平衡被破坏，机体出现症状或体征。二级预防目的是减轻和消除反应、恢复个体稳定性并促使其恢复到健康状态。主要措施是为增强抵抗防线进行的干预，如早发现疾病，及时进行治疗。

3. 三级预防 是为维持系统的稳定，当经过积极有效治疗后机体达到基本稳定状态时所采取的护理措施。三级预防目的是进一步维持系统稳定、减少后遗症，防止复发。主要措施是帮助护理对象彻底康复及重建功能，加强护理措施来进行干预。如对患者正确地进行出院指导、病后随访观察等。

二、健康系统模式的意义

(一) 促进了现代护理观的形成

纽曼健康系统模式对护理学四个基本概念的解释：

1. **人** 人是一个多维的、整体的开放系统，包括生理、心理、社会文化、精神信仰、生长发育五个层面。这5个层面的变量彼此关联，相互影响，并与环境中的压力源持续互动。人不仅包括狭义的个体，还包括广义的家庭、团体和社区。

2. **环境** 环境是任何特定时间内影响个体和受个体影响的所有内外因素。包括内部、外部及人际间的压力源。个体在不断适应内、外环境刺激的过程中，不断创造、改造环境，使环境更利于人的健康。

3. **健康** 健康就如一种"活能量"，当机体产生和储存的能量多于消耗时，个体的完整性、稳定性增强，保持健康；而当能量产生与存储不能满足机体所需时，个体的完整性、稳定性减弱，健康渐逝，机体生病并逐渐走向衰竭、死亡。

4. **护理** 护理是通过有目的的干预减少影响健康的压力因素，帮助系统减少压力源和减轻压力反应，从而维持及恢复系统的平衡与稳定，最大限度地保持护理对象平衡、满足及和谐的健康状态。

(二) 指导护士全面、系统地看待护理对象

机体具有三种防线抵抗有害压力源的干扰，维持自身系统的稳定和完整。护士应通过生理、心理、社会文化、生长发育和精神信仰等五个层面了解、收集资料，要用系统的观点看待护理对象，根据压力源对机体的影响程度进行排序，并制订出相应的预防措施，更好地实施整体护理。

(三) 帮助护理对象维护和保持健康

护士应根据个体对压力源的反应采取不同的"三级预防保健护理"干预。护理的最终目标不仅是维持和促进个体高水平的健康，更重要的是面向家庭、面向社区，最终提高整个人类社会的健康水平。

三、健康系统模式在护理实践中的应用

纽曼发展了以护理诊断、护理目标和护理结果为步骤的独特的护理工作方法，反映了系统论思想，认为系统进程和护理措施都是有目的的、有方向的。

1. **护理诊断** 护士首先需要对个体的基本结构、各防线的特征以及各种压力源进行评估。然后再收集并分析个体对压力源的反应及其相互作用等资料，最后就其中的健康问题作出诊断并排出优先顺序。

2. **护理目标** 护士以保存能量，恢复、维持和促进个体稳定性为护理原则，与患者及家属一起，共同制订护理干预措施并设计预期护理结果。纽曼强调应用一级、二级、三级预防原则来规划和组织护理活动。

3. **护理结果** 是护士对干预效果进行评价并验证干预有效性的过程。评价内容包括个体内、外及人际间因素是否发生了变化，压力源本质及优先顺序是否改变，机体防御功能是否有所增强，压力反应症状是否得以缓解等。

第四节 佩普劳人际关系模式理论

希尔德吉德·E.佩普劳（Hildegard E. Peplau），美国著名的护理学家，1952年出版了《护

理人际关系》一书，提出人际关系模式，阐述了人际关系形成过程的各个时期在护理情境中的作用，以及用这一过程来研究护理的一些方法。她强调患者或护理对象与护士之间的关系是在护理过程中形成的，重点是护患人际关系的形成与终止过程。

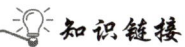

> 知识链接
>
> 佩普劳（1909—1999年），注册护士、博士、美国科学院护理院士、护理理论家，被称为"精神科护理之母"。1931年毕业于宾夕法尼亚州波茨敦护理学院，之后在波茨敦医院手术室工作。1943年在佛蒙特州本宁顿学院获得人际心理学学士学位。她先后取得哥伦比亚大学师范学院精神科护理学硕士和博士学位。曾担任美国护士协会执行主任和主席、国际护士会（ICN）董事会的执行董事。1997年在仁川被授予护士的最高荣誉克里斯帝安妮奖。1996年被美国护理学院评为"活着的传奇"，1998年荣誉登上安娜名人堂。她被评为"50个伟大的美国人之一"。佩普劳于1999年3月17日去世，享年90岁，她的名字成为护理人际关系的代名词，她的护理理念和对人际关系的论述，对后世产生了深远的影响，为护理事业做出了卓越贡献。

一、佩普劳人际关系模式内容

（一）护士在护患人际关系中的角色

佩普劳认为护患关系在整个护理过程中起关键性作用，是护士与患者为了患者的健康这一共同目标互相理解并共同努力解决患者健康问题的人际关系。佩普劳认为护士在护理过程中应对患者承担帮助者、教育者、咨询者、领导者、代理者等多种角色，以达到维护和促进患者健康的目的。如表4-1：

表4-1 佩普劳护士角色功能

护士角色	角色功能
教育者	提供患者所需的或者有兴趣了解的疾病相关知识
咨询者	提供特定需要的信息，增加对问题或新形势的认识
辅导者	有助于理解和整理目前的状况，提供指导与鼓励
代理者	有助于代表患者行为，使之能够依赖和依存
责任人	在双方均满意的方式下承担治疗目标的最大责任
陌生人	在平等条件下接待病患，初步建立护患间的信任
其他角色	如技术专家、管理者、观察者、研究者、安全维护者等

（二）人际间关系形成过程

佩普劳将人际间关系（护患关系）的发展分为4个连续的时期，如图4-6。各期的持续时间不同，护士在不同阶段所扮演的角色也是不同的。

1. **认识期** 护士和患者互相认识的阶段，是了解问题的时期。此期患者有寻求专业性帮助的需要，护士通过收集患者资料增进双方了解。

护患初次见面，患者感到陌生，不知所措。护士应帮助患者认识所发生的问题，在关心、尊重患者及与家属共同合作的基础上，收集资料、分析情况，认识、澄清和明确问题所在。通过相互了解，达成共识，共同制订护理目标及满足需要或解决问题的措施。如刚入院患者，护士应做好自我介绍、病区环境和规章制度的介绍，告知其当前病情状况和解释正在进行的医疗护理措施，以建立初期的护患关系，帮助患者认识自己的基本问题。

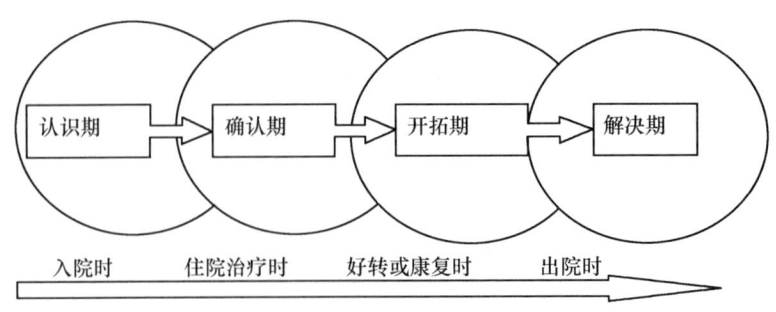

图 4-6　护患关系发展各阶段关系

2. 确认期　确认期是确定给予适当专业性帮助的时期。此期患者对护士做出选择性反应，并表达其对健康问题的认识。有 3 种情况：①独立自主，不依赖护士；②与护士分担、相互依赖；③被动地完全依赖护士。要求护患双方给予更多的理解，紧密治疗性关系，才有利于患者通过适当调整，产生归属感，乐于接受帮助，从而做出适当的选择。如高血压患者，经过护士的帮助、耐心解释及专业指导，从不重视病情、不配合用药，到能配合护理措施，坚持用药、控制饮食、适当锻炼、合理休息等，增强了战胜疾病的信心。

3. 开拓期　患者从护理过程中获益，健康逐渐恢复。患者显示出主动性的适当行为、对自我照顾发生兴趣，参与自我照顾，通过自我决定，建立自我责任感，向着自信和独立调整。但此期患者易出现依赖与独立的冲突，护士应发挥佩普劳所提的教育者、咨询者、代言人、领导者等角色作用，针对患者个体实际情况，提供健康教育信息、治疗护理方案等，鼓励患者合作性的积极参与，共同实施护理措施，以满足患者的需要。如糖尿病患者，病情稳定后开始自发通过医学录像、宣传报、知识讲座等学习方式了解糖尿病相关护理知识，并向护士探讨相关内容。

4. 解决期　此期患者在护患共同努力下需要得到满足，躯体基本康复，心理情绪良好稳定，具备独立处理问题能力，护患的治疗性关系结束。此期护患需要进一步共同发现新问题，制订新目标，解决新问题，最终使患者朝着富有创造性、建设性、生产性、自身性及适应于社区生存的方向发展。在人际间关系形成整个过程中，这些阶段之间可能出现部分重叠和互相关联，特别是在确认期。

二、佩普劳人际关系模式的意义

（一）丰富了护理理论体系

1. 人　人是生活在不稳定平衡中的一个有机体，即人是生理、心理、社会都处于动态变化的有机体。人具有生理的、生化的和人际关系的特征和需要。生命是维持稳定平衡的过程，但一个固定的恒定状态是永远达不到的，除非死亡。所以人以自己的方式采取各种应对方式，努力减轻压力和满足需要。

2. 健康　健康是人格和人类发展过程中，为使人的各种生理和心理的需求得到满足，朝着富有创造性、建设性、价值性及适应于社会生存的方向发展的各种活动。因而健康要求各种生理和人格的需要得到满足，这样人才能充分发挥其能力。

3. 环境　与人相互作用的重要因素，包括文化、家庭、道德等。机体外存在的一些力量，并且存在于文化背景之中，如工作环境、习惯和信仰等。在一般情况下，环境在人与人之间发生作用，影响健康。因此，佩普劳强调护理住院患者时，护士应考虑到每个患者不同的文化背景。

4. 护理　是帮助人们满足现有需要的、建立重要的、治疗性的人际间关系的过程。护理是具有治疗性质的一种帮助患者或需要健康服务的个体的艺术，护士与患者之间的关系是治疗性过程的关键。护士的人格类型以及教育背景对治疗性人际关系有直接影响。护理也是一种重要的、有治疗意义的人际间过程，护士在这种人际间过程中帮助患者。护理对涉及人际间活动的双方都是一种学习的经历，双方的互相尊重和互相作用使双方最后都得到学习和成长。

（二）奠定人际关系（护患关系）的理论基础

佩普劳关于人际关系（护患关系）理论及精神科护理的理论影响深远，很多护患关系的理论描述均根据她的理论概念而发展。如：海斯提出的焦虑相关理论；斯普林和特克研究发展的行为量表；梅塞温和斯科洛尔德总结的一套评价言语应答工具；拉莫尼卡设计的测量同情工具；苏扎尼勒果对佩普劳的理论模式的意义及护患关系等方面进行的充分讨论。此外，很多文献中有关一对一护患关系的描述等。佩普劳通过研究来评价和证实人际关系理论，并由此完善该理论，对人际关系尤其护患关系的发展做出了显著的贡献。

（三）强调治疗性护患关系与合作，为护理实践提供理论基础

由于佩普劳模式的4个时期是连续的、有顺序的，其目的是为患者解决问题、满足患者需要，因而与护理程序有很多相似之处，如表4-2所示。但佩普劳模式缺乏护理诊断，没有强调评价。在整个过程中强调建立一个强有力的治疗性护患关系，启发患者主动性以满足患者的需要。

表 4-2 护理程序与佩普劳分期的比较

护理程序		佩普劳分期	
步骤	主要内容	分期	主要内容
评估	护士主动收集资料加以分析	认识期	护患初次见面，护士帮助患者识别、理解问题
诊断	经过分析，做出总结性陈述	确认期	确定共同目标，患者有归属感，患者主动地、选择性地对能满足其需要的人做出反应
计划	与患者共同制订护理目标及措施		
实施	为达到目标，执行护理措施，可由患者自己、家属或医护、卫生保健人员完成	开拓期	共同利用资源、共同实施措施，满足需要或解决问题，患者是主动的
评价	在共同建立的最终期望行为的基础上进行评价，以此结束或更新修订计划	解决期	在其他各期成功地完成后结束

三、人际关系模式在护理实践中的应用

佩普劳理论模式的核心思想是人际间关系，其基本理论是互动。她的人际关系模式主要用于精神科患者的护理，所包含的概念简明，用字精练，容易被接受和理解。由于其概念所涵盖的范围较广泛，也可用于许多不同的护理领域。

（一）护理教育

佩普劳理论模式的对护理教育具有较为深远的影响。20世纪50年代，佩普劳的理论模式就已经被设计出版。《护理人际关系》一书已经成为护理研究生和护理专业学生的工具书。佩普劳的理论思想，特别是她有关护理、护理程序、焦虑、学习、精神心理治疗方法等观点，已经成为护理学科共同文化的一部分。

（二）护理科研

佩普劳的理论模式提出，促进护理研究开始转向于对社会系统内部的研究，由此更广泛地检验了护理工作中的各种关系。该理论模式形成40多年来，为大量的护理科研提供了基本方法，至今仍继续适用于护理研究。

（三）临床护理

佩普劳理论以"一种新思维，一种新方法，一种以理论为基础的，并指导护理实践的、有利于患者的治疗性工作"等特点被临床工作者所广泛应用，为临床护理进展开辟了新方向。在处理个体精神心理问题、建立治疗性人际关系及个案护理中强调护患相互作用等方面显出其重要性。总之，佩普劳人际关系模式的提出，为护理临床实践、理论和研究做出了显著的贡献，奠定了护理学人际关系知识体系的基础。

目标检测

下载资源：
目标检测参考答案

一、选择题

【A_1/A_2 型题】

1. 奥瑞姆认为，运用何种护理系统对患者实施何种护理，主要取决于
   A. 患者的自理能力和自理需求
   B. 患者病情的发展与转归
   C. 医生医疗方案的制订和实施
   D. 护理人员护理诊断的内容
   E. 是否存在社会和家庭支持系统

2. 以下哪个内容不属于奥瑞姆提出的自理模式理论内容
   A. 自理能力
   B. 自理缺陷
   C. 护理系统
   D. 治疗性自理需求
   E. 成长与发展

3. 对奥瑞姆关于自理理论的阐述理解错误的是
   A. 自理能力是人类的本能，每个人都有自理的需要
   B. 护士根据患者自理能力高低提供护理照顾
   C. 自理能力具有稳定性、不受其他因素的影响
   D. 人类可通过学习发展自理能力
   E. 自理是连续的、有意识的活动

4. 择期手术患者入院时和出院前可采用哪种护理系统
   A. 部分补偿系统
   B. 支持教育系统
   C. 完全补偿系统
   D. 自理系统
   E. 开放系统

5. 患者对自身的健康负有不可推卸的责任，不应该
   A. 过分依赖家属、亲友、医护人员等照顾者
   B. 消除自卑、沮丧、焦虑、恐惧等不良情绪
   C. 积极配合医生的治疗和护士的护理
   D. 维护个人自尊，提高自信心，做力所能及的事情
   E. 义不容辞地提高自理能力

6. 奥瑞姆自理模式与人、环境、健康、护理之间的关联有误的是
   A. 自理能力的培养能调动人的主观能动性
   B. 健康是一种最大限度的自理
   C. 护理是预防自理缺陷的发生、发展
   D. 护理是为有自理缺陷的人提供帮助
   E. 自理能力与生俱来，不需后天学习

7. "人的嗜好、过去经验、性格、态度等"不易被观察或测量到，下列哪项属于罗伊认为的刺激
   A. 主要刺激
   B. 相关刺激
   C. 固有刺激
   D. 外部刺激
   E. 内部刺激

8. 罗伊认为控制过程是个体面对环境变化刺激的应对过程，通过下列哪项内容完成
   A. 应对机制和调节器

B. 适应水平和效应器
C. 生理功能和自我概念
D. 应对机制和效应器
E. 输入和输出

9. 下列哪项属于罗伊适应模式中的一级评估
   A. 因素评估
   B. 护理评估
   C. 健康评估
   D. 目标评估
   E. 行为评估

10. 二级评估是对影响患者行为的三种刺激的评估，帮助护士明确引起患者无效性反应的原因，在罗伊适应模式中也叫
    A. 影响因素评估
    B. 护理评估
    C. 健康评估
    D. 目标评估
    E. 行为评估

11. 关于正常防线的知识，下列哪项阐述是错误的
    A. 当健康水平增高时，正常防线扩展
    B. 有伸缩性，但是变化速度相对较慢
    C. 位于弹性防线和抵抗线之间，是防御系统的主体
    D. 当压力源侵犯正常防线，个体稳定性会降低
    E. 机体的第二层防线，为弹性防线外层的虚线圈

12. 通过效应器调节后的个体适应活动将共同作用在4个适应层面，下列哪项不属于这些适应层面
    A. 生理功能
    B. 自我概念
    C. 心理反应
    D. 互相依赖
    E. 角色功能

13. "健康系统模式"由下列哪位专家提出的
    A. 佩普劳

B. 马斯洛
C. 奥瑞姆
D. 纽曼
E. 罗伊

14. 以下哪项不属于人际间的压力源
    A. 夫妻关系不和睦
    B. 上下级关系紧张
    C. 护患关系不和谐
    C. 父母与子女间的角色期望冲突
    E. 下岗失业

15. 以下哪项是纽曼认为的机体能量源
    A. 弹性防线
    B. 正常防线
    C. 抵抗防线
    D. 基本结构
    E. 压力源

16. 纽曼认为当压力源侵犯到哪一层面时，个体可表现出稳定性降低和产生疾病
    A. 弹性防线
    B. 正常防线
    C. 抵抗防线
    D. 基本结构
    E. 压力源

17. 纽曼认为当哪一层面功能失效后，可导致个体能量耗竭，甚至死亡
    A. 弹性防线
    B. 正常防线
    C. 抵抗防线
    D. 基本结构
    E. 压力源

18. 纽曼的健康系统模式认为护士对患者实施健康教育属于下列哪级预防
    A. 初级预防
    B. 一级预防
    C. 二级预防
    D. 三级预防
    E. 四级预防

19. 患者，男，33岁，右前臂二度烫伤，佩普劳认为护士在护理该患者的过程中应对患者承担多种角色，但不包括
    A. 帮助者
    B. 教育者

C. 咨询者
D. 领导者
E. 替代者

20. 患者，女，20岁，左下肢胫骨骨折，从护理过程中获益，健康逐渐恢复，但易出现依赖与独立的冲突，此期属于佩普劳人际间关系的哪个时期
    A. 认识期
    B. 开拓期
    C. 解决期
    D. 确认期
    E. 康复期

【A_3/A_4 型题】

（21~22题共用题干）

患者，男性，38岁，因急性阑尾炎而收治入院，经阑尾切除术后转入病房进一步治疗。

21. 该患者术后适宜采取哪种护理系统
    A. 全补偿护理系统
    B. 部分补偿护理系统
    C. 支持教育护理系统
    D. 健康支持护理系统
    E. 社会和家庭支持系统

22. 此阶段护士应提供的护理活动不包括
    A. 护士根据患者自理缺陷提供帮助
    B. 护士取代患者完成所有自理活动
    C. 协调自护主体
    D. 护士提供不同程度的护理帮助
    E. 护士和患者共同承担患者自理活动

（23~25题共用题干）

患者，男性，68岁，因甲状腺功能亢进被收入院治疗。

23. 该患者因自觉体重减少、怕热出汗、心悸、情绪易激动，及早就医检查，且被确诊后收治入院，能积极配合医生治疗，该行为属于
    A. 初级预防
    B. 一级预防
    C. 二级预防
    D. 三级预防
    E. 四级预防

24. 康复出院后该患者注重高蛋白、高能量饮食摄入，忌食含碘食物，心情开朗、劳逸结合，该行为属于
    A. 初级预防
    B. 一级预防
    C. 二级预防
    D. 三级预防
    E. 四级预防

25. 护士在患者住院期间，应发挥佩普劳所提出的角色作用不包括
    A. 教育者
    B. 咨询者
    C. 领导者
    D. 替代者
    E. 代理者

（26~28题共用题干）

患者，女性，29岁，因每次婆媳冲突后丈夫无法从中调和解决，反而对她多有指责，致使她对生活悲观失望，甚至有服药自杀的倾向。

26. 该患者目前在哪个健康层面存在较大的压力
    A. 生理
    B. 心理
    C. 社会文化
    D. 信仰
    E. 道德

27. 当患者出现失眠、头疼、精神恍惚、食欲减退、体重减轻等症状的时候，在朋友的陪伴下及时寻求心理医生的帮助，该行为属于
    A. 生理调节
    B. 认知调节
    C. 文化调节
    D. 社会调节
    E. 压力调节

28. 该案例反映出此患者在哪个适应层面（效应器）出现了紊乱
    A. 生理功能
    B. 自我概念
    C. 理想期待

D. 角色功能
E. 相互依赖

（29~30题共用题干）

患者，女性，50岁，因糖尿病收治入院。

29. 护士收集该患者角色适应信息，属于
A. 一级评估
B. 二级评估
C. 护理诊断
D. 制订目标
E. 护理干预

30. 护士通过对主要刺激、相关刺激、固有刺激的评估，明确其疾病发生的原因，属于
A. 一级评估
B. 二级评估
C. 护理诊断
D. 制订目标
E. 护理干预

二、思考题

1. 奥瑞姆对护理系统如何分类？护士将如何运用这些补偿系统对患者进行帮助？
2. 罗伊认为人类面临的刺激主要有哪几类？请分别举例说明？
3. 纽曼健康系统模式如何指导护理实践？
4. 佩普劳将人际间关系（护患关系）的发展分为哪几个连续的时期？各期患者的特点有哪些？

（黄琛琛）

单元四 认知护理职业道德与护理文化

思政之光

第五章 护理职业道德与伦理

案例 5-1 患者女，27岁，因"婚后2年，未避孕，未孕"诊断为"不孕症"而入院，入院后，在进行妇科检查时，发现患者伴有尖锐湿疣，该护士便将此信息告知了科室护士，并告知了同病房的其他患者。

思考：
1. 请问该护士的行为有何不妥？
2. 如果你是这位护士应该如何做呢？

学习内容

第一节　护理道德
第二节　护理伦理

学习目标

1. 掌握护理执业道德的基本原则、规范与范畴，护理职业道德、护理道德修养、护理伦理的概念。
2. 熟悉常见的护理伦理问题，护理道德修养的途径和方法。
3. 了解护理伦理学研究对象和特殊性。

任务目标

1. 遵守护理道德的基本原则、规范，培养良好的道德情操。
2. 运用护理道德修养的途径和方法，加强道德修养，树立正确的职业道德观。

思维导图

下载资源：
思维导图解析

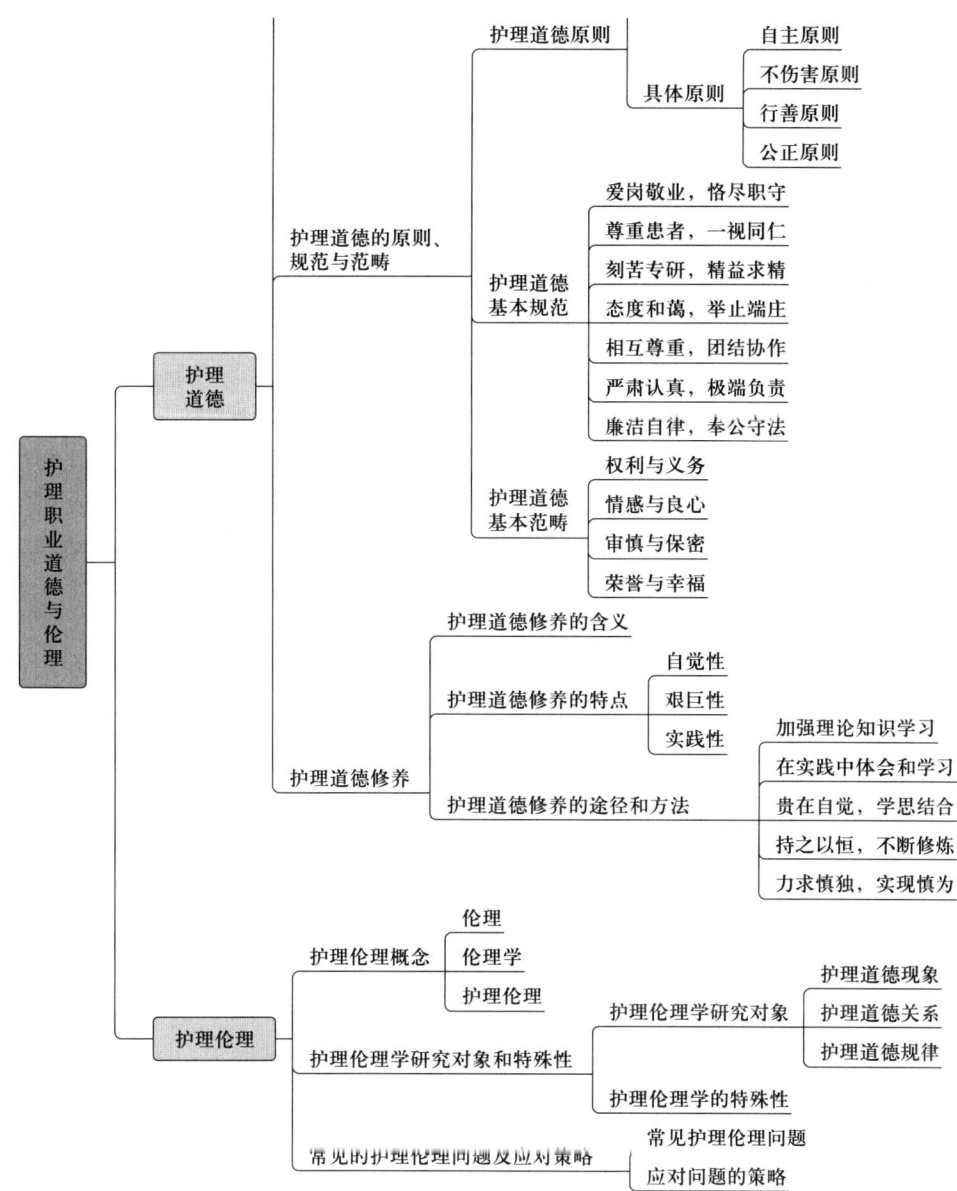

第一节 护理道德

护理道德的学习，对培养护理人员的职业道德品质、指导护理人员言行和协调医护领域内各种人际关系有着重要意义，为护理实践中伦理道德问题的解决提供理论指导。

一、职业道德的概念

1. **职业道德** 是指从事一定职业的人们，在职业生活中应遵循的道德规范，以及与之相应的道德观念、情操和品质。职业道德包括职业观念、职业理想、职业情感、职业责任等多方面的内容。因此，职业道德既是从业人员在职业活动中的行为标准和要求，也是本行业对社会所承担的道德责任和义务，是社会道德在职业生活中的具体化，因而也是整个社会道德的主要内容。

2. **护理职业道德** 是在一般社会道德基础上，根据护理专业的性质、任务，以及护理岗位对人类健康所承担的社会义务和责任，对护理工作者提出的护理职业道德标准和护理行为规范。

二、护理道德的原则、规范与范畴

(一)护理道德的原则

1. 护理道德的基本原则 护理道德是医学领域内协调护理人员与患者、医护人员之间,以及护理人员与社会之间关系的最基本出发点和指导准则,是衡量护理人员道德品质和道德行为的最高道德标准。它为护理人员确立护理道德观念、指导护理道德行为、进行护理道德评价和加强护理道德修养指明了方向。

(1)防病治病、救死扶伤:是社会主义护理工作的核心任务和基本内容,是医务人员最基本的职业责任,是为人民健康服务的具体途径。要求护理人员必须掌握过硬的护理专业技能,具备高尚的护理道德修养,才能很好地完成防病治病、救死扶伤的任务。

(2)实行社会主义的人道主义:要求护理人员把防病治病、救死扶伤作为自己的神圣职责,深切同情患者,热情为患者服务,尽力解除患者的痛苦,高度重视患者的健康和生命价值,尊重患者的人格和尊严,对患者一视同仁,谴责并反对不人道的行为。社会主义的人道主义从关心、同情、尊重人的生命,升华到以关心人民身心健康,同情爱护患者,尊重人的尊严和价值,主动为人类健康服务,为人民谋幸福。

(3)全心全意为人民身心健康服务:这是由我国社会主义制度和卫生事业的社会主义性质所决定的,也是社会主义护理道德的实质和核心,贯穿在社会主义护理道德的全部行为规范之中。要求护理人员做到:正确处理好与患者、集体和社会的利益关系,把维护患者、集体、社会的利益放在首位。端正服务思想,增强服务意识,改善服务态度,提高服务质量,认真负责地做好本职工作。一是要求医务人员必须热爱人民群众,为广大人民群众服务,一视同仁,人人平等。二是在护理工作中,必须围绕人民健康这个宗旨,以恢复、维护服务对象的健康为目标,治疗和护理躯体上的疾病、心理上的创伤和疾患,重视重返社会独立生存能力的培养。三是服务的态度要全心全意,不怕困难,任劳任怨,认真负责,成为当代道德最高尚的人。

2. 护理道德的具体原则 运用护理道德的基本原则时,还要借助于一些具体原则,从而体现基本原则的要求。具体原则主要有自主原则、不伤害原则、行善原则、公正原则。

(1)自主原则:是指自我选择、自主行动或依照个人意愿做自我管理和决策。自主原则的含义是指尊重患者自己做决定的原则,是指医护人员在为患者提供医疗照护活动之前,事先向患者说明医护活动的目的、益处以及可能的结果,然后征求患者的意见,由患者自己决定。自主原则将患者自我决定视为护患关系中的最高价值。人在患病后,有权选择愿意接受或拒绝医疗和护理。自主原则中最能代表尊重患者自主的方式是"知情同意"。自主原则适用于能够做出理性决定的人,对自主能力减弱、没有自主能力的患者如婴儿、严重智障者、昏迷患者并不适用。

自主原则要求护理人员尊重患者的自主权,承认患者有权根据自己的考虑就其自己的事情做出合理的决定。护理人员有责任向患者提供选择的信息,并帮助患者进行诊疗护理活动方案的选择。自主原则承认护理人员在专业护理活动中有护理自主权。对于缺乏或丧失自主能力的患者,护理人员应当尊重家属、监护人的选择权。但是,如果这种选择违背丧失自主能力患者的意愿或利益,护理人员不能听之任之,而应向患者单位或社区有关机构寻求帮助,以维护患者的利益。如果患者处于生命的危急时刻,出于患者的利益和护理人员的责任,护理人员可以本着护理专业知识,行使护理自主权,选择恰当的护理措施。如患者的选择对自身、他人的健康和生命构成威胁或对社会产生危害,如传染病患者拒绝隔离,护理人员有责任协助医生对患者的自主权加以限制。

(2)不伤害原则:是指在医疗护理活动中,不给患者带来本来完全可以避免的肉体和精神上的痛苦、损伤、疾病，甚至死亡。不伤害原则不是一个绝对的原则，是"权衡利害"的原则，是双重影响的原则。双重影响是指一个行动的结果产生一有害的影响，此有害影响是间接的且事先可以预知的，但不是恶意或故意造成的，是为了正当的行动所产生的附带影响。凡是必需的、符合病情适应证范围所实施的护理手段，是符合不伤害原则的。但在临床护理实践中，有时无法避免会给患者的身体或心理造成伤害。因此，要谨慎施护，对有危险或伤害的医护措施，应做出利益、伤害评价，防止各种可能的伤害，或将伤害降低到最低程度。

（3）行善原则：是指医护人员对患者直接或间接履行仁慈、善良和有利的德行。行善原则要求护理人员积极为患者做有益的事，防止或减少危害，排除既存的损伤、伤害、损害或丧失能力等情况；其次要权衡利害的大小，尽力减轻患者受伤害的程度。行善原则的最终目的是使患者受益。

（4）公正原则：医疗上的公正是指每一个社会成员都应具有平等享受卫生资源合理或公平分配的权利，而且对卫生资源的使用和分配，也具有参与决定的权利。公正包括两个方面：一是平等对待患者，二是合理分配医疗资源。公正原则要求护理人员平等地对待和尊重每一位患者，任何患者的正当愿望和合理要求应予以尊重和满足，要尊重和维护患者平等的基本医疗照护权。

（二）护理道德的基本规范

护理道德基本规范是在护理道德原则指导下，协调护士的人际关系、护士与社会之间关系的行为准则或具体要求，也是培养护士护理道德品质的具体标准。

1. **爱岗敬业，恪尽职守** 热爱护理专业，忠诚护理专业，树立职业自豪感，这是护理人员应有的首要道德品质，是做好护理工作的动力和信念。护理人员应充分认识护理工作的性质和意义，树立职业荣誉感和高尚的道德观念，以从事护理工作、献身护理事业为荣。

2. **尊重患者，一视同仁** 尊重患者的人格和尊严，是护理人员最基本的道德品质，也是建立良好护患关系的基础和前提。不受民族、种族、性别、职业、信仰、党派、国籍及其他因素的干扰，护理人员平等地对待和尊重患者的人格、权利和生命价值，满足患者的正当愿望和合理要求。

3. **刻苦钻研，精益求精** 随着医学事业的不断发展，需要护理人员不断吸取新理论、新知识、新技术，完善自身的知识结构，积极开展护理科研，提高护理的技术水平，以适应护理学科的快速发展与进步。

4. **态度和蔼，举止端庄** 在与患者交往过程中，护理人员的言行对患者会产生影响。所以，护理人员要始终做到和蔼亲切、言谈文雅有度、举止稳重端庄、仪表整洁大方，能给患者以沉着、稳重和可信赖感。

5. **相互尊重，团结协作** 随着医学科学的发展，各专业的分工越来越细，护理人员应当树立整体观念，与其他专业人员共同努力、密切协作完成工作。

6. **严肃认真，极端负责** 护理人员要具有对患者身心健康高度负责的精神，认真工作，要严格遵守各种规章制度和操作规程，及时且有效地开展各种护理措施，努力做到准确无误。

7. **廉洁自律，奉公守法** 任何护士都不能乘人之危，以权谋私，向患者及家属索取财物或让患者为自己办私事，不能把医疗护理作为牟取私利的手段，这是医护人员自律的医德要求和品质，也是护理人员全心全意为人民服务的一项重要标志。

（三）护理道德的基本范畴

护理道德基本范畴是护理道德基本规范在护理活动中的具体运用，是护理道德现象的总结和概括。它有狭义和广义之分，广义的护理道德基本范畴是指在护理过程中，反映护士与护士、护士与服务对象、护士与社会之间最基本的道德现象和关系的概念。狭义的护理道德基本范畴是指反映护理道德现象的最一般、最普遍的概念，主要包括：权利与义务、情感与良心、审慎与保密、荣誉与幸福。

视频：
护士的权利与义务

1. 权利与义务

（1）权利：是指公民依法享有的权力和利益。护理道德范畴中所指的权利是指护患双方的权利。

1）患者的权利：是指人在患病期间应该享有的权利和必须保障的利益。患者的权利主要包括：①平等享有医疗的权利；②知情同意权利；③要求保密的权利；④监督医疗护理的权利；⑤免除一定社会义务的权利；⑥获得赔偿的权利；⑦医疗费用支配权利；⑧获得住院时及出院后完整的医疗的权利；⑨请求回避权。

2）护士的权利：是指护理人员在执业过程中所应享有的权利。主要包括：①享有获得物质报酬的权利；②享有安全执业的权利；③享有学习、培训的权利；④享有获得履行职责相关的权利；⑤享有获得表彰、奖励的权利；⑥享有人格尊严和人身安全不受侵犯的权利。护士权利的实质是维护患者的利益、保证患者医护权利和健康权利的实现。

（2）义务：是指责任，是一个人应该对他人、集体和社会承担的责任和使命。护理道德范畴中所指的义务是指护患双方的义务。

1）患者的义务：是指患者在患病期间要履行的对自己、对他人及对社会的责任。主要包括：①尊重医务人员的职业自主权；②保持和恢复健康的义务；③主动配合治疗护理的义务；④遵守医院各项规章制度的义务；⑤按照规定缴纳费用的义务。

2）护士的义务：是指护士在护理活动中对患者、对他人及对社会应承担的职业道德责任。主要包括：①依法进行临床护理的义务；②紧急救护患者的义务；③正确查对、执行医嘱的义务；④保护患者隐私的义务；⑤积极参加公共卫生应急事件救护的义务。护士的义务是患者权利得以实现的前提和保障。

2. 情感与良心

（1）情感：是人们对客观事物及周围人群所产生的喜、怒、哀、乐的外在表现。护理道德情感是指护士对患者、他人、集体、社会及国家所持态度的内心体验，它产生于护理实践活动中，并在护理活动中发挥作用。主要包括三个方面：同情感、责任感和事业感。

（2）良心：是道德责任的自我意识，是人们在履行对他人、对社会的义务过程中，对自己行为应负的道德责任的自我意识。护理人员的职业良心指护理人员在履行对患者、对社会的义务过程中，对自己行为应负的道德责任的一种自觉认识和自我评价能力。它是护理道德原则、规范在个人意识中形成的稳定的信念和意志。由于护士的职业特点，更应受到良心的监督，做到慎独。

3. 审慎与保密

（1）审慎：即周密思考，谨慎行事，它是人们在行为之前的周密思考和行为之中的小心谨慎。护理道德的审慎是指护士在医疗护理行为前严谨、周密的思考，认真、谨慎的服务。它包括语言审慎、行为审慎和护患关系审慎。

（2）保密：护理道德的保密是指护士要保守患者的秘密和隐私，以及对其采取保护性措施。主要包括两个方面：一是为患者保密，二是对患者保密。要求做到：①保守患者的秘密和隐私；②对某些患者的病情保密，主要是针对一些预后不良的患者采取保护性隐瞒的做法。但护理人员须把详情告知患者家属，避免造成医疗纠纷。

4. 荣誉与幸福

（1）荣誉：荣誉是指人们履行社会义务，并对社会做出了一定贡献后，得到社会的褒奖和赞许。护理道德的荣誉是指护士在履行自己对社会和患者的义务之后，得到社会舆论的公认和褒奖，并由此产生的满足感。荣誉和义务是一致的，忠实履行自己的护理道德义务，是获得荣誉的前提。

（2）幸福：幸福是当一个人在追求目标时达成的理想状态和内心喜悦的激情。护理道德的幸福是指在为患者健康服务的过程中，以自己辛勤的劳动，实现从事护理事业的人生价值而感受到的精神满足。主要包括：①物质生活幸福和精神生活幸福的统一；②个人幸福和集体幸福的统一；③创造幸福和享受幸福的统一。

（四）护理道德的特殊性

护理道德是一种职业道德，既有一般职业道德的特点，也有自身的特殊性。

1. **广泛性与社会性** 随着医学和护理学的发展，护理工作范围不断扩大，服务对象包括患者和社会健康人群；服务工作内容包含治疗护理、卫生宣传、保健咨询、康复、家庭医疗保健等。这一切决定了护理道德的社会性与广泛性。

2. **主动性和服务性** 在护理工作中，护士是患者病情变化信息的主要提供者和医嘱的执行者，护士具有极大的主动性，任何的疏忽、懒惰和被动都可能带来极其严重的后果。同时，护士为服务对象提供内容繁琐复杂的各种服务，充分体现了护理道德的服务性。

3. **继承性与连续性** 护理道德是伴随人类在运用医学、护理学知识及技术战胜疾病的过程中产生和发展起来的，并且在实践中传承和积累而逐渐形成，运用于一切阶级的医疗卫生服务公共准则，成为适用于一切社会的人类宝贵的文化遗产。

4. **科学性和艺术性** 护理工作是一项技术性很强的工作，具有严格的科学性。必须以医学、科学理论为指导，严格遵守各项操作规程，准确、及时、无误地做好各项护理工作。护理道德在强调科学性的同时注重艺术性，护士的语言美及行为美体现着护理工作的艺术性。它是护理道德的重要特点之一。

三、护理道德修养

（一）护理道德修养的含义

护理道德修养是指护理人员依照护理道德基本原则和规范所进行的自我教育、自我锻炼、自我改造、自我陶冶和自我培养的过程和活动，以及经过这种锻炼和努力所形成的护理道德情操和护理道德境界。

知识链接

护理道德境界

1. 护理道德境界的概念　是指护理人员接受护理道德教育、完善护理道德修养所达到的程度。

2. 护理道德境界的层次

（1）自私自利的境界：其特点是认识和处理一切关系以满足私利为目的。表现为：自私自利，利用工作之便谋利；服务态度恶劣，不钻研业务，责任心不强；工作拈轻怕重，推诿责任。

（2）先私后公的境界：其特点是有一定的职业良心，但私心较重，计较个人得失。表现为：常以个人利益为重；服务态度和服务质量时好时坏。

（3）先公后私的境界：其特点是一般能以国家和集体的利益为重，能先公后私、先人后己，但也关注个人利益。表现为：主张通过自己的诚实劳动和服务获得正当合理的个人利益。

（4）大公无私的境界：其特点是具备毫不利己、专门利人的思想境界。表现为：对工作极端负责，对患者极端热忱，为了患者的利益能够毫不犹豫地牺牲个人利益乃至生命。

（二）护理道德修养的特点

护理道德修养体现的是"我要……"的自觉性和主动性，而不是护理道德教育"要我……"。护理道德修养有三个特征：

1. **自觉性** 护理道德修养是一种自律行为，关键在于"自我锻炼"和"自我改造"。一方面既要靠他律，即社会的培养和组织的教育；另一方面又要取决于自己的主观努力，即自我修养。两个方面是缺一不可的，而且后者更加重要。

2. **艰巨性** 护理道德修养实质上就是两种对立道德意识之间的斗争，是善和恶、正和邪、是和非之间的斗争。护士要取得良好职业道德品质，就必须长期地、艰苦地培养自己"为他"的职业道德观念，战胜"为己"的职业道德观念。因此，护理道德修养是一个艰巨的系统工程。

3. **实践性** 护理道德问题产生于护理实践又需在实践中加以鉴别和处理，它的发展与护理职业活动密切相关，因此，高尚的护理道德品质只能在护理实践中通过锻炼和修养才能形成。

（三）护理道德修养的途径和方法

护理道德修养的提高不是自发产生的，而要经过后天的教育和培养才能逐步形成。加强护理道德修养的途径和方法主要有以下几个方面：

1. **加强理论知识学习** 护士必须加强理论知识学习，掌握本行业最基本的道德规范要求，了解社会发展和科学进步对护士道德建设提出的新要求。只有这样才能不断提高自己的医德修养境界。

2. **在实践中体会和学习** 参加社会实践是护理道德修养的主要方法，是检验护理道德修养效果的标准。只有积极投身于道德实践之中，才可能真正理解道德的内涵，形成坚定的道德意志和信念，养成相应的道德行为习惯。纸上谈兵或言行不一，不是一名护士真正的护理道德修养水平，也很难培养自己高尚的道德品质。

3. **贵在自觉，学思结合** 护理道德修养是一个不断反思、不断总结与提高的过程。护理道德修养能否取得成效，除受客观因素制约外，关键还在于护士要经常地、自觉地反思自己的言行举止，勇于剖析自己，敢于自我反省，自我肯定，崇高的护理道德境界才能形成。

4. **持之以恒，不断修炼** 护理道德修养是一项长期艰巨的任务，绝不是一朝一夕之事，不可能一蹴而就，必须持之以恒地进行修炼。

5. **力求慎独，实现慎为** 医护中的"慎独"，是指医务人员在单独工作、无人监督时，仍然坚持道德信念，自觉遵守道德原则，按道德规范行事。"慎独"既是一种道德修养方法，也是一种崇高的道德境界。护理工作直接关系到人的生命，且多数情况下独立进行工作，无人监督，而且专业性强，非专业人员很难进行监督，故"慎独"在护理道德修养中有着极为重要的作用。

护士要自觉地把"慎独"作为一项重要的道德要求，作为保障自己正确履行道德规范的一个重要手段，从大处着眼，小处着手，防微杜渐，始终如一地坚定道德信念。

第二节 护 理 伦 理

一、护理伦理概念

1. **伦理** 在古汉语中，"伦"与"辈"同义，之后转义为"秩序""区别"；"理"原指"治玉"，之后引申为"条理""道理"。《礼记·乐记篇》，"乐者，通伦理者也"，把安排部署有秩序称为伦理。后来，人们逐渐认为"伦"是指人与人之间的关系，"理"是指道理和规则，"伦理"的含义就是协调人与人之间关系的道理和原则，是关于人性、人伦关系及结构等问题的概括。

伦理与道德的含义相近，都是指社会道德现象。但严格来说，二者有区别，道德更侧重于道德实践，具体规定了道德规范、行为等。而伦理侧重于道德理论，是道德现象的抽象概括，因而国内外把研究道德的科学一般都称为伦理学。

2. **伦理学**　伦理学也称道德哲学，是一门研究道德的起源、本质、作用和发展规律及其社会作用的科学。它的基本问题就是如何处理道德与利益的关系问题，任何道德问题都离不开个人利益和社会利益的矛盾关系。因此，伦理学将道德作为唯一的研究对象，从一定的哲学和历史观来解释这一概念，并逐渐成为一门独立的学科。

3. **护理伦理**　护理伦理是指护士在其职业活动中，正确处理个人与他人、个人与社会关系的行为准则及规范的总和。

二、护理伦理学研究对象和特殊性

（一）护理伦理学研究对象

1. **护理道德现象**　护理道德现象是指护理领域中普遍存在的各种道德关系的具体体现。它主要包括护理道德的意识现象、规范现象和活动现象三个组成部分，是护理伦理学主要研究的对象。

2. **护理道德关系**　护理道德关系是指在护理领域中，由经济关系决定的按照一定的道德观念形成的人与人、人与社会的护理关系。

（1）护士与患者之间的关系：护士与患者之间的关系是护理伦理学研究对象的主要内容和核心问题，也是护理工作中最为关键、首要的关系。这一关系是否密切、和谐、协调，直接关系到护理质量的高低和患者的健康。

（2）护士与其他医务人员之间的关系：主要包括护士与医生、护士与医技人员、护士与医院行政管理人员、护士与后勤人员等之间的关系。这些关系的好坏，将直接影响护理工作的开展，影响医护人员整体力量的发挥和医护工作质量的提高。因此，这一关系是护理伦理学研究的重要对象。

（3）护士与社会的关系：由于护理领域的扩大，护士功能的增加，在护理实践中，护士不仅要履行对患者的健康责任，还要承担对他人、对社会的健康责任。如护理教育改革、计划生育、卫生资源的分配等问题，如果不考虑国家、社会的公益，就难以确定护士行为的道德性。因此，这一关系也必然成为护理伦理学的研究对象。

（4）护士与医学科研、护理科研之间的关系：医学科学和护理科学的迅速发展以及医学高新技术在临床上的应用，势必带来许多道德问题，如人工生殖技术、器官移植、生与死的控制等都涉及护理行为道德与否的问题，因此，护士与医学科研、护理科研之间的关系也是护理伦理学的研究对象。

3. **护理道德规律**　是指在护理道德现象之间的固有的内在的本质的必然联系。各种护理道德现象之间的内在联系、护理道德的本质问题和护理道德的产生、变化、发展的必然规律等等，这些问题也是护理伦理学的研究对象。

（二）护理伦理学的特殊性

护理伦理学科发展历史短，仍然没有完全脱开医学伦理学的框架，但作为一门独立的学科，护理伦理学仍然有其独特的特点。主要体现在不同的护理工作岗位上及护理不同类型的患者时，会面临不同的、具体的伦理问题。如门诊护理工作、急诊护理工作、临终护理等，都体现了护理领域的特点，显示了护理伦理学的特殊性。

三、常见的护理伦理问题及应对策略

1. 常见护理伦理问题 在护理实践中,常遇到的伦理问题一般有:如何建立融洽的护患关系;在对患者的关怀照顾中如何帮助患者权衡利弊得失,以让患者获取最大利益;如何维护患者的知情同意权、自主权等;如何公正分配护理保健资源;如何告诉患者一些特殊消息,如病情恶化或预后不佳等情况;如何避免因医务人员之间的不和谐而对患者造成伤害;以及如何面对要求实施安乐死的患者等等。这些都是护理工作实践常见的伦理问题。

2. 应对问题的策略 鉴于上述这些常见的护理伦理问题,作为一名护士,在护理实践工作中,应具有伦理决策的能力;在护患沟通中,既要做到满足患者知情权,又要兼顾不伤害的伦理原则,要反复权衡患者"知情"欲望的强烈和"知情"后的损害程度,把握"知情"的内容和尺度。同时,在任何情况下,护士都要注意语言得体,运用恰当的语言来表达,并尊重患者,全心全意为患者服务。总之,认真遵守护理工作中的伦理道德,是做一名高素质、有修养的护士的必备条件。

目标检测

下载资源:
目标检测参考答案

一、选择题

【A_1 型题】

1. 下列选项中不属于护理道德基本范畴的是
   A. 权利与义务
   B. 生命与健康
   C. 情感与良心
   D. 荣誉与幸福
   E. 审慎与保密

2. 关于患者权利的描述,准确的是
   A. 患者都享有稀有卫生资源分配的权利
   B. 患者任何时候都可以选择拒绝治疗
   C. 任何情况下患者有权要求护士替其保密
   D. 知情同意是患者自主权的具体形式
   E. 患者任何时候都有权要求免除全部社会责任

3. 下列属于侵犯患者隐私权的是
   A. 未经患者许可对其体检时让医学生观摩
   B. 在征得患者同意下将其资料用于科研
   C. 对疑难病例进行科室内讨论
   D. 在患者病历上标注患有传染性疾病
   E. 对患有淋病的患者询问其性生活史

4. 护理伦理学的基本原则不包含的是
   A. 公正原则
   B. 自主原则
   C. 照顾原则
   D. 不伤害原则
   E. 行善原则

5. 对患有职业病的护士,应享有以下权利,除了
   A. 依法享有国家规定的职业病待遇
   B. 诊疗、康复费用按照国家有关工伤社会保险规定执行
   C. 用人单位未依法参加工伤社会保险的,要承担其医疗的生活保障
   D. 用人单位不负责其他经济损失,护士不得向用人单位提出赔偿要求
   E. 明确职业病诊断,可由工伤社会保险给付

【A_2 型题】

6. 患者,男性,55岁,酒后出现心前区疼痛急诊入院。入院急查心电图和心肌酶谱,均提示心肌梗死。患者很清醒,但拒绝住院,坚持要回家。此时

医生应该
- A. 尊重患者自主权，自己无任何责任，同意他回家
- B. 尊重患者自主权，但应尽力劝导患者住院，无效时办好相关手续
- C. 尊重患者自主权，但应尽力劝导患者住院，无效时行驶干涉权
- D. 行使医生自主权，为救治患者，强行把患者留在医院
- E. 行使家长权，为救治患者，强行把患者留在医院

7. 患者女性，49岁，发热，头疼1天。医嘱腰穿检查，患者焦虑，坐立不安。从伦理要求考虑，临床护士应向患者做的首要工作是
   - A. 要得到患者知情同意
   - B. 告知做腰穿的必要性，嘱患者配合
   - C. 告知做腰穿时应注意的事项
   - D. 因诊断需要，先动员，后检查
   - E. 动员家属做患者思想工作

8. 患者，男性，58岁，肝癌晚期，患者处于极度痛苦之中，自认为是肝硬化，寄希望于治疗，病情进展和疼痛发作时，多次要求医护人员给予明确说法和治疗措施。此时，最佳的伦理选择应该是
   - A. 正确对待保密与讲真话的关系，经家属同意后告知实情，重点减轻病痛
   - B. 恪守保密原则，继续隐瞒病情，直至患者病死
   - C. 遵循患者自主原则，全面满足患者要求
   - D. 依据知情同意原则，应该告知患者所有信息
   - E. 依据有利原则，劝导患者试用一些民间土方

9. 患者，女，21岁，在校大学生。因急性腹痛就诊，诊断为异位妊娠破裂出血，拟急诊手术。患者要求医务人员不要将其真实情况告诉同学，体现了患者的
   - A. 知情权
   - B. 回避权
   - C. 服务选择权
   - D. 隐私权
   - E. 公平权

10. 患者，女性，30岁，剖宫产后要求出院，医生同意其出院但尚未开具出院医嘱。该产妇家属表示先带产妇和孩子回家，明天再来医院结账。而护士考虑其住院费用没有结清，有漏账的风险，故没有同意家属的要求。但家属不听护士劝阻并准备离开，这时，护士借口为孩子行出院前检查把孩子抱走了。产妇知情后大哭。该护士的行为违反了
    - A. 自主原则
    - B. 不伤害原则
    - C. 公正原则
    - D. 行善原则
    - E. 公平原则

二、思考题

1. 如何应用护理道德的原则、规范和护理道德修养的途径和方法，提高自己的护理道德修养？
2. 护理人员有哪些义务？如何保证患者的权利不受侵犯？

（肖东玲）

第六章 多元文化与护理

案例 6-1

赵某，男，60 岁，信仰佛教，以 "咳嗽、咳痰、胸痛、发热" 为主诉入院，体格检查：T 39 ℃，P 96 次 / 分，R 22 次 / 分，BP 120/80 mmHg，入院后完善各项检查，确诊为 "肺结核"，即行治疗，经治疗恢复较好。因患者信仰佛教，长期吃素，拒绝进食肉类、动物脂肪、蛋类食物，因此，患者机体恢复受到影响。

思考：
1. 赵某不配合饮食治疗的原因是什么？
2. 作为护理人员，我们该如何为患者提供文化关怀优质护理服务？

学习内容

第一节　文化与多元文化
第二节　跨文化护理

学习目标

1. 掌握文化、多元文化、文化休克和跨文化护理的概念，文化休克的过程和各期的特点。
2. 熟悉跨文化护理理论的基本内容和模式、影响文化休克的因素和预防措施。
3. 了解文化背景对护理的影响及文化休克的表现。

任务目标

1. 能运用文化关怀理论帮助服务对象更好地适应医院的文化环境。
2. 明确服务对象的文化需求，能将跨文化护理理论应用于护理工作中。
3. 通过继续学习不断提高自己的文化素养。

思维导图

下载资源：
思维导图解析

- 多元文化与护理
  - 文化与多元文化
    - 概念
      - 文化
      - 多元文化
      - 文化休克
    - 文化休克概述
      - 文化休克原因
        - 沟通交流
          - 语言沟通文化背景、文化观念的差异
          - 非语言性沟通
        - 日常生活活动差异
        - 风俗习惯
        - 态度和信仰
        - 孤独
      - 文化休克过程
        - 蜜月阶段
        - 沮丧阶段
        - 恢复调整阶段
        - 适应阶段
      - 文化休克表现
        - 焦虑
          - 生理表现
          - 情感表现
          - 认知表现
        - 恐惧
          - 生理表现
          - 情感表现
        - 沮丧
          - 生理表现
          - 情感表现
        - 绝望
          - 生理表现
          - 情感表现
      - 影响文化休克的因素
        - 年龄
        - 以往应对生活改变的经历
        - 个人的健康状况
        - 应对类型
      - 文化休克预防
        - 了解新环境
        - 进行模拟训练
        - 主动接触新文化环境
        - 寻找支持系统
    - 跨文化护理理论的内容
      - 相关概念
        - 文化
        - 文化关怀
        - 文化关怀的多样性
        - 文化关怀的共性
        - 一般关怀
        - 专业关怀
        - 跨文化护理
      - 跨文化护理模式
        - 莱宁格跨文化护理模式
        - 莱宁格的"日出模式"层析含义
          - 第一层世界观、文化和社会结构层
          - 第二层文化关怀和健康层
          - 第三层健康系统层
          - 第四层护理关怀决策和行为层
        - 跨文化护理的意义
          - 有益于帮助服务对象融入医院的文化环境
          - 有益于建立良好的护患关系
          - 有益于护理人员理解服务对象的行为

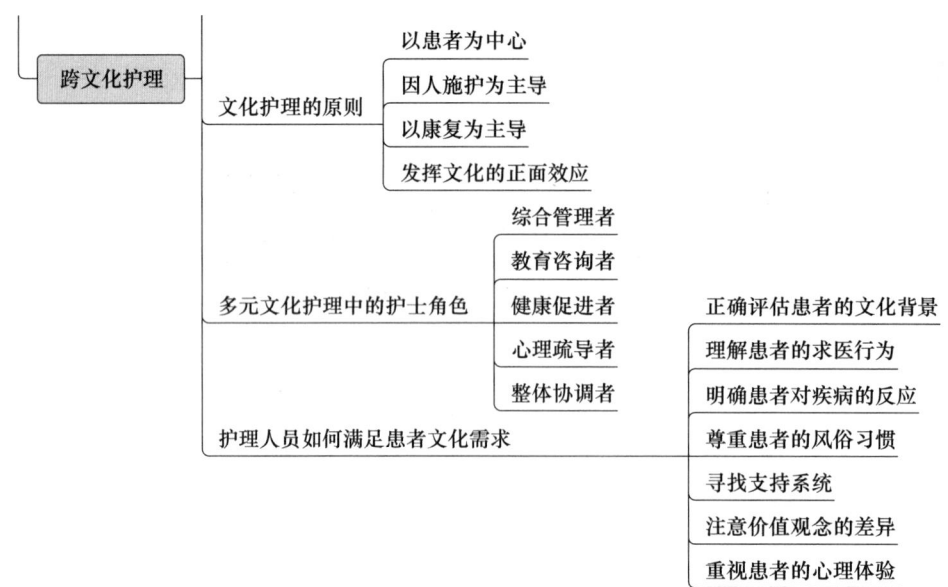

第一节　文化与多元文化

文化是一定历史、地域、经济、社会、政治的综合反映。人类社会生活的各个方面都可以归结为各种文化现象，包括社会化、社会互动、社会群体、社会制度、社会变迁等。文化现象联系着社会生活和社会运行的各个方面。因此，护士有必要了解有关文化的基本知识，进而理解文化与护理的关系。

一、概念

1. **文化**　文化的内涵是博大精深的，概括地讲，文化是指社会历史发展过程中，人类所创造和积淀下来的物质财富和精神财富的总和。它是将过去人们生活中可行的东西沉淀下来，一部分变成客观的东西，如建筑、工具、服装款式、语言、文字；一部分变成主观的东西，影响未来人们的信念和价值观。

目前公认的文化定义是：文化是在某一特定群体或社会的生活中形成的，并为其成员所共有的生存方式的总和，包括价值观、语言、知识、信仰、艺术、法律、风俗习惯、风尚、生活态度及行为准则，以及相应的物质表现形式。

2. **多元文化**　即多民族具有的不同文化共存于社会文化环境中，不同阶层和不同族群存在的文化差异，需用不同的文化为其提供平等的服务，这些文化服务于社会的现象就形成了复杂社会背景下的多元文化。

3. **文化休克**　又译为文化震撼或文化震惊。1958年由美国人类学家奥博格提出，特指生活在某一种文化环境中的人初次进入到另一种不熟悉的文化环境，如当一个长期适应于自己本土文化的人突然来到了不同的民族、社会群体、地区或国家等新的文化环境中时，常常会在一段时间内出现迷失、疑惑、排斥、甚至恐惧的感觉等文化休克现象。

二、文化休克概述

（一）文化休克原因

引起文化休克的主要因素是突然从一个熟悉的环境到了另一个陌生的环境，从而在以下几个方面产生问题。

1. 沟通交流　沟通的发生通常会受到文化背景或某种情景的影响。不同的文化背景下，同样的内容可能会有不同的含义，脱离了文化背景来理解沟通的内容往往会产生误解。

（1）语言沟通文化背景、文化观念的差异：语种不同或应用方言土语等可导致语言不通。例如在中国，朋友见面后，打招呼时常用"吃了吗？""去哪儿？"等，在我们看来是一种有礼貌的问候，但在西方不适合，认为是邀请他们吃饭或干涉他们的生活；在我们国家长辈关心询问晚辈的婚姻、工作是关心的一种表现，而在西方则认为是侵犯了隐私。有时即使使用同一种语言，语言表达的各种形式受文化背景的影响也会产生不同的含义。例如我国是多民族国家，各民族均有自己的语言及沟通交流的模式，当一个人从熟悉的环境到陌生的环境时，就会遇到语言沟通交流的问题，因此要有充分的了解，才能避免冲突与尴尬。

（2）非语言性沟通：非语言性沟通的形式有身体语言、空间效应、反应时间、类语言、环境等因素，不同的文化背景下的非语言沟通模式不完全相同，所代表的信息含义也不同。例如，在中国请吃饭"劝吃""劝喝"是热情的象征，而在西方不认为替人夹菜、"劝酒"是有礼貌的行为；在我们国家吃东西的时候不发出声音是一种礼貌，尤其在吃面或喝汤时，在日本这点恰巧与中国相反，日本人吃面时需要发出声音，不然会被认为你不喜欢吃这道面，发出声音越大，他们越很开心，他们认为这是对师傅的一种尊重及赞赏。

2. 日常生活活动差异　每一个人都有自己规律的日常生活活动。当一个人的文化环境改变时，其日常生活活动、生活习惯都会发生变化。如新环境中的住宿、交通工具、作息制度、工作环境等会发生变化，需要人们花费时间和精力去适应新环境的文化模式。在这种适应过程中，人们往往会产生受挫感，从而造成克服日常生活改变而引起的文化休克。

3. 风俗习惯　不同文化背景的人都有不同的风俗习惯，一旦改变了文化环境，必须去适应新环境中的风俗习惯、风土人情。新环境中的饮食、服饰、居住、消费等生活方式、生活习惯可能与自身原有的文化环境不同，使得身处异乡的人难以适应，但又必须去了解和接受。例如，生活在我国西南地区的少数民族白族将特色菜"生皮"视为当地美味，但有些民族却无法接受这样的菜肴。这种文化的差异会使人短时间内难以接受，出现文化休克。

4. 态度和信仰　态度是人们在一定的社会文化环境中，与他人长期相互作用而逐渐形成的对事物的评价和倾向。信仰是对某种主张或主义的极度信任，并以此作为自己行动的指南，并主要表现在宗教信仰上。受自身环境的文化模式影响，每个文化群体之间的态度、信仰、人生的价值和人的行为都是不同的。当一个人的文化环境突然改变时，其长时期形成的母文化价值观与异域文化中的一些价值观会产生矛盾和冲突，就造成其行为的无所适从。

5. 孤独　在异域文化中，一个人丧失了自己在本文化环境中原有的社会角色，同时对新环境感到生疏，又与亲人或知心朋友分离或语言不通，孤独感便会油然而生，因而倍感孤单、无助，造成情绪不稳定，产生焦虑和对新环境的恐惧等情绪，出现文化休克。

以上造成个体文化休克的五个因素，使个体对变化必须做出适应和调整。当同时出现的原因越多、越强烈时，个体产生文化休克的强度越明显。如果单从文学的角度来看，文化休克产生的根源主要在于原有文化模式的根深蒂固，当一个人面对新的文化形态时，如果他还以原有文化作为认识和评判现有一切现象与行为的标准，就必定会产生出文化休克现象。但是，如果从社会学的角度来看，这只是一种文化表象而已，更为深刻的原因还是在于社会环境的巨大差异。狭义地理解，文化只不过是一种标识性的符号，一种表达思想与实物的形式，它需要一种载体来创造与继承，而社会环境则是一个最为深刻和广博的载体，如果不是因为社会环境的巨大差异，这种文化休克的感觉可能就不会那么强烈。因为文化可以习得，而社会环境却是无法复制的。

（二）文化休克过程

文化休克大体经历四个阶段：蜜月阶段、沮丧（或敌意）阶段、恢复调整阶段和适应阶段。"文化休克"的变化过程一般用"U"型曲线图来解析，见图6-1。

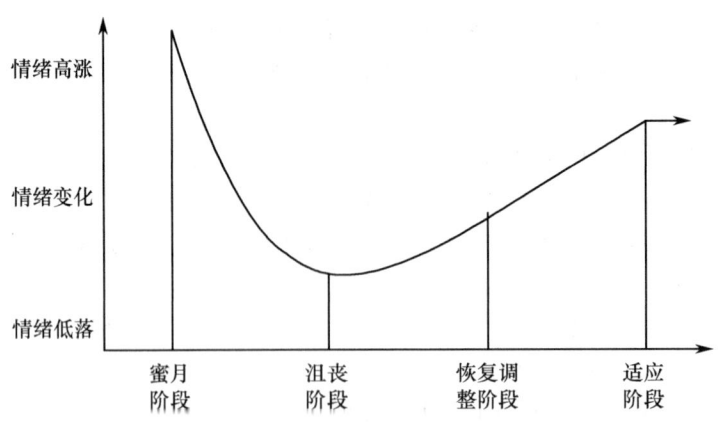

图 6-1 文化休克过程图

1. **蜜月阶段** 指人们初到一个新的环境，由于有新鲜感，心理上兴奋，情绪上亢奋和高涨，处于乐观的、兴奋的"蜜月"阶段，此阶段一般持续几个星期到半年的时间。人们常常在到达其他国家以前对异邦的工作与生活充满美好的憧憬，来到异国文化环境中后，刚开始，对一切事物都会感到新奇，对新环境中的人、景色、食物等一切都感到满意，此时人们渴望了解新环境中的风俗习惯、语言行为等，希望能够顺利开展活动，并进行工作。虽然有的人在整个短期的异国逗留中都可能停留在此阶段，不会有文化休克，但是，在较长时间的异国文化环境中生活，很多人进入新的文化环境一段时间后，就会进入第二阶段，即沮丧阶段（或敌意阶段）。

2. **沮丧阶段（敌意阶段）** "蜜月"阶段过后，处在异地文化中的"外乡人"由于生活方式、生活习惯等方面与原有文化的差异，会出现价值观的矛盾和冲突，加之人地两生、孤独少援，原来认为是规范的良好的生活方式在异域文化中频频碰壁，还可能因不了解本土文化和习惯而被本地人嘲弄、伤害，甚至引发冲突，兴奋感渐渐被失望、失落、烦恼和焦虑等情绪所代替，继而感到迷惑和挫折，即进入沮丧阶段，此阶段一般持续几个星期到数月的时间。在此阶段，对付这种心理上的沮丧、失落感时，人们往往有以下两种表现：一种是敌意。在沮丧期的一些人常常看不起本地人，嘲笑所在的地区或国家。另一种是回避。有些人可能回避与当地文化的接触，他们不愿意与当地人接触、学习当地语言、文化，而是喜欢与自己的"老乡"联系，甚至以酒解愁等。在严重的情况下，有的人会由于心理压力太大而返乡。此阶段是文化休克综合征中最严重也是最难度过的一期。当然，有的人也会不经历沮丧或敌意阶段。

3. **恢复调整阶段** 在经历了一段时间的沮丧和迷惑之后，"外乡人"开始学习新环境的文化模式，找到了应付新文化环境的办法，采取一定的适应方式重塑自我，逐渐适应了异域文化的环境，即进入恢复调整阶段。在此阶段，个体通过与当地人的频繁接触，如参加日常生活活动、庆祝活动等，开始熟悉本地人的语言，逐渐了解、熟悉新环境中的风俗习惯和语言行为，并与一些本地人建立了深厚的友谊，逐渐减少了心理上的混乱、沮丧、孤独感、失落感，学会慢慢地解决文化冲突问题。

4. **适应阶段** 随着文化冲突问题的解决，"外乡人"能与本地人和平相处，其沮丧、烦恼和焦虑等情绪完全消失，接受了本地的风俗习惯，基本上适应了新的文化环境。在此阶段，个体已完全接受新环境中的文化模式，建立起符合新文化环境要求的价值观念、审美意识等评判标准，认为新环境和以往的旧环境一样令人舒适和满意，在新环境中有安全感，一旦需要再次离开新环境回到旧环境中，又会重新经历一次新的文化休克。例如我国许多早年移居国外的移民都处于此阶段，如再重返故里，反而会产生文化休克，又称为逆向文化休克。

视频：
逆向文化休克

（三）文化休克表现

随着所处文化休克的阶段不同，个体会有不同的表现，通常包括以下几种情况。

1. **焦虑** 是指个体处于一种模糊的不适感中，是自主神经系统对非特异性或未知威胁的一种反应。

（1）生理表现：坐立不安、失眠、疲乏、声音发颤、手颤抖、出汗、面部紧张、瞳孔散大、眼神接触差、尿频、恶心和呕吐，特别动作增加（反复洗手、喝水、进食、抽烟等），心率及呼吸频率增加、血压升高等。

（2）情感表现：自诉不安，缺乏自信、警惕性增强、忧虑、持续增加的无助感、悔恨、过度兴奋、容易激动、爱发脾气、哭泣、自责和遣责他人，常注意过去而不关心现在和未来，害怕出现意料不到的后果。

（3）认知表现：心神不定，思想不能集中，对周围环境缺乏注意，健忘或思维中断。

2. **恐惧** 指个体处于一种被证实的、有明确来源的惧怕感中。文化休克时，恐惧的主要表现是躲避、注意力和控制缺陷。

（1）生理表现：疲乏、失眠、出汗、晕厥、夜间噩梦，尿频、尿急、腹泻、口腔或咽喉部干燥，面部发红或苍白，呼吸短而促，血压升高等。

（2）情感表现：自诉心神不安、恐慌，有哭泣、警惕、逃避的行为，冲动性行为和提问次数增加。

3. **沮丧** 由于对陌生环境的不适应而产生的失望、悲伤等情感。①生理表现：胃肠功能衰退，出现食欲减退、体重下降、便秘等问题。②情感表现：忧愁、懊恼、哭泣、退缩、偏见或敌对。

4. **绝望** 指个体认为没有选择或选择有限，万念俱灰，以致不能发挥主观能动性。主要表现是生理功能低下，表情淡漠，言语减少，感情冷漠，被动参加活动或拒绝参与活动，对以往的价值观失去评判能力。

（四）影响文化休克的因素

1. **年龄** 儿童处于学习阶段且生活习惯尚未成型，其对生活方式改变适应较快，应对文化休克的困难较少，异常表现亦较轻。相反，年龄越大，原有文化模式越根深蒂固，则不会轻易放弃熟悉的文化模式而去学习新的文化模式。

2. **以往应对生活改变的经历** 一个以往生活变化较多，并对各种变化适应良好的人，在应对文化休克时，较生活上缺乏变化的人困难要少，文化休克的症状亦较轻。

3. **个人的健康状况** 身心健康的人在应对文化冲突过程中，其应对能力强于身心衰弱的个体。

4. **应对类型** 对外界变化做出一般性反应和易适应的个体，与对外界变化容易做出特殊反应的个体比较，应对文化休克的能力要强，其异常表现亦较轻。

（五）文化休克的预防

1. **了解新环境** 进入新环境之前，通过各种途径，充分了解、熟悉新环境中的各种文化模式，如风俗习惯、地理环境和人文知识等，预防文化冲突时突然产生强烈的文化休克。

2. **进行模拟训练** 进入新环境之前，有的放矢进行生活方式及生存技能模拟训练。

3. **主动接触新文化环境** 进入新环境之后，理解新的文化模式，打开社交圈子，踊跃参加一些有益的社会活动，以开阔视野，学习如何处理人际关系。

4. **寻找支持系统** 在文化冲突中产生文化休克时，积极寻求可靠、有力的支持系统，正规支持系统包括有关的政府组织或团体，非正式的支持系统包括亲属、朋友和宗教团体。

文化休克是一个学习的过程，一种复杂的个人体验。在此期间个体可能会产生不舒服甚至痛苦的感觉，可通过不同的方式影响个体。对某一特定个体而言，即使所处环境相同，但时期不同，也可造成不同的影响。因此，对于那些将要或已经处在异域文化中的人来说，社会环境是个体无法改变的，但文化调适却是自己可以做到的。这首先需要认识到任何一次重大的文化转换都可能产生巨大的压力与焦虑，但这种压力与焦虑却是一种正常的社会适应性结果。当一个人面临体验文化休克的时候，其不仅需要具有个人的自尊、真诚与信心，还需要保持健康的自我概念和重塑个人文化需求的良好愿望。从某种意义上说，即使是再严重的文化休克现象，也称得上是一种新的文化体验。

第二节　跨文化护理

莱宁格（Leininger）是美国著名的跨文化护理理论学家。从 20 世纪 50 年代中期开始了自己的跨文化护理研究。通过与儿童及其双亲接触，观察并了解到儿童中反复出现的行为差异是由不同的文化背景造成的。上述经历及其后的系统性研究，使她成为获得人类学博士学位的第一位专业护士及理论学家。美国人类学学会于 1968 年批准成立了护理人类学分会。1974 年美国成立国家跨文化护理协会。此后，美国护士协会相继召开了多次跨文化护理与护理关怀专题研讨会，为人类护理关怀的发展及研究做出了重要贡献。莱宁格通过演讲、撰书、咨询、教学等方式，使全球护理界广泛认识并开始应用跨文化护理理论和人类护理关怀理论。

一、跨文化护理理论的内容

（一）相关概念

莱宁格认为护理的本质是文化关怀，关怀是护理的中心思想，关怀是护理活动的原动力，是护士为服务对象提供合乎其文化背景的护理基础。她围绕"文化"和护理关怀提出了以下概念。

1. **文化**　指不同个体、群体或机构通过学习、共享和传播等方式所形成的生活方式、价值观、信仰、行为标准、个体特征和实践活动的总称，它以一定的方式传承，用来指导人的思维方式、生活决策和行为活动。

2. **文化关怀**　是指为了满足自己或他人现有的或潜在的完好健康，应对伤残、死亡或其他状况的需要，用一些符合文化、被接受和认可的价值观、信念和定势的表达方式，为自己和他人提供综合性、符合相应文化背景的帮助、支持和促进性的行为。

3. **文化关怀的多样性**　是指文化内部或不同文化之间、某群体内部或群体之间、个体之间，在关怀的信念、含义、模式、价值观、特征表现和生活方式等方面的差异性，从而衍生不同的关怀意义、价值、形态和标志。

4. **文化关怀的共性**　指人类在关怀的意义、定势、价值、标志及关怀方式等方面的共性，常从人们对待健康、环境、生活方式或面对死亡的文化中衍生而来。

5. **一般关怀**　是指该文化所特有的传统、固有的文化关怀知识与技能，可以通过模仿、学习而得到。

6. **专业关怀**　是指通过大学、学院或临床机构传授和规范学习获得的专业的关怀知识和实践技能所提供的关怀。护理关怀，是以服务对象的健康为目的，并从整体观念出发，为服务对象提供符合个人独特需要的关怀。

7. **跨文化护理**　是指通过文化环境和文化来影响服务对象的心理：使其能处于一种良好的心理状态，以利于疾病康复。跨文化护理根据服务对象的社会环境和文化背景，了解服务对象的生活方式、信仰、道德、价值观和价值取向，向服务对象提供多层次、多系统、高水平和全方位的有效护理。

(二)跨文化护理模式

莱宁格的跨文化护理理论重点是文化,中心是跨文化护理与人类护理关怀。她指出以文化为基础的护理关怀是有效地促进和维持健康,从疾病和残疾中康复的关键因素。所有的文化关怀包含专业关怀护理和一般保健服务。护理作为一个跨文化关怀专业,能够为不同文化的服务对象提供护理关怀。

1. 莱宁格跨文化护理模式 莱宁格用"日出模式"来表达、解释和支撑其跨文化护理理论以及该理论各部分之间的概念框架。可帮助护理人员研究和理解在不同文化背景下,各组成部分如何影响个体、家庭、群体和社会或机构的健康。

"日出模式"的上半部分描述了文化关怀、世界观、文化与社会结构的构成,这些因素通过语言、环境和生活方式等影响人们的关怀与健康。下半部分是对个体、家庭、群体及社区或机构健康产生影响的一般关怀和专业关怀,两者之间相互关联、相互影响。护理关怀是一般关怀和专业关怀之间的桥梁,并通过了解服务对象的文化背景和健康状况,做出护理关怀决策和行动,通过文化关怀的调整、重建等,最终达到与服务对象文化相适应的护理关怀。

2. 莱宁格的"日出模式"层次含义 莱宁格的"日出模式"共包含以下四个层次(图6-2):

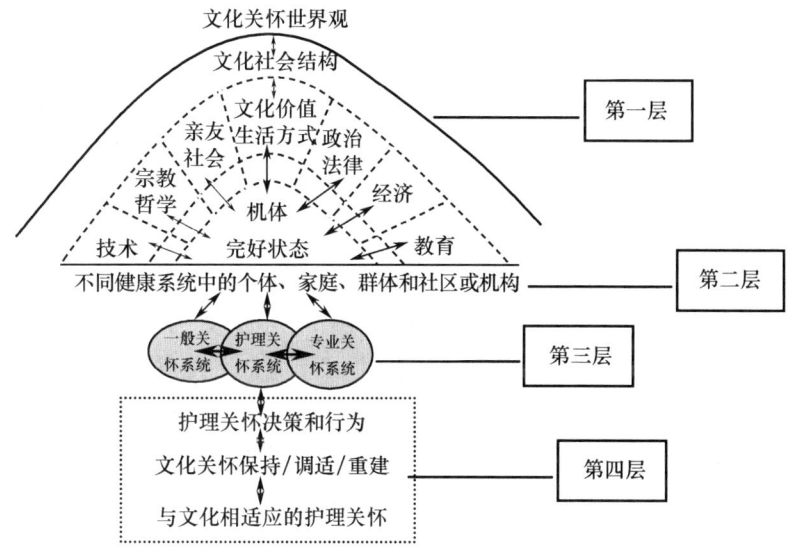

图6-2 跨文化护理"日出模式"

(1)第一层——世界观、文化和社会结构层:本层属于超系统,用于指导护理人员进行护理评价和收集影响服务对象关怀表达方式和关怀实践的因素,包括服务对象的世界观、文化和社会结构要素及其环境背景、种族史等。

(2)第二层——文化关怀和健康层:本层主要提供解释个人、家庭、群体和社区或机构的健康、疾病、死亡的社会文化结构和文化关怀表达方式等与健康密切相关的因素,说明与文化有关的关怀和健康的特定意义及表达方式。

(3)第三层——健康系统层:本层包括一般关怀、专业关怀和护理关怀系统。着重于阐述一般关怀系统、护理专业关怀系统的特征及方式。一般关怀是指传承于文化内部的,通过模仿、学习传统的、民间的和固有的,由非专业人士提供的文化关怀知识与技能。专业关怀是指源于特定文化之外的,通过规范学习获得的,由专业人员提供的文化关怀知识与技能。二者之间相互影响,相辅相成,有利于护理关怀的实施。

(4)第四层——护理关怀决策和行为层:本层包括保存(或维持)、调适(或协商)、重建(或重塑)三种关怀模式。护理关怀以最大限度满足服务服务对象的需要,提供与文化一致的有利于完好健康、面对病残或死亡的护理关怀，这种关怀适合该文化环境。

3. 跨文化护理的意义

（1）有益于帮助服务对象融入医院的文化环境：我国有56个民族，各民族的社会环境和文化背景不同，生活方式、信仰、道德、价值观和价值取向也不同。护士在护理过程中应尊重不同文化背景下服务对象的文化要求、健康和疾病的观念、信仰和行为方式，为使服务对象尽快熟悉医院环境，通过向服务对象提供多层次、多体系、全方位、高水平、有意义和有效的护理服务，以预防和减轻住院服务对象的文化休克，使其适应医院的文化环境。

（2）有益于建立良好的护患关系：护理人员了解沟通交流中文化的差异，使用语言和非语言的沟通交流技巧，建立良好的护患关系，满足服务对象的文化需求，减少他们的恐惧和抱怨，帮助服务对象预防和减轻住院引起的文化休克。

（3）有益于护理人员理解服务对象的行为：不少服务对象由于受到文化观念的影响，对护士持有双重态度，存在既想依赖又不愿依赖的复杂心理。服务对象一方面对护士的权威性如经验等要求过多，依赖性很强，期望护士替自己解除困难；另一方面不一定听从护士的意见和安排，同一个问题会同时要求医师或其他医务人员解决。护理人员应理解服务对象对待护理人员的态度和行为，满足服务对象的文化需求。

思政之光

二、文化护理的原则

1. **以患者为中心**　跨文化护理是社会多元化发展倾向，是医学模式转变的形势所迫，是全世界各族人民健康所需，因此我们有责任使这一理论进一步完善、升华，使我国护理工作逐步与国际接轨，多元文化对护理人员素质提出了更高的要求，护理人员只有确立以患者为主体的原则，一切从患者的利益出发，才能充分认识文化护理的地位和作用，才能自觉将多元文化护理像生活护理与技术护理一样纳入护理工作之中。

2. **因人施护为主导**　文化护理必须考虑到不同民族在体形、肤色、身体特征、心理状态、对疾病的敏感性，以及患者的不同国籍、不同的生活环境、文化背景、社会地位、职业特征、年龄和知识程度等不同特点，制定与个体相适应的护理措施，达到因人施护的目的。

3. **以康复为主导**　护理工作的全部活动都是以文化护理的手段和方法，紧紧围绕服务对象身心健康为目的而展开。一切有利于护理对象健康的文化护理都应积极采纳；一切可能干扰护理工作，有悖于患者康复的纯文化活动都必须严格控制。

4. **发挥文化的正面效应**　采取健康文化为指导，增强其利于患者早日康复的正面效应，防止和杜绝不利于患者身心健康的负面文化效应。文化与其他任何事物一样也具有两重性，在实施多元文化护理的过程中，我们应予以高度重视。

三、多元文化护理中的护士角色

1. **综合管理者**　护理人员有管理及组织服务对象护理全过程的责任，使服务对象尽快适应医院文化环境。在对服务对象护理过程中可采取多方面的护理措施，如饮食护理、心理护理、支持护理等综合护理。

2. **教育咨询者**　服务对象有获得自己疾病及病程进展相关信息知识的需求，护理人员应根据服务对象的文化背景，如接受能力、知识水平、对疾病的理解能力等，有目的、有计划、有步骤地对服务对象进行健康宣教。

3. **健康促进者**　文化护理的目的之一就是调动服务对象的主观能动性和潜在能力，配合服务对象的文化需求，使其更积极地配合治疗和护理，更主动地采取促进健康的自护行为，对疾病的治疗和预后充满信心，促进疾病的康复。

4. **心理疏导者**　在文化护理过程中应注重服务对象不同的文化背景，避免出现文化休克，如已出现文化休克，则应对服务对象进行心理疏导，使其逐步理解、接受文化护理。

5. **整体协调者** 实施文化护理时，要遵循整体护理原则，不仅要考虑服务对象本人的情况，还要评估其家庭、社会背景，争取得到各方面的支持和帮助，在护理过程中应注意协调各种人员之间的关系，帮助服务对象尽快适应医院的文化环境，保证高质量的护理。

四、护理人员如何满足患者文化需求

1. **正确评估患者的文化背景** 应用莱宁格跨文化护理理论进行护理评估，第一步评估患者所处的文化氛围、文化社会结构和世界观方面的知识和信息，主要包括所处的文化环境、文化背景、宗教信仰、社会关系、亲朋关系、经济、教育等；第二步评估患者的具体情境，及其对一般关怀、专业关怀的期望和采取的行动，如有些患者要求单间病房、专人护理，时间观念强，不喜欢护士整理自己的物品。文化评估和其他评估一样是护理程序的第一步，包括系统收集患者的文化态度、信仰、价值观、知识、风俗习惯等信息，应通过语言与非语言的沟通技巧，如移情、倾听、核实等判断患者的文化背景。

2. **理解患者的求医行为** 首先，了解患者对医院、医生、护士的看法与态度，结合他们对治疗和护理的期待进行护理。如有些患者因缺乏医学知识，重医轻护。但许多身心疾病患者单靠吃药不能解决健康问题，改善不了患者的情绪和人际关系。因此，护理人员应根据具体情况进行健康教育、辅导和指导，以取得他们的同意和合作。

3. **明确患者对疾病的反应** 护理人员在护理过程中，要动态地了解患者的健康问题、对健康问题的表达和申述方式。如不同性别的人表现悲伤的方式不相同，男人多保持沉默来怀念死者，而妇女会哭泣并需要别人安慰和支持。护理人员应通过对患者的临床护理，建立和维持良好的护患关系，进一步明确他们的社会心理问题，制订相应的护理措施，与患者及其家属一起共同完成护理活动。

4. **尊重患者的风俗习惯** 尊重患者的风俗习惯，其实就是尊重他们的平等权利与生活方式。应充分尊重他们的饮食习惯、特殊忌讳和民族习俗。如我国回族在饮食方面，除禁食猪肉外，还禁食狗、驴、骡等不反刍动物之肉，禁食一切动物与飞禽、家禽之血。大部分地区的藏族也不食海味及鱼类。有的民族术前准备不宜剃阴毛，有的民族手术前要进行祈祷。总之在病情观察、疼痛护理、临终护理、尸体料理和悲伤表达方式等方面要尊重患者的文化模式。

5. **寻找支持系统** 家庭是患者的一个重要支持系统。因此护士应了解他们的家庭结构、家庭功能、亲子关系、教育方式等情况，利用家庭系统的力量预防文化休克。如护理住院儿童时，可充分利用父母的爱心和责任心，依靠他们帮助住院儿童克服孤独感，表达感情和困难，应对问题及解决问题。

6. **注意价值观念的差异** 不同民族和文化背景下，产生不同的生活方式、信仰、价值观念，护士应注意不同文化背景患者的价值观念差异。例如在道德观念上，中国人主张"孝道"，对住院的老年人往往照顾得无微不至。为了尽孝，包揽了所有生活护理，却使得老年人丧失了自我、自立，作为护理人员仍应顺应老年人及其家属的价值观念，满足他们的自尊心和愿望。

7. **重视患者的心理体验** 不同文化背景的人对同一个问题有不同的解释模式，护理人员不能因为患者使用了与护理人员不同的文化模式来解释事情的发生及健康问题，就认为他们荒唐、可笑，取笑他们，甚至认为患者不可理喻而不理睬。此时护士要根据患者的年龄、知识结构等文化背景与其沟通，了解他们的心理与行为。

护理学是一门以社会科学、自然科学等多领域知识为理论基础的综合性应用学科，是以人的健康为中心，研究自然、社会、文化教育、心理等多因素对人健康的影响，从而进行整体护理的学科。作为护理人员，既要有责任感和同情心，更要关注护理对象的文化背景、工作性质、生活习惯、宗教信仰等多元文化的因素，不断提高自身的人文知识和文化素养，将护理工作与服务对象及其文化背景密切结合，提供适合服务对象文化需求的高质量的护理服务。

目标检测

下载资源：
目标检测参考答案

一、选择题

【A_1 型题】

1. 文化休克是由以下哪位学者于 1958 年提出的
   A. 马斯洛
   B. 南丁格尔
   C. 奥博格
   D. 莱宁格
   E. 奥瑞姆

2. 关于文化休克的预防，以下描述不正确的是
   A. 了解新环境
   B. 进行模拟训练
   C. 主动接触新文化环境
   D. 寻找支持系统
   E. 避免与外界接触

3. 文化休克的表现为
   A. 焦虑、恐惧、沮丧、绝望
   B. 抑郁、恐惧、焦虑、沮丧
   C. 害怕、恐惧、绝望、焦虑
   D. 沮丧、恐惧、抑郁、害怕
   E. 绝望、抑郁、害怕、沮丧

4. 下列哪项属于影响文化休克的因素
   A. 个人认知
   B. 文化水平
   C. 家庭情况
   D. 经济收入
   E. 年龄

5. "跨文化护理理论" 的创立者是
   A. 马斯洛
   B. 卡利什
   C. 莱宁格
   D. 韩德森
   E. 皮亚杰

6. 莱宁格的 "日出模式" 第二层含义是
   A. 世界观、文化和社会结构层
   B. 文化关怀和健康层
   C. 健康系统层
   D. 护理关怀决策和行为层
   E. 专业系统层

7. 莱宁格跨文化护理理论的重点和中心是
   A. 护理 - 跨文化护理与人类护理关怀
   B. 关怀 - 跨文化护理与人类护理关怀
   C. 跨文化 - 跨文化护理与人类护理关怀
   D. 患者 - 跨文化护理与人类护理关怀
   E. 文化 - 跨文化护理与人类护理关怀

8. 下列属于跨文化护理的意义是
   A. 有益于帮助服务对象融入医院的自然环境
   B. 有益于帮助服务对象融入医院的治疗环境
   C. 有益于帮助服务对象了解自己的家庭环境
   D. 有益于帮助服务对象融入医院的文化环境
   E. 有益于护理人员阻止服务对象的行为

9. 下列哪项属于文化护理的原则
   A. 以患者为主中心
   B. 因病施护为主导
   C. 以治疗疾病为主导
   D. 发挥文化的负面效应
   E. 以疾病为主中心

【A_2 型题】

10. 张某，由于工作调动，进入陌生的文化环境，不适应新的环境，表现为沮

丧和迷惑,表明他进入

A. 蜜月阶段
B. 沮丧阶段
C. 恢复调整阶段
D. 适应阶段
E. 调节阶段

二、思考题

1. 如何预防和减轻住院患者的文化休克现象,使其尽快适应医院的文化环境?
2. 护士在多元化护理当中扮演什么角色?

(宋雯颖)

单元五 应用岗位职业能力

第七章 护理职业安全防范能力

> **案例 7-1**
>
> 患者，李某，22岁，男性。因"左尺骨上端纤维异样增殖症"于4月15日上午8：00手术，在臂丛麻醉下用气囊止血带加压进行手术，压力400 mmHg，手术耗时1 h，术毕松止血带，以超8字形绷带加压止血，并以前臂石膏托屈肘位固定。当日下午3：30医生查房发现患者指端轻度肿胀，嘱护士垫高患肢。晚7：45，患者上肢疼痛剧烈，值班护士遵医嘱注射杜冷丁50 mg。次日00：25患者自己走到护士站主诉疼痛难忍，护士才给患者松了石膏上的绷带。7：30发现患者肢端冰冷，桡动脉消失，感觉、运动功能丧失，紧急打开绷带行深肌膜切开减压。因发现已晚，未能恢复患者手臂功能而残废。
>
> **思考：**
> 1. 患者手臂残废与护士有没有直接的关系？
> 2. 作为护理工作者应如何避免此类事情的发生？

学习内容

第一节　概述
第二节　护理安全防范
第三节　职业暴露与防护

学习目标

1. 掌握职业暴露、护理安全、护理事故、护理不良事件、护理职业防护。
2. 熟悉护理安全的影响因素、护理职业损伤的危险因素，职业暴露的危险因素及防护措施。
3. 了解护理职业安全与防护的重要性。

任务目标

1. 建立保护患者安全和自我职业安全防护意识和理念。
2. 具有职业安全和职业暴露防护的能力。
3. 以抗疫一线护士为榜样，具有熟练的抗疫防护能力，当人民需要时义无反顾，勇担责任。

第七章 护理职业安全防范能力

思维导图

下载资源：
思维导图解析

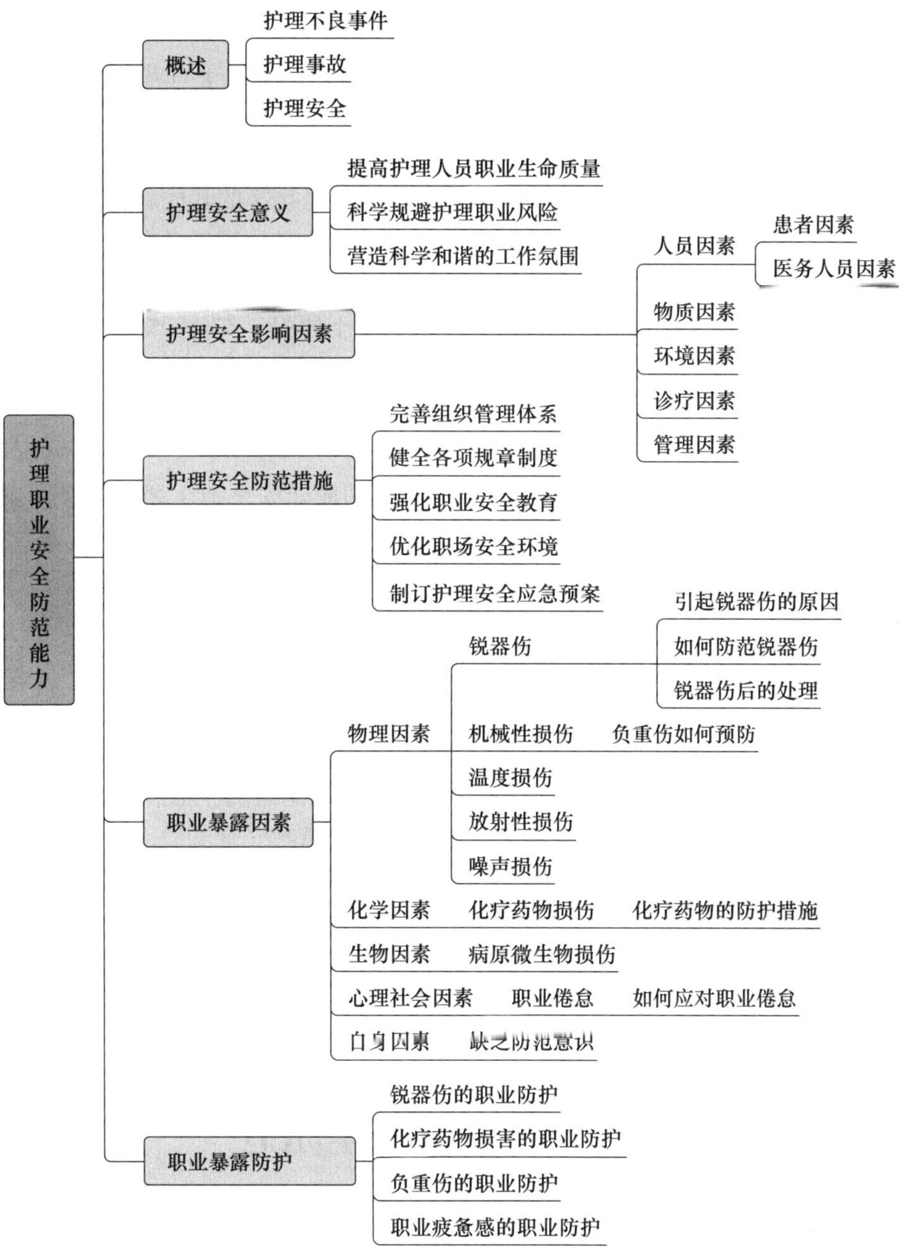

```
护理职业安全防范能力
├── 概述
│   ├── 护理不良事件
│   ├── 护理事故
│   └── 护理安全
├── 护理安全意义
│   ├── 提高护理人员职业生命质量
│   ├── 科学规避护理职业风险
│   └── 营造科学和谐的工作氛围
├── 护理安全影响因素
│   ├── 人员因素
│   │   ├── 患者因素
│   │   └── 医务人员因素
│   ├── 物质因素
│   ├── 环境因素
│   ├── 诊疗因素
│   └── 管理因素
├── 护理安全防范措施
│   ├── 完善组织管理体系
│   ├── 健全各项规章制度
│   ├── 强化职业安全教育
│   ├── 优化职场安全环境
│   └── 制订护理安全应急预案
├── 职业暴露因素
│   ├── 物理因素
│   │   ├── 锐器伤
│   │   │   ├── 引起锐器伤的原因
│   │   │   ├── 如何防范锐器伤
│   │   │   └── 锐器伤后的处理
│   │   ├── 机械性损伤——负重伤如何预防
│   │   ├── 温度损伤
│   │   ├── 放射性损伤
│   │   └── 噪声损伤
│   ├── 化学因素——化疗药物损伤——化疗药物的防护措施
│   ├── 生物因素——病原微生物损伤
│   ├── 心理社会因素——职业倦怠——如何应对职业倦怠
│   └── 自身因素——缺乏防范意识
└── 职业暴露防护
    ├── 锐器伤的职业防护
    ├── 化疗药物损害的职业防护
    ├── 负重伤的职业防护
    └── 职业疲惫感的职业防护
```

第一节 概 述

随着社会的发展、科技的进步以及人们自我保护意识的提高，护理人员的职业安全问题越来越受到重视。1998 年，美国召开了首届"护士健康与安全"国际大会，会议突出的口号是"为了关爱患者，我们首先应该关爱自己"。护理是一个特殊职业，其独特的工作环境及服务对象决定了医护人员在每天的工作中经常暴露于各种各样的危险中。如操作时与患者的血液、体液、分泌物和排泄物的接触及操作后要处理医疗废物等，由此导致血源性、传播性疾病感染的机会增多。因此，护士应具备对职业危害因素的认识、防范意识和处理的基本能力；通过学习职业防护知识，增强安全工作的自觉性，预防和降低护理工作中职业损伤的发生。

一、概念

1. **护理不良事件（nursing errors）** 是指在护理工作中，由于护士的过失，造成患者身心痛苦或延长治疗时间但未造成人身损害的严重后果或构成事故。

2. **护理事故（nursing accident）** 是指护理工作过程中，由于护士的过失，直接造成患者死亡、残疾、器官组织损伤，导致功能障碍或造成严重人身损害的其他后果。

3. **护理安全（nursing safety）** 有狭义和广义之分，狭义是指患者在接受护理过程中，不发生法律和规章制度允许范围以外的心理、机体结构或功能上的损害、障碍、缺陷或死亡。从广义角度和现代护理管理的发展看，护理安全还包括护士的职业安全，即护理活动过程中患者及护士不发生允许范围和限度以外不良因素的影响和损害。

二、护理职业安全防范进展

1987年美国颁布《全面性防护措施》；1991年美国职业安全卫生署规定医院必须上报医护人员血液暴露及针刺伤发生的情况；1998年美国召开了首届"护士健康与安全"国际大会，会议突出的口号就是："为了关爱患者，我们应首先关爱自己。"2000年美国通过了预防针刺伤的法案，把医护人员的职业防护问题上升到了法律的高度。

2003年我国颁布了《医疗废物管理条例》；2004年卫生部颁布《医务人员艾滋病病毒职业暴露防护工作指导原则》（试行）；2005年卫生部拟定《血源性病原体职业暴露防护标准》和《医务人员职业防护标准》，并将血源性病原体职业暴露问题纳入我国职业病防治管理体系。2005年我国卫生部下发《医院管理评价指南》并开展"以患者为中心，提高医疗质量"为主题的医院管理年活动，工作目标就是尊重患者权利，保障患者安全。

随着护理功能的转变，护理新技术、新业务不断开展和应用，护理工作的主体——护士，承担着为患者提供协助诊治及护理的诸多任务，在此过程中护士可能会受到许多职业性危险因素的损害。因此，护士应具备识别临床护理中各种职业性危险因素及防范和处理职业损伤的能力，以维护自身职业安全。

第二节 护理安全防范

一、护理安全的意义

（一）提高护理人员职业生命质量

护理职业防护措施的有效实施，不仅可以避免由职业危害对护士造成的机体损害，而且还可以控制由环境和行为引发的不安全因素。通过职业防护维护护士的身体健康，减轻工作中的心理压力，提高护士职业生命质量。

（二）科学规避护理职业风险

通过对职业防护知识的学习和技能的强化，可以提高护理人员职业防护的安全意识，能更加自觉地履行职业规范要求，严格遵守护理操作规程，有效控制职业危险因素，科学规避护理职业风险，增加护理工作的安全感和成就感。

（三）营造科学和谐的工作氛围

良好安全的职业环境，可以增加护士执业的满意度，促进健康的人际交流，使之获得对职业选择的积极认同。同时，轻松愉快的工作氛围，可以缓解护士的工作压力，改善护理人员的精神卫生状况，产生愉悦的身心效应，提高护士的职业适应能力。

二、影响护理安全因素

（一）人员因素

1. 患者因素 患者由于各种患病原因致使其身体虚弱、活动受限、自控能力下降而易摔伤；感知觉及意识的障碍或疾病的痛苦状态使其躁动不安、失去自控能力而易跌倒或烫伤；免疫力低下使其易发生感染；心理压力过大使其注意力不集中而无法预警危险因素，也易发生伤害。此外，由于患者认知程度的不足导致遵医行为不良，如自行调节输液速度、氧流量等，也会带来安全隐患。

2. 医务人员因素 医务人员的综合素质及人力配备情况直接影响着护理安全，其中主要是护士，表现为护士责任心不强，法律意识淡薄，不认真遵守和执行各项规章制度及操作规程；服务理念欠缺，沟通不到位，使患者在接受治疗护理过程中配合技巧及遵医行为受到影响；业务素质较差不能满足临床护理新技术、新业务开展的需求，在抢救过程中操作不娴熟，难以保证抢救效果；人力配备不足、工作强度较大，使其经常处于高度紧张和力不从心的工作状态，又缺乏自我防护意识，进而有可能给患者及自身带来安全隐患。

（二）物质因素

护理设备是完成护理任务的重要工具，是保障患者安全的基本要求。器械设备的性能是否完好，质量是否过关，数量是否充足，均会影响护理工作的正常开展及救治工作的时效。如果仪器设备存在安全隐患，则会导致护理工作中技术方面风险加大，影响护理安全。

（三）环境因素

医院的基础设施及布局不当也潜在不安全因素，如警示标志缺失、地面过滑导致跌倒；指示标志不明显、布局不当，延长患者就诊时间；床旁无床档造成坠床；非无菌区和无菌区未严格分开，导致院内交叉感染进而影响护理安全。

（四）诊疗因素

为了促进患者康复，需要根据患者的病情采取一系列的检查和治疗，然而有些诊疗手段，如侵入性的检查和治疗、放射性的检查和治疗、外科手术等在协助诊断和治疗疾病的同时可能造成潜在的感染及组织的损伤等。

（五）管理因素

护理管理制度不完善、质量监控不力及业务培训不到位是造成护理不安全的重要因素。若管理者对潜在的不安全因素缺乏预见性或重视不够，导致管理制度不健全，监控不得力，忽视对护士的业务培训及未配备充足的人力资源，进而可能影响护士的职业态度，使护理安全受到极大的威胁。

医院临床一线的护理工作者必须高度重视护理安全的防范，工作中警觉地识别各种不安全因素，有效规避不安全行为，为患者、家属及自己创造安全的休养和工作环境。

三、护理安全防范措施

（一）完善组织管理体系

医院应成立专门的护理安全管理机构，实施三级管理，即医院护理安全管理委员会、护理安全管理办公室、科室护理安全管理小组，分别承担具体的护理安全管理工作，形成层层把关、环环相扣的护理安全管理体系。

（二）健全各项规章制度

1. 建立健全护理安全管理的各项规章制度 如职业防护管理制度、职业暴露上报制度、消毒制度、隔离制度、医疗废物处理制度等，并严格遵守执行，切实提高护理服务的安全性和有效性。

2. 根据护理行业标准，制定各种操作规程　如预防锐器伤操作规程、预防化学性损伤操作规程、预防生物性损伤操作规程等，使护理安全防范做到有章可循、依章办事，从而减少和避免护理不安全事件的发生。

（三）强化职业安全教育

1. 加强护士职业安全教育　树立全员安全理念，使护士从思想上、行动上重视职业防护。把职业安全教育纳入到在校教育与毕业后教育中，并给予考核评定，使之成为长效机制，保证教育效果。

2. 定期开展护理安全方面的法律培训　聘请专业的法律顾问给予指导，如学习医疗事故处理条例、组织护理安全主题交流会等，通过交流与学习，提高法律意识，维护护患双方的合法权益。

3. 加强专业培训　有计划地为护士提供和创造学习新知识、新技能的培训机会，做到培训人人参加，人人合格。鼓励护士专业培训与自学提高相结合，不断提高自身的专业素质和业务水平，增强职业防护能力，从而提高护理质量。

（四）优化职场安全环境

1. 创造安全健康的工作环境　医院管理者应充分认识到护士职业暴露的危害，改进护理防护设备使之与国际标准接轨，如配备生物安全柜、层流手术室、安全注射装置等。另外重视护士的个人保健，定期进行健康体检和免疫接种。

2. 建设和设置科学、合理的建筑　医院各部门建筑设置应科学合理，如传染科病区应分别设有患者通道和工作人员通道，避免交叉感染；存在安全隐患的特殊场所应有醒目的警示标识，如水房应有防滑防烫标识。

3. 建立良好的护患关系　加强护患沟通，做好健康教育，提高患者的依从性。另外，和谐的人际环境也有利于护患双方心理健康，避免心理-社会性损伤的发生。

（五）制订护理安全应急预案

1. 坚持预防为主，消除各种隐患　在重视常规监控的基础上，关键环节重点监控，消除护理安全隐患，做到早识别、早处理，杜绝一切事故的发生。

2. 制订应急预案，重视专业训练　医院各科室应制订科学规范的护理安全处理应急预案，护理管理者要重视对护士的专业训练，遇有应急事件发生时，护士应依据科学流程，操作娴熟，有效抢救。

第三节　职业暴露与防护

一、概念

1. **护理职业暴露**（nursing occupational exposure）　是指护士在工作过程中，接触有毒、有害物质或病原微生物，以及受到心理-社会因素的影响而有可能损害健康或危及生命的一种状态。

2. **护理职业风险**（nursing occupational risk）　是指护士在工作过程中可能发生的一切不安全事件。

3. **护理职业防护**（nursing occupational protection）　是指护士在工作过程中采取有效措施，以保护自身免受职业暴露中的危险因素的侵袭或将所受伤害降到最低程度。

4. **标准预防（standard precaution）** 即认定所有患者的血液、体液、排泄物及分泌物等都具有潜在的传染性，接触时均应采取防护措施，以防止血源性传播疾病和非血源性传播疾病的传播。

> **知识链接**
>
> **标准预防的基本内容**
>
> 为了进行职业防护，1996年美国疾病预防控制中心（Centers for Disease Control and Prevention，CDC）提出标准预防（standard precaution），我国于2000年12月下发的《医院感染管理规范（试行）》启用了这项隔离预防指南，推广和强化"标准预防"。标准预防的三个基本内容：
>
> 1. 所有的患者均被视为具有潜在感染性的患者，即认为患者的血液、体液、分泌物、排泄物均具有传染性，必须进行隔离，不论是否有明显的血迹污染或者是否接触完整的皮肤黏膜，接触上述物质者，必须采取防护措施。
> 2. 既要防止血源性疾病的传播，又要防止非血源性疾病的传播。
> 3. 强调双向防护。既要预防疾病从患者传至医务人员，又要防止疾病从医务人员传至患者。

思政之光

二、职业暴露因素

护理人员在职业工作中经常暴露在各种危害之中，直接威胁着安全和健康。这些危险因素主要包括物理因素、化学因素、生物因素、心理社会因素和自身因素。

（一）物理因素

1. **锐器伤** 是护理人员最常见的职业损伤因素之一，而感染的锐器伤是导致血源性疾病传播的最主要因素。目前，已经证明有20余种病原体可经过锐器伤直接传播，其中最常见的、危害性最大的是乙型肝炎病毒、丙型肝炎病毒和艾滋病病毒；同时，锐器伤对受伤者还会造成较大的心理影响，产生焦虑、恐惧心理，并且引发中度或重度的悲观情绪，甚至有的护理人员放弃了护理工作。

2. **机械性损伤** 是指护理人员在日常工作中容易发生因体力劳动造成的损伤。如职业所需搬运患者、为患者翻身，为床上患者进行治疗护理等，尤其是ICU、骨科、精神科、急诊科，需要搬运患者的机会较多，另外还有取药、送物等，如果用力不当或过度疲劳，易造成跌倒、扭伤、撞伤，长时间的弯腰和站立也会造成腰椎间盘脱出、腰肌劳损、下肢静脉曲张等。

3. **温度损伤** 常见的有使用热水袋、热水瓶造成的烫伤，使用氧气、乙醇等易燃、易爆物品造成的烧伤，使用烤灯、高频电刀理疗时造成的灼伤。

4. **放射损伤** 护理人员在日常工作中，常需定期消毒治疗室、病室，不可避免会接触到紫外线，造成不同程度的皮肤红斑、紫外线眼炎。为肿瘤患者进行放疗诊断和治疗过程中，如果护理人员自我保护不当，可造成白细胞降低、放射性皮炎、皮肤溃疡、皮肤坏死，严重者可引起皮肤癌变。

5. **噪声损伤** 世界卫生组织规定最适于患者休养的声音强度应在35~40 dB，超过40 dB就对人体产生不良刺激，即为噪声。

知识链接

噪声

噪声主要来源于监护仪和呼吸机的机械声、报警声、电话铃声、患者的呻吟声、物品及机器移动的声音等。研究人员发现，从1960年开始，在世界范围内医院白天的平均声音强度从57 dB上升到了今天的72 dB，而晚上的声音强度则从原来的42 dB上升到了60 dB。远远超过WHO规定的医院噪声标准，即病房中的声音强度不应超过40 dB。护理人员长期处于这样的工作环境中，会引发多器官功能的改变，严重者可导致听力、神经系统等的损害。

（二）化学因素

护士职业中的化学危害主要来自化学消毒制剂和抗肿瘤药。在护理工作中护士不可避免地会接触到大量化学药物，对护士的身体造成损害。如接触到甲醛、戊二醛、过氧乙酸、各种含氯消毒剂等，在防护不当的情况下很小剂量的接触就可通过人体的皮肤、眼睛、呼吸道进入人体，引起皮肤瘙痒、红斑、破损、流泪、恶心、呕吐、咳嗽、气喘等症状；经常接触的护理人员还会出现结膜灼伤、上呼吸道炎症、喉头水肿和痉挛、化学性气管炎和肺炎等；长期接触还可能造成肝、神经系统的损害，表现为记忆力下降、头痛；甚至可能导致肺的纤维化病变。

此外，护士还会接触到化疗药物，也给护士带来潜在的危害。化疗药物的作用是非选择性的，在破坏患者异常细胞的同时，也破坏人体的正常细胞。护士可通过配药或注射等操作使皮肤直接接触或吸入小剂量化疗药物，长期接触可因蓄积作用而导致肿瘤的发生及脏器损伤、白细胞下降、血小板和红细胞减少、脱发、致畸等。

（三）生物因素

生物因素危害是指护理工作中病原微生物对护士身体的伤害。由于护理工作的特殊性，临床护士经常接触患者血液、体液及各种分泌物，被病菌污染的概率相当高。在工作中常接触的细菌有葡萄球菌、链球菌、肺炎双球菌、大肠埃希菌等；常接触的病毒有乙肝病毒、丙肝病毒、艾滋病病毒等，这些病原微生物广泛存在于各种分泌物、排泄物及患者使用过的器具和衣物中，可通过呼吸道、血液、皮肤等途径感染护士。

（四）心理社会因素

护理工作的服务对象千差万别，人际关系的特殊性与复杂性有时会直接影响到护士心理和工作行为，严重时会导致护士出现职业倦怠。如护士长期面对疾病、死亡、意外伤害等不良刺激，导致护士容易处于忧郁状态，给护士的身心健康带来不良影响；社会对护理工作者的要求不断提高、公共突发事件、酗酒、医疗纠纷等社会问题都增加了护理工作的风险性和紧张感；长期的倒班造成护士生物钟和社会角色的紊乱；紧张的护患关系、持续超负荷的工作、紧张的工作状态都增加了护士的工作难度和心理压力。其次，工作中来自患者和家属的暴力，也直接威胁护理人员的安全健康。

（五）自身因素

少数护士不注重自我防护的行为也存在着危险因素，对职业暴露的危险性认识不足，自我防护意识比较淡薄。如操作后不洗手或洗手时不按"七步洗手法"规范洗手；抽血和配制化学药物时不戴手套；被传染病患者使用过的利器刺伤后不做任何处理；未注射过任何疫苗；经常接触细胞毒性药物的护士不定期查血。不注重自我防护，对护理人员的健康是一种极大的潜在危险。

三、职业暴露防护

（一）锐器伤的职业防护

锐器伤是一种由医疗利器，如注射器针头、缝针、各种穿刺针、手术刀、剪刀、碎玻璃、安瓿等造成的意外伤害，造成皮肤深部足以使受伤者出血的皮肤损伤。

视频：
锐器伤的防护

1. 引起锐器伤的原因 ①准备物品的过程中被误伤。②掰安瓿时被玻璃碎屑划伤。③抽吸药物、各种注射、拔针时被针头刺伤。④用手回套护针套时被针头刺伤。⑤被治疗盘、操作台上的针头、利器或玻璃碎屑误伤。⑥手术过程中的锐器传递时造成的误伤。⑦处理医疗污物时不慎误伤，在注射器、输液器毁型过程中被刺伤。

2. 锐器伤的防护措施

（1）加强技能和责任心：熟练掌握锐利器械的操作技术和操作要求，加强工作责任心，注意力集中，防止误伤发生。

（2）加强锐器使用中的防护：掰安瓿时要垫以无菌纱布或棉球；抽吸药液时要严格无菌操作，抽吸后立即用单手套上护针帽；禁止将使用过的针头从针栓上徒手分离；禁止用手直接弄弯、弄直针头。

（3）加强自身防护：在接触患者血液、体液操作时，护士要戴手套，如手部皮肤有破损，必须戴双层手套。操作完毕，脱去手套后应立即洗手，必要时应进行手的消毒。传递器械时要娴熟规范，可以使用小托盘传递锐器（避免直接传递），特别注意防止被针头、缝合针及刀片等锐器损伤。

（4）加强医疗废物的管理：医院要对使用后的一次性医疗用品采取毁型措施，用过的针头要在专用利器盒上分离，医疗废弃物要集中分类处理，运输废弃物的人员必须戴厚质乳胶手套，处理废弃物时必须戴防护眼镜。

（5）建立护士健康档案：定期为护士体检，并接种相应的疫苗。建立损伤后登记上报主管部门的制度、建立医疗锐器处理流程、建立受伤员工监控体系，并给予及时的治疗和关怀。

（6）锐器伤的应急处理：一旦发生皮肤被刺伤，同时伴有出血时，要掌握"挤压出血—清洗—消毒"的程序。即在伤口旁轻轻由近心端向远心端挤压，尽可能地挤压出损伤处的血液，再用肥皂水清洗损伤处，并用流动水冲洗伤口 5 min，禁止在伤口局部挤压（避免因虹吸现象而将污染血液回吸入血管增加感染）。用 0.5% 碘附或 2% 碘酊、75% 乙醇消毒伤口后敷料包扎，以防止血液或体液传播疾病。还要向主管部门报告、填写锐器伤登记表。

（二）化疗药物损害的职业防护

在肿瘤科工作的护士，因职业需要频繁接触各种化疗药物，化疗药物在杀伤肿瘤细胞、延长肿瘤患者生存的同时，也给经常接触它的护士带来一定的潜在危害，严重威胁着护士的身心健康。

1. 引起化疗药物损害的原因

（1）物理性接触：玻璃瓶、安瓿等在运输过程中或使用时容器破裂后药物溢出；打开安瓿时药液向外飞溅；溶解瓶中药物时未减压，拔针时造成部分药物喷出，直接接触皮肤和黏膜；注射过程中针头脱落，药液溢出。

（2）意外性接触：由于废弃的玻璃瓶、安瓿、静脉输液管等含有的少量化疗药物意外溅落在皮肤上；护士在注射过程中意外损伤自己而引起的化疗药物接触；患者的粪便、尿液、呕吐物等均含有低浓度的化疗药物，当污染被服后，如果处理不当，也可使护士接触到化疗药物。

（3）消化道摄入：护士配制化疗药物后，未能彻底洗手或在被化疗药物污染的环境中进食、饮水，导致药物经口摄入。

2. 化疗药物损害的防护措施

（1）加强配制药物环境的管理：设置配制化疗药物的专用治疗室，室内应有安全配制化疗药物的专用操作台，确保通风良好。在药物配置中，如果少量药物溢出，应用纱布吸附药液，大量溢出时要用吸附力强的纱布垫清除，操作区域用清洁剂和清水擦洗污染表面3次，再用75%乙醇溶液擦拭。

（2）护理人员的自我防护：①护士配药前一定要戴一次性帽子，盖住全部头发；戴一次性口罩，口罩里面要垫几层纱布；戴乳胶手套和防护镜。在操作过程中，如果手套破损要立即更换，如果配药时间长，每30 min要更换1次。②割锯安瓿前轻弹安瓿颈上部，使药液全部流入安瓿体部；掰安瓿时用纱布包垫安瓿颈部，以防药物飞溅；溶解干粉药物，如顺铂等化疗药物时，应沿安瓿壁缓慢注入溶剂，等药物被全部浸没后摇匀，以防药粉溢出，同时针头应固定牢靠，以防脱落溅出药液，抽取药液时以不超过注射器容量的3/4为宜。若药粉溢出则用湿纱布轻轻擦拭，以防药物粉尘飞扬污染空气，污染的纱布置于专用袋中封闭处理。③配药完毕后按正规脱手套法脱去手套，用肥皂和流动水洗净双手。如果药物飞溅到台面，用消毒液冲洗或反复擦拭污染的柜内面和台面、地面。如果不慎将药物溅到皮肤和眼睛里，应立即用肥皂水刷洗皮肤和大量清水或0.9%氯化钠溶液局部冲洗。④专门配制化疗药物的医务人员和肿瘤科护士应定期体检（血常规和肝、肾功能），至少每半年1次，根据需要酌情增加检验项目，身体有不适时应及时轮岗并追踪健康状况。⑤怀孕护士应避免接触化疗药物。⑥在配制操作室内禁止进餐、饮水、化妆等，严格按操作流程完成每一次配药，真正做到自我防护。

（3）配制后废弃物的处理：操作后的废弃物品包括用过的防护衣、帽、手套、口罩等放在专用袋中密封并标上明显的警示标记，送高温焚烧处理，在处理过程中，要特别提醒操作人员不要被针头、玻璃碎片等利器刺伤。

（4）妥善处理患者的污染物：接受化疗的患者48 h内的血液、体液、分泌物及排泄物中含药成分比较高，容易造成二次污染。处理这些污物时要戴帽子、口罩和手套，患者用后的水池、马桶等要用水反复冲洗，化疗患者的被服要单独处理。

（三）负重伤的职业防护

负重伤是指由于工作的需要，护士在搬动或移动重物时，使身体负重过度或不合理用力等，导致肌肉、骨骼、关节的损伤。

1. 引起负重伤的原因

（1）较大的工作强度：临床护理工作有节奏快、工作量大、应激事件较多，而护理岗位人员不足等特点，为了适应这一高强度的工作环境，护士多处于高度紧张状态，身体承受力下降，尤其在搬运患者、为患者翻身、协助患者下床活动中，由于用力不均衡或不当，腰部很容易受损。

（2）长期的积累损伤：负重伤是护士发生腰椎间盘突出症的常见原因，积累损伤是重要的诱因。护士在进行护理操作中，腰部扭转动作较多，对腰部损伤较大。由于损伤长期作用于腰椎间盘，加重了其退变的程度，腰椎间盘的稳定性下降，稍有外力作用就会引起腰椎间盘突出。

2. 负重伤的防护措施

（1）加强锻炼，提高身体素质：护士可多进行一些身体锻炼，如健美操、太极拳、广播操、慢跑、游泳、瑜伽等，以增强身体素质。

（2）保持正确的劳动姿势：良好的身体姿势不仅可以预防腰肌劳损的发生，还可延缓腰椎间盘退变的进程，预防腰椎间盘突出症的发生。在站立或坐位时应尽可能保持腰椎伸直，使脊柱支撑力增大，避免过度屈曲引起腰部劳损，减少身体重力对腰椎的损伤。在半弯腰和弯腰时，两足分开使重力落在髋关节和两足处，降低腰部负荷。

（3）避免长时间保持一种体位：护士在工作中长时间保持一种姿势，会增加腰部负荷，引起腰肌劳损或腰椎间盘突出。因此，应经常更换体位，缓解肌肉、关节、骨骼疲劳，以减轻脊柱负荷。

（4）科学使用劳动保护用具：对已患腰椎间盘突出的护士，在工作时可以戴腰围以增加腰部的稳定性，由于腰围久戴会导致腰背痛、腰肌萎缩，所以休息时要解下。

（5）促进下肢血液循环：护士长时间站立会导致下肢静脉血液回流受阻，静脉持久扩张，易发生下肢静脉曲张。因此，为减少和预防下肢静脉曲张发生，护士在工作中应：①尽量避免长时间站立，适当的活动、改变体位，有利于下肢静脉血回流，减轻下肢静脉瓣承受的压力；②站立时可让双腿轮流支撑身体的重量，适当做踮脚动作，促进小腿肌肉收缩，减少下肢静脉血液淤积；③上班时可穿弹力袜，以促进静脉血回流；④休息时可以做下肢运动操，抬高双腿，促进血液循环。

（6）养成良好的生活饮食习惯：护士在日常的生活中，提倡睡硬板床，家务劳动时也应有意识地减少弯腰的次数和时间，减少腰部负荷。饮食注意营养合理搭配，多食含蛋白质、维生素 B 和维生素 E 的食物。

（四）职业疲惫感的职业防护

职业疲惫感是指高强度的工作压力使护士产生的疲惫感，它是由一种因强烈而持久的工作压力所造成的一种无助、无望的心理体验。表现为工作热情明显下降，出现身心不适症状，如头痛、疲乏、心情不好、神经衰弱等。

1. 职业疲惫感的原因　不良的工作环境、快节奏的工作性质、沉重的工作负荷、复杂的人际关系、高风险的工作压力等，是造成护士产生工作疲惫感的主要原因。

2. 职业疲惫感的防护措施

（1）加强对护理人员的教育和培训：鼓励护理人员不断学习新知识、新技术、新方法，增加对学科发展前沿和国内外专业情况的了解，拓展专业领域视野，正视挑战，增强自身综合素质，提高职业竞争力和应对风险的承受力。

（2）提高护理人员的职业防护能力：学习、宣传职业防护的知识和技能，增强职业防护的能力，提高处理突发事件的能力；加强法律知识的学习，做到知法、懂法、守法，减少医疗事故和纠纷的发生，以减轻工作风险所带来的心理压力，从而维护护理人员的身心健康。

（3）减轻和缓解护理人员的压力：合理调配人员，改善超负荷的工作状态，保证护士有足够的休息和睡眠；培养护士良好的心理素质，加强自我心理调节，正确对待工作中的挫折和失败，学会自我减压，保持良好的人际关系。

（4）积极疏导护理人员的不良情绪：选择正确的宣泄方式，积极参加适度的体育锻炼，以释放和调节情绪。管理者应经常倾听护理人员的意见和建议，为他们解决实际困难，使他们精神放松、团结互助，提高工作热情和积极性。

（5）建立社会支持系统，提高护士社会地位：随着社会的进步及人们对健康的日渐重视，护士的角色已渐趋向多元化并成为维护和促进人类健康的主力军，护士的社会评价和社会地位也逐渐提高。护理人员要适应时代的需要，不断提高自身素质，使社会更多地了解、关心、尊重护士，这有助于提高护士自我工作价值感，增强应对工作疲惫感的能力。

下载资源：
目标检测参考答案

目标检测

一、选择题

【A_1 型题】

1. 跌倒和坠床属于下列哪种损伤
   A. 机械性损伤
   B. 温度性损伤
   C. 压力性损伤
   D. 放射性损伤
   E. 生物性损伤

2. 因输氧不当所致的肺水肿属于下列哪种损伤
   A. 机械性损伤
   B. 温度性损伤
   C. 压力性损伤
   D. 放射性损伤
   E. 生物性损伤

3. 由于药物使用不当所引起的损伤属于
   A. 物理性损伤
   B. 化学性损伤
   C. 心理性损伤
   D. 生物性损伤
   E. 机械性损伤

4. 下列哪种属于压力性损伤
   A. 跌倒，撞伤
   B. 冰袋、制冷袋所致的冻伤
   C. 导尿不慎所致的尿道黏膜损伤
   D. 石膏、夹板固定过紧所形成的局部压疮
   E. 医务人员言谈不慎导致患者情绪波动，病情加重

5. 以下化学性损伤的防范措施不妥的是
   A. 熟悉各种药物应用知识
   B. 严格执行药物管理制度和治疗原则
   C. 进行药疗时，严格执行"三查七对"
   D. 注意药物的配伍禁忌，及时观察患者用药后的反应
   E. 为避免患者擅自用药，严禁向患者及家属讲解用药的有关知识

6. 放射性损伤的防范措施中不妥的是
   A. 防止接受放射部位皮肤破损
   B. 禁忌用力擦拭、搔抓、摩擦、曝晒、紫外线照射等
   C. 为保持接受放射部位皮肤的清洁，应经常使用肥皂擦洗
   D. 正确掌握照射剂量和时间
   E. 尽量减少患者不必要的身体暴露，保持照射区域的标记

7. 下列疾病不是锐器伤引起的是
   A. 乙型肝炎
   B. 丙型肝炎
   C. 甲型肝炎
   D. 艾滋病
   E. 丁型肝炎

8. 护士发生锐器伤后容易引起血源性传播疾病，其中最为常见、危害最大的是
   A. 结核
   B. 肝炎及艾滋病
   C. 梅毒
   D. 疟疾
   E. 弓形虫病

9. 下列护理职业防护措施不妥的是
   A. 养成操作后正确洗手的习惯
   B. 医疗废物应分类管理
   C. 盛装医疗废物的容器应装满并严密封口
   D. 提高职业防护意识
   E. 护理人力配备合理

10. 护士工作过程中若不慎被污染的锐器刺伤，首先应采取的措施是
    A. 肥皂水清洗伤口
    B. 消毒液消毒伤口
    C. 及时上报护士长
    D. 从伤口近心端向远心端挤出血液
    E. 做血清病毒学检查

11. 下列关于化疗药物给药过程的描述正确的是
    A. 使用不带排气孔的输液器
    B. 为患者静脉穿刺时徒手操作

C. 排气时将药液排入弯盘中
D. 从茂菲滴管加药时快速推入
E. 药粉不慎撒落地上应先清扫

12. 护士小李在为艾滋病患者输液拔针后，不慎被针头划破其左手，其处理措施不妥的是
A. 用肥皂水、流动自来水反复冲洗伤口
B. 由近心端向远心端挤出损伤处的血液
C. 0.5%碘酊消毒伤口
D. 立即抽血做相关病毒血清学检查
E. 立即按揉伤口，减少出血

13. 下列哪项内容不属于标准预防认定的应采取防护措施
A. 接触患者的血液
B. 接触患者的体液
C. 接触患者的分泌物
D. 接触患者污染的物品
E. 倒取无菌溶液

【A₂型题】

14. 王护士，在给HIV阳性患者采血后被污染的针头扎伤，她不但要立即按操作规程进行处理伤口，还应该按照规定时间检查HIV抗体，关于规定时间以下哪项是错误的
A. 当天
B. 4周
C. 8周
D. 6个月
E. 16个月

15. 韩护士，在为HBsAg阳性患者拔针时，患者突然躁动，韩护士被针扎伤，其查血HBsAg阴性，且未注射乙肝疫苗，则应采取注射
A. 乙肝免疫球蛋白
B. 乙肝疫苗
C. 乙肝免疫球蛋白和乙肝疫苗
D. 无需注射疫苗
E. 注射胎盘球蛋白

16. 苏护士，在为HbsAg阳性患者注射时，患者突然躁动被针扎伤，已按规定进行了处理，不符合规定的随访与检测时间的是
A. 当天
B. 第3个月
C. 第6个月
D. 第9个月
E. 第12个月

【A₃/A₄型题】

（17~18题共用题干）

17. 刘护士，在配制化疗药物时，因药瓶压力过大，药物溅到眼睛内，刘护士应立即
A. 用肥皂水清洗眼睛
B. 用高渗盐水清洗眼睛
C. 用低渗盐水清洗眼睛
D. 用弱酸溶液清洗眼睛
E. 用清水清洗眼睛

18. 为了防止药物外溅，其预防措施不正确的是
A. 抽取瓶装药物时，所抽药液以超过注射器3/4为宜
B. 稀释瓶装药物时，应插入双针头
C. 将溶媒沿瓶壁缓慢注入瓶底
D. 抽取药液时，用针腔较大的针头
E. 待药粉被溶媒浸透后再晃动药瓶

二、思考题

1. 哪些情况下，护理人员应使用护目镜或防护面罩进行护理？
2. 护理人员在哪些情况下应使用隔离衣防护？何种情况下应使用防护服？
3. 被人类免疫缺陷病毒（HIV）污染的针头刺伤后应如何处理？
4. 护士如何进行化疗防护？
5. 护士小杨，在手术台上传递器械时不慎被刀片划破手指，稍有出血，由于手术正在进行，简单用碘酊棉球消毒伤口、更换手套后继续手术。术后查阅病历，发现该手术患者是乙型肝炎患者。请根据上述案例，分析小杨被划伤后应如何正确处理。

（余裕宇）

第八章 运用护理程序的能力

思政之光

> **案例 8-1**
>
> 廖某，男，45岁，聚餐时暴饮暴食后出现上腹持续性刀割样剧烈疼痛并向腰背部放射，同时伴恶心、呕吐9 h，由"120"急诊送入院。神清，面色苍白，痛苦表情，主诉上腹疼痛难忍。急诊检查：血常规检查示白细胞计数为 $11.07×10^9$/L，血清淀粉酶为 1091 U/L。患者以急性胰腺炎入住消化内科进行治疗。入院体检：T 38.4 ℃，BP 90 次/分，R 18 次/分，BP 108/72 mmHg，体重 70 kg，上腹压痛（＋），腹软，反跳痛（－），肠鸣音存在。入院后给予禁食、胃肠减压、药物抑制胰腺分泌、补充血容量等处理并行上腹部CT检查。
>
> 思考：
> 1. 如何对该患者进行护理评估？
> 2. 该患者存在的主要护理诊断有哪些？其优先顺序应如何安排？
> 3. 请根据护理评估和护理诊断为该患者制订护理计划。

学习内容

第一节　护理程序及发展
第二节　进行护理评估
第三节　做出护理诊断
第四节　制订护理计划
第五节　实施护理工作
第六节　评价护理效果
第七节　书写护理病案

学习目标

1. 掌握护理程序、护理评估、护理诊断、护理评价的概念。
2. 掌握护理程序的步骤、实施的步骤、护理评价的步骤及特点。
3. 熟悉资料收集、整理和分析的方法、护理资料的记录。
4. 熟悉护理诊断的分类、护理目标的种类、陈述方式并列举说明。
5. 了解护理诊断与医疗诊断的区别、护理诊断的排序原则和优先顺序排列方法。

第八章 运用护理程序的能力

任务目标

1. 建立整体护理理念，能将护理程序与护理实践相联系。
2. 能正确确立护理问题及优先顺序。模拟完成一份资料的收集、记录、整理和分析。
3. 初步学会护理计划的制订与书写、护理病案的书写格式和方法。为患者提供优质整体护理服务。

思维导图

下载资源：
思维导图解析

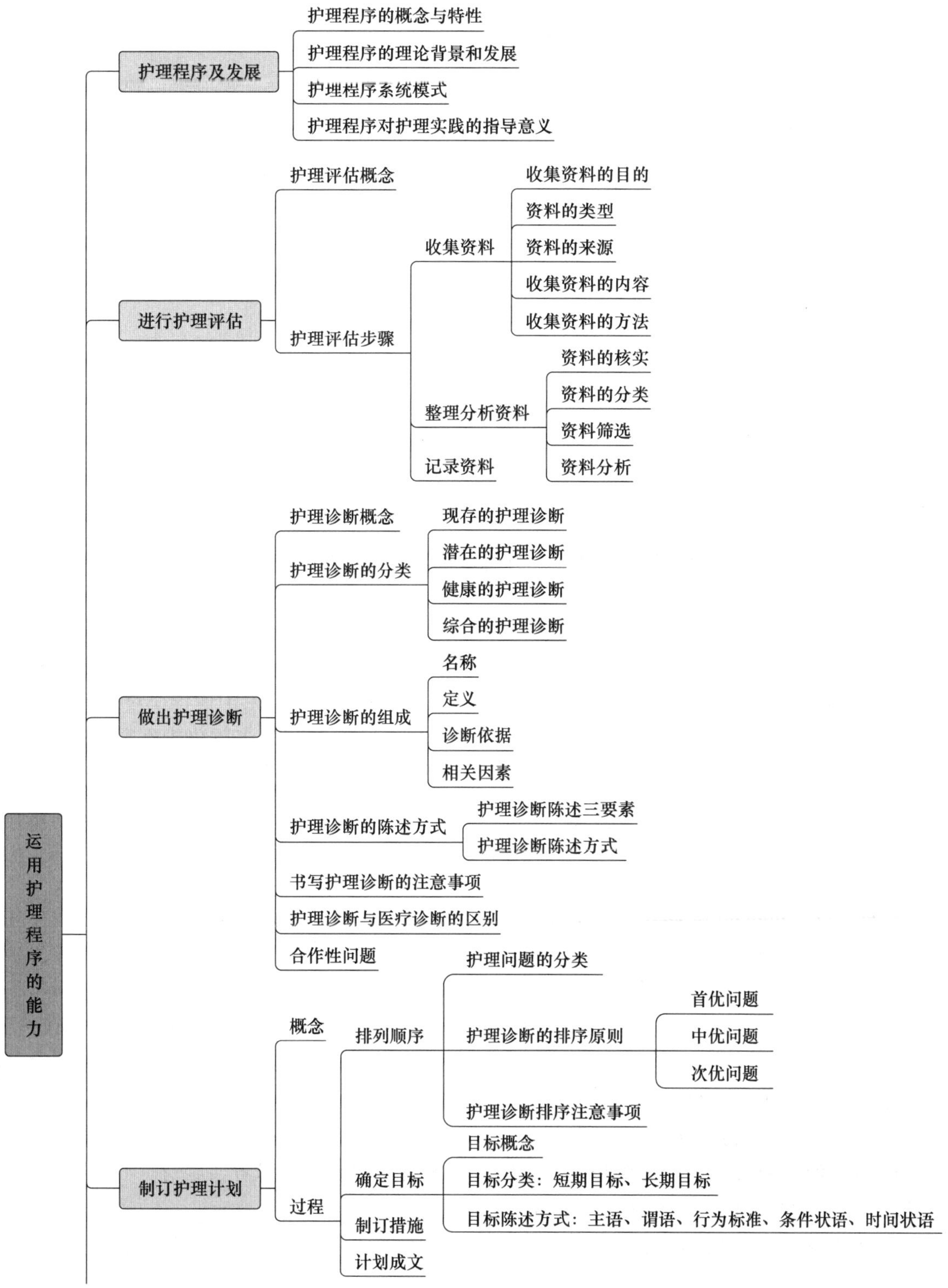

运用护理程序的能力
- 护理程序及发展
  - 护理程序的概念与特性
  - 护理程序的理论背景和发展
  - 护理程序系统模式
  - 护理程序对护理实践的指导意义
- 进行护理评估
  - 护理评估概念
  - 护理评估步骤
    - 收集资料
      - 收集资料的目的
      - 资料的类型
      - 资料的来源
      - 收集资料的内容
      - 收集资料的方法
    - 整理分析资料
      - 资料的核实
      - 资料的分类
      - 资料筛选
      - 资料分析
    - 记录资料
- 做出护理诊断
  - 护理诊断概念
  - 护理诊断的分类
    - 现存的护理诊断
    - 潜在的护理诊断
    - 健康的护理诊断
    - 综合的护理诊断
  - 护理诊断的组成
    - 名称
    - 定义
    - 诊断依据
    - 相关因素
  - 护理诊断的陈述方式
    - 护理诊断陈述三要素
    - 护理诊断陈述方式
  - 书写护理诊断的注意事项
  - 护理诊断与医疗诊断的区别
  - 合作性问题
- 制订护理计划
  - 概念
  - 过程
    - 排列顺序
      - 护理问题的分类
      - 护理诊断的排序原则
        - 首优问题
        - 中优问题
        - 次优问题
      - 护理诊断排序注意事项
    - 确定目标
      - 目标概念
      - 目标分类：短期目标、长期目标
      - 目标陈述方式：主语、谓语、行为标准、条件状语、时间状语
    - 制订措施
    - 计划成文

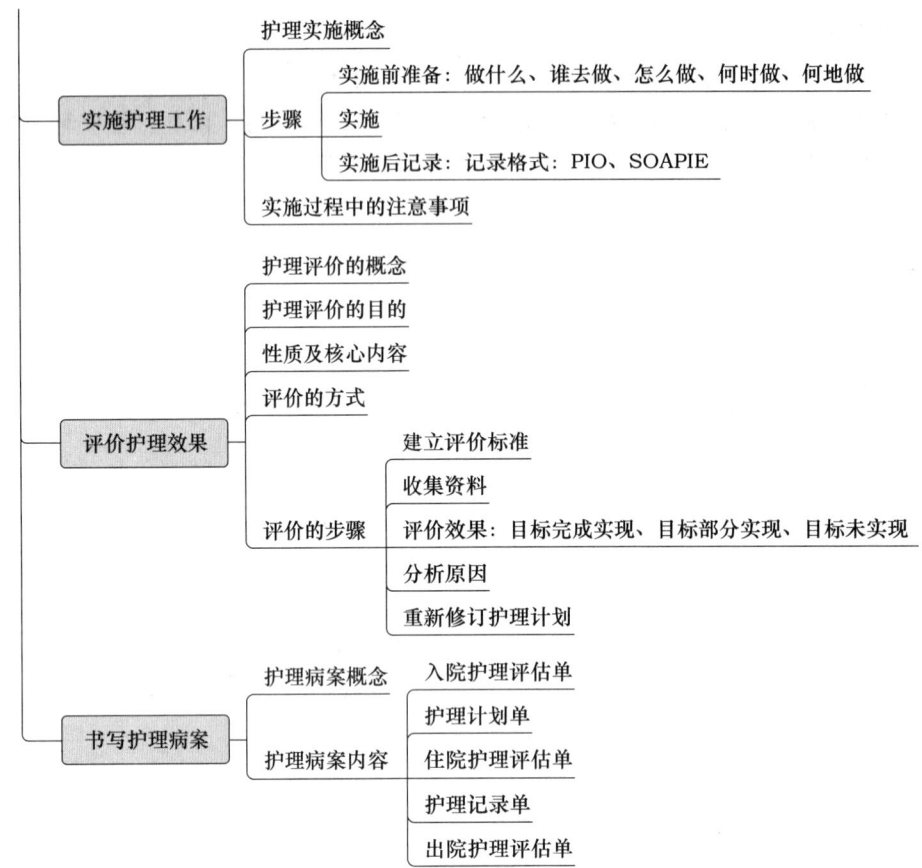

第一节 护理程序及发展

随着整体护理思想的深入,护理程序成为指导临床护理工作的一种系统而科学的方法,与以往护士被动单纯地执行医嘱和各项护理技术操作不同,护理程序为护理人员提供了一种以患者的健康为中心,科学地确认问题和解决问题的工作方法。护士应用护理程序对患者实施身、心、社会等整体护理,凭借自身的知识、经验、技能、精力和智慧去解决护理对象的健康问题,帮助其减轻痛苦、维持健康、恢复健康和促进健康。

一、护理程序的概念与特性

(一) 护理程序的概念

护理程序(nursing process)是指导护理人员以满足护理对象的身心需要,恢复或增进护理对象的健康为目标,运用系统方法实施连续性、计划性、全面整体护理的一种理论与实践模式。护理人员运用护理程序评估护理对象的健康状况,确认现存的或潜在的健康问题,制订适合护理对象的护理计划并采取适当的护理措施以解决确认的问题,使护理对象恢复健康或达到最佳的健康状态。护理程序是一种有计划、系统而科学的护理工作方法,是一个动态的、具有决策和反馈功能的工作过程。

(二) 护理程序的特性

1. **以患者为中心** 护士运用护理程序时要以患者为中心,对患者实施身、心、社会等整体护理,而不是单纯的疾病护理。

2. **系统性** 护理程序以系统论为理论基础,指导护理工作的各个步骤系统而有序地进行,

视频:护理程序

每一个步骤的准确进行都有赖于上一个步骤，并影响下一个步骤。没有完整的、准确的基本资料，护士就无法确定患者的问题；不明患者问题，护士就无法制订有效的目标和计划；如果没有明确的目标和护理措施，评价也就无法进行了。所以，护理程序是一种系统的、连续的过程。

3. **动态性**　虽然护理程序是以五个步骤为顺序排列的，但在实践中这五个步骤往往是相互作用和重叠出现的，没有绝对的起点与终点。护理活动是根据患者病情和健康状况的变化而采用不同的护理措施。

4. **互动性**　护士在运用护理程序的过程中，需要随时与患者、家属、医生及其他医务人员进行交流和协作，共同为恢复和促进护理对象的健康而服务。

5. **普遍适用性**　无论护理对象是个人、家庭还是社会，护理场所是医院，还是其他健康服务机构，护理程序都广泛适用。

6. **组织性和计划性**　护理程序使护理活动遵循护理计划进行，避免了护理活动的凌乱，使其更有组织性和针对性。

7. **创造性**　护士需要运用评判性思维的方法，根据护理对象的健康问题及特殊需求，创造性地设计解决问题的方法。

二、护理程序的理论背景和发展

（一）护理程序的理论背景

护理程序的理论基础来源于与护理有关的各学科理论，如系统论、层次需要论、应激与适应理论、沟通理论、生长发展理论和解决问题学说等。各种理论相互关联，相互支持，又分别在护理程序实践过程的不同方面发挥独特的指导作用。

1. **一般系统论**　构建了护理程序的理论框架。
2. **人类需要层次理论**　为评估护理对象的健康状况、预见护理对象的需要提供理论依据。
3. **信息交流论**　为护理人员提高与护理对象的有效沟通赋予交流能力和技巧的知识，确保护理程序的最佳运行。
4. **解决问题论**　为确认护理对象健康问题，寻求最佳解决问题的方案及评价效果奠定了方法论的基础。
5. **成长与发展理论**　赋予护理人员观察评估不同年龄护理对象的生理、心理、社会需求及健康问题的理论知识。
6. **压力与适应理论**　为护理人员对护理对象生理、心理等反应的观察和预测及对其适应能力和适应水平的判断，继而采取有效的护理干预措施，提高护理对象的适应能力提供理论依据。

（二）护理程序的发展

1. **起源**　1955 年，美国护理学者 Lydia Hall 首先提出以患者为中心实施护理，她认为护理工作应该是一种"按程序进行的工作"。

2. **产生**　1961 年，美国护理学家奥兰多（Orlando I. J.）在著作《护士与患者的关系》中首次使用了"护理程序"一词，并提出了护理程序工作的三个步骤：患者的行为、护士的反应、护理活动的有效计划。

3. **进展**　1967 年，尤拉（Yura）和沃尔什（Walsh）完成并出版了第一本权威性的教科书《护理程序》，将护理程序确定为评估、计划、实施和评价四个步骤。

4. **规范**　1973 年，北美护理诊断协会（North American Nursing Diagnosis Association，NANDA）成立，在第一次会议召开之后，许多护理专家提出应将护理诊断作为护理程序的一个独立步骤。同年，盖比（Gebbie）和拉文（Lavin）将护理诊断增加在护理程序中，使之成为五个步骤。1977 年，美国护士协会（American Nurses Association，ANA）将护理程序规定为评估、诊断、计划、实施和评价五个步骤。

5. 护理程序在中国的发展　20世纪80年代初期，美籍华裔学者李式鸾博士来华讲学，引进了美国的责任制护理制度，以护理程序为核心的责任制护理在中国开始实行。1994年，经美籍华人学者袁剑云博士介绍，以护理程序为核心，对患者进行有效整体护理的模式病房在全国部分医院开始试点。1996年正式组建全国整体护理协作网。1997年6月，卫生部《关于进一步加强护理管理工作的通知》文件下发，要求全国各医院积极推行整体护理。目前，我国护理人员仍在积极探索适合中国国情、具有中国特色的整体护理实践模式。

三、护理程序系统模式

护理程序由评估、诊断、计划、实施和评价五个步骤组成。各个步骤是有序进行的，护理评估是护理程序实施的第一个步骤，对护理对象生理、心理、社会等方面的健康状况、健康需求及相关因素进行全面、正确的评估，是确立护理诊断的基础。护理诊断是制订护理计划的依据，护理人员按照护理计划实施护理措施，护理评价是护理程序的最后步骤。它们之间相互联系、相互依赖、相互影响，是一个循环往复的过程，每个步骤的顺利开展都有赖于上一步骤的正确进行。其中，评估和评价贯穿于护理程序的始终（图8-1）。

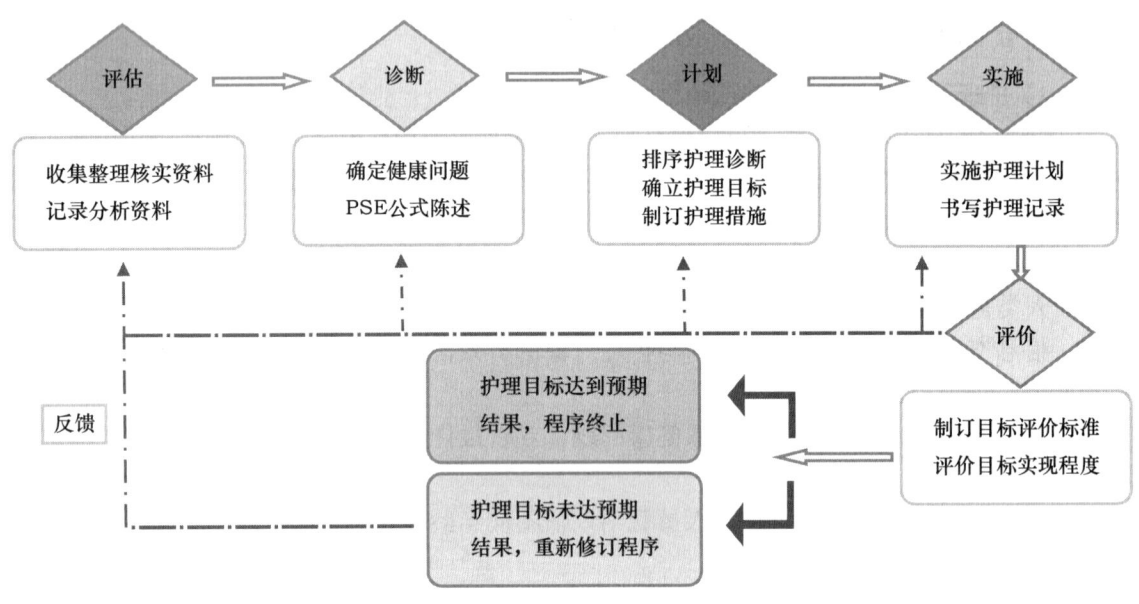

图8-1　护理程序系统模式图

四、护理程序对护理实践的指导意义

（一）对护理专业意义

1. 促进护理的专业化和规范化　护理程序的应用成为护理学专业化的重要标志之一，使护理工作的科学性、专业性和独立性得到了真正体现，同时规范了护理的工作方法和专业行为，促进护理专业化发展。

2. 促进护理管理水平的提高　护理程序运用于护理管理工作，对护理管理提出了更高的要求，使临床护理质量评价有了新突破。

3. 推动护理科研的进步　运用护理程序的方法可引导护理人员将护理对象作为一个整体的、系统的人来考虑研究的重点内容和方向，推动了护理科研的发展。

4. 推动护理教育模式转变　护理程序的实践及整体护理理念的形成，对护理教育的模式转变具有指导意义，护理教育的目的是适应临床护理实践的需要和社会对护理专业的期望，从而使课程建设、教学内容安排、教学方法运用等方面都发生了根本性的变化，促进护理教育培养模式的转变。

（二）对护理对象的意义

1. **成为直接受益者** 护理程序的临床运用使护理对象在生理、心理、社会等方面，获得系统、全面、个体化和高质量的健康照顾，享受到高水平的护理服务，成为护理程序的最大受益者。

2. **获得相关知识与技能** 护理程序为护理对象提供全面、系统的护理服务，包括满足其对健康知识的需求。护理程序在应用过程中强调护理对象及家属的参与，护理人员通过多种健康教育方法，为护理对象及其家属传授疾病相关防治知识和技能，提高了护理对象及其家属的健康参与意识和健康照顾知识与技能。

（三）对护理人员的意义

1. **转变护理人员角色** 护理程序的临床运用，使护理人员的自主性、独立性、创造性思维和评判性思维能力得到充分发挥，摆脱了被动执行医嘱的局面，由医生的助手转变为医疗工作中的合作伙伴。

2. **提高护理人员综合能力** 护理程序运行过程中，培养了护理人员独立发现问题和解决问题能力、人际交往沟通能力、决策能力和评判性思维等能力，提高了护理人员的自身综合素质。

3. **提高护理人员工作成就感** 护理程序在临床护理实践中的应用，充分展示了护士的角色与功能，提高了护理人员的工作成就感和自身价值认同感。

第二节　进行护理评估

护理评估是护理程序的第一步，其目的是识别护理对象的健康问题和护理需求，寻求恢复和促进其健康的有利因素，为执行护理活动提供可靠的依据。护理评估是整个护理程序的关键步骤和基础，直接影响到护理诊断和护理计划制订的正确性。护理评估贯穿于整个护理过程，利于获得护理对象的动态健康资料，指导护理活动的进行。

一、护理评估概念

护理评估（nursing assessment）是护士有计划、连续、系统、全面地收集护理对象的生理、心理及社会等方面健康资料，并分析、判断、整理资料的过程。护理评估是一个连续不断的动态过程，它在患者入院时即已开始，此后，护士每次与患者接触都会收集有关病情变化和患者反应的资料，以便及时发现问题，调整护理计划。

二、护理评估步骤

护理评估包括收集资料、整理分析资料和记录资料三个步骤。

（一）收集资料

1. **收集资料的目的**

（1）获得护理对象的健康资料，为正确做出护理诊断提供依据。

（2）为护理计划的制订提供依据。

（3）为护理效果的评价提供依据。

（4）积累护理科研资料。

2. 资料的类型

（1）主观资料：指服务对象对自己现存或既往身心健康状况的感受或看法，包括服务对象的主诉、亲属及代理人的代诉。主观资料一般无法具体测量和观察，如"我的胃很疼，像刀割一样""我今天一直感觉有些恶心""我担心我的病治不好了"等为主观资料。

（2）客观资料：指评估者通过观察、体格检查、测量及各种医疗设备辅助检查所获得有关护理对象健康状况的资料。如 BP 180/100 mmHg、患者面色苍白、瞳孔缩小、大汗淋漓、下肢凹陷性水肿、空腹血糖 11.7 mmol/L、颈部肿块等均为客观资料。客观资料可反映主观资料的真实性，如急性 ST 段抬高型心肌梗死患者诉胸前区疼痛，有濒死感，护理人员观察到患者大汗淋漓、面色苍白、痛苦表情，心电图检查显示 ST 段抬高呈弓背向上型，出现病理性 Q 波、T 波倒置等特征性改变，一系列客观资料可说明患者确实疼痛剧烈。

3. 资料的来源

（1）直接来源：资料直接来源于护理对象本人，通过护理对象的主诉，对护理对象的观察、测量及体格检查等所获得的资料，是资料的主要来源。如果护理对象非婴幼儿，能正常用语言进行交流，其所提供的就是资料的最佳来源。

视频：
护考重点

（2）间接来源

1）护理对象的家属及相关人员：当护理对象为婴幼儿或有意识不清、交流障碍、情绪不稳定时，其家属及与之相关人员就成为获取资料的重要来源，如配偶、亲属、同事、朋友、邻居等。

2）其他卫生保健人员：共同或曾经参与护理对象诊断、治疗、护理等各类医疗人员，均可提供重要资料，如医师、营养师、康复师、药剂师及其他护士等。

3）文献：医学、护理学及其他学科相关的文献资料可为护理对象的病情判断、治疗、护理实践等提供依据。

4）医疗文件：既往就诊病历和现有健康状况如症状、治疗、护理等记录的病历，以及各种辅助检查报告、健康保健记录等医疗文件。

4. 收集资料的内容 护理程序将护理对象看成是一个整体，因此在进行护理评估时，护理人员除要了解护理对象的身体状况外，还需对其心理、社会、经济、文化等资料进行收集，才能确保护理评估的全面、完整。各地区、各医院由于应用评估依据的不同，收集资料的内容也不尽相同，主要包括一般资料、目前健康状况、既往健康状况、生活状况及自理程度、心理社会状况等。

（1）一般资料：包括护理对象的姓名、性别、年龄、出生地、民族、职业、婚姻状况、文化程度、宗教信仰、联系人、联系方式、家庭住址、入院时间、入院方式、医疗诊断、医疗费用支付形式等。

（2）目前健康状况：包括现病史、主诉、用药情况、护理体检情况及目前饮食、睡眠等情况。

（3）既往健康状况：包括既往病史、手术及外伤史、住院史、用药史、过敏史、家族史、传染病史、有无特殊嗜好等，女性护理对象还包括婚育史和月经史。

（4）护理体检：主要项目包括护理对象的体重、神志、生命体征、皮肤黏膜情况、听力、视力、语言能力、肢体活动等各系统的功能情况及阳性体征等。

（5）生活状况及自理程度：包括生活自理能力、饮食、睡眠与休息、营养、排泄、烟酒嗜好、个人清洁卫生、活动情况等。

（6）心理社会状况：心理状况包括护理对象的一般心理状态、对疾病的认识和态度、人格类型、对康复有无信心、病后行为及情绪的变化、应对能力等。社会状况主要包括家庭关系、工作学习环境、经济状况、医疗保险待遇及社会支持系统状况等。

5. 收集资料的方法　为全面、系统、正确地收集护理对象的各项健康资料，护理人员需运用不同的专业技巧和方法进行收集，主要方法如下。

（1）交谈法：指护理人员运用沟通技巧与护理对象及其亲属、其他人员等进行交谈，收集护理对象的健康资料，是最主要的主观资料收集方法。交谈的主要目的是有效、完整地收集护理对象的健康资料和信息，因此护理评估中的交谈需有目的、有计划地进行。同时，恰当的交谈也有助于和谐护患关系的建立。

（2）观察法：是护理人员使用视、触、嗅、听等感觉或借助简单辅助器具，有目的地收集护理对象健康资料的方法。观察从护理对象一入院即开始，并贯穿护理工作全过程。连续、系统、细致、全面的观察是各项护理评估和护理效果评价的重要依据，因此护理人员必须具备扎实的专业知识、丰富的临床经验及良好的交往能力，才能敏锐地对护理对象进行观察并做出适当的反应。

1）视觉观察：护理人员通过眼睛观察患者的精神状态、面容与表情、体位、步态、营养发育状况、自理情况、皮肤颜色、黏膜、舌苔、呼吸、肢体活动等。

2）触觉观察：护理人员通过手的触摸感觉来判断护理对象某些器官和组织物理特征的一种检查方法，如皮肤的温湿度、脉搏的测量、血管的弹性、肌肉的紧张度、肿块的位置、大小及软硬度等。

3）嗅觉观察：护理人员通过嗅觉来辨别发自护理对象的各种气味，以判断疾病的性质和变化。如来自呼吸道、胃肠道、体表、呕吐物、分泌物、排泄物等的异常气味。

4）听觉观察：护理人员通过耳朵辨别护理对象的各种声音，如呼吸的声音、咳嗽的声音、语调的改变、器官的叩诊音等，也可借助听诊器听诊心音、肠鸣音、血管杂音及痰鸣音等。

（3）护理体检：是收集客观资料的方法之一，指护理人员运用视诊、触诊、叩诊、听诊等方法系统地对护理对象进行全面的体格检查。护理体检有别于医生所做的体格检查，其目的是以护理为重点，收集有关护理对象身体状况的客观资料。

（4）查阅资料：护理人员通过查阅病历、各种医疗和护理记录、检查报告以及有关文献等来获取资料信息。

（二）整理分析资料

收集所得的资料涉及各个方面，为便于护士能清楚地、迅速地从中发现护理对象的健康问题，需要对资料进行核实、分类和记录。

1. 资料的核实　核实资料的目的是保证所收集资料的真实性和准确性，对一些有矛盾的、不清楚的或有疑问的资料需要重新进行调查、确认及补充新资料。

（1）核实主观资料：主观资料是患者的主诉，由于患者的感知有时可能会出现偏差，因而需要用客观资料对主观资料进行核实。如患者自诉"我感觉在发热"，则护士需要测量患者的体温进行核实。

（2）澄清含糊的资料：如患者诉"有呕吐"，这项资料不够明确，需进一步询问患者呕吐的具体情况，如次数、现状、量的多少、气味等。

2. 资料的分类　评估所得资料内容庞杂，涉及各个方面，为便于护理人员对资料进行分析和查找，避免资料的遗漏，需要对资料进行分类整理，常用的资料分类整理方法有按北美护理诊断协会（NANDA）提出的人类反应型态分类法Ⅰ、按戈登（Gordon）的11个功能性健康型态或按马斯洛的基本需要层次论等进行诊断分类。

（1）按NANDA提出的人类反应型态分类法Ⅰ分类（见附录一）：NANDA分类法Ⅰ包括13个人类反应型态：健康促进、营养、排泄、活动/休息、感知/认知、自我感知、角色关系、性、应对/应激耐受性、生活准则、安全/防护、舒适、成长/发展。（Ⅱ分类法见附录二）

（2）按戈登（Gordon）的11个功能性健康型态分类

1）健康感知—健康管理型态：指个体或家庭对健康的认识。如想了解疾病知识、不良的饮食及生活习惯、饮酒吸烟嗜好等。

2）营养—代谢型态：指食物和液体的摄入情况以及局部营养供给情况等。如生长发育情况、消瘦或肥胖、饮食种类、食欲情况、组织完整性等。

3）排泄型态：指肠道、膀胱以及皮肤的排泄状况，如排尿、排便、出汗、引流情况等资料信息。

4）活动—运动型态：指活动方式、活动能力、活动量、四肢肌肉有无萎缩、软瘫等资料。

5）睡眠—休息型态：指服务对象睡眠、休息以及精神放松的状况。

6）认知—感知型态：描述服务对象的认知能力及感官功能。如视力，对光反射，有无幻视、幻觉，听力，有无耳鸣，对各种疼痛、冷热以及触摸的感觉等。

7）角色—关系型态：指家庭关系、社会关系、角色适应、角色地位、角色冲突等。

8）自我感知—自我概念型态：描述服务对象对于自我价值与情绪状态的信念与评价。如身体缺陷、生活不能自理等。

9）性—生殖型态：指服务对象的性态度及生殖器官功能。如性病、生育、婚姻状况、性功能、月经等资料信息。

10）应对—压力耐受型态：指服务对象的压力程度、应对与调节压力的状况。

11）价值—信念型态：指护理对象的理想、宗教信仰、价值取向、人生观等资料信息。

（3）按马斯洛的基本需要层次论分类（表8-1）

表8-1 护理资料按照马斯洛的需要层次论分类整理表

需要层次	所收集资料
生理需要	包括生命体征、营养、睡眠、排泄等，如呼吸困难、体温39℃、心率120次/分、体重50 kg、呕血300 ml、腹痛、稀便等资料信息
安全需要	如对医院环境不熟悉，夜间睡眠需开灯，手术前精神紧张，走路易摔倒，对医护人员的技术不信任，担心经济问题等
爱和归属的需要	患者想家、想亲人、害怕孤独、希望有人来探望等
尊敬与被尊敬的需要	由于外貌受损不敢见人，护理对象有自己的个人习惯、价值观、宗教信仰等，因有身体缺陷而自卑等资料信息
自我实现的需要	担心住院会影响工作学习，担心因瘫痪、截肢等影响不能实现自己的理想等

3. **资料筛选** 将所收集的全部资料进行分类整理后加以选择，剔除与护理对象健康无关或无价值的部分，重点着力于需要解决的问题。

4. **资料分析** 目的是发现健康问题，做出护理诊断。首先将收集到的资料与正常值及患者健康时的状态做比较，并在此基础上进行综合分析，以发现异常情况。发现异常后应进一步找出异常资料及相关影响因素。有些资料目前虽处于正常范围内，但由于危险因素的存在，之后可能会导致异常，找出危险因素可帮助护理人员及时采取预防措施，避免损害护理对象的健康。

（三）记录资料

资料记录是护理评估的最后部分。目前资料记录尚无统一的格式，各医疗机构通常使用"住院患者入院护理评估单"进行资料记录，该表格一般由各医院根据资料的分类方法，结合各自特点和要求自行设计而成。

第三节　做出护理诊断

一、护理诊断概念

1990年召开的北美护理诊断协会（简称 NANDA）第九次会议将护理诊断（nursing diagnosis）正式定义为：护理诊断是有关个人、家庭、社区对现存的或潜在的健康问题及生命过程反应的一种临床判断，是护士为达到预期目标选择护理措施的基础，这些预期目标可以通过护理职能来解决。护理诊断是在护理评估的基础上，对所收集的健康资料进行分析，确定护理对象的健康问题及引起健康问题的原因。

二、护理诊断的分类

1. **现存的护理诊断**　是指对护理对象进行评估时发现目前已存在的健康问题或反应的描述。如组织完整性受损、腹泻、完全性尿失禁、疼痛、焦虑、恶心等。

2. **潜在的护理诊断**　是指因危险因素存在，护理对象的健康状况或生命过程目前尚未发生问题，但如不加以预防处理，就极有可能发生健康问题反应的描述。用"有……的危险"进行描述，如有自伤的危险、有发育异常的危险、有皮肤完整性受损的危险、有摔倒的危险等。

3. **健康的护理诊断**　是指对护理对象具有的达到更高健康水平潜能的描述。如母乳喂养有效、遵守治疗方案有效等。

4. **综合的护理诊断**　是指由某种特定的情境或事件所引起的一组现存的或潜在的护理诊断。如环境改变应激综合征、强暴创伤综合征等。

三、护理诊断的组成

护理诊断由四个部分组成：名称、定义、诊断依据和相关因素。

1. **名称**　是运用特定词语对护理对象健康状态或疾病反应进行的概括性描述。常用受损、改变、缺陷、障碍、无效、失调、危险、不足等特定描述语。例如：有皮肤完整性受损的危险、母乳喂养无效、体液不足、床上活动障碍、进食自理缺陷等。

2. **定义**　是对护理诊断名称的一种清晰、正确的表达与解释。NANDA 用定义的方式确定每一个护理诊断的特性，并以此与其他护理诊断相区别，虽然有些护理诊断的名称十分相似，但是可以从它们各自的定义中发现彼此的差异。例如，"便秘"的定义是个体的正常排便次数减少，伴有排便困难或排便不畅及排出干、硬便；"感知性便秘"的定义是个体处于自我诊断为便秘的状态，并通过滥用缓泻剂、灌肠和使用栓剂以保证每天排便一次。

3. **诊断依据**　是做出护理诊断时的临床判断标准，其常常是一个或一组相关的症状、体征以及有关的危险因素。明确诊断依据是正确确立护理诊断的前提，依据其在特定诊断中的重要程度可分为主要依据和次要依据。

（1）主要依据：是指形成某一特定的诊断时必须具备的症状、体征及有关病历，为诊断成立的必要条件。

（2）次要依据：是对诊断的形成起支持作用，为诊断成立的辅助条件，是指在形成某一诊断时，大多数情况下会出现的症状、体征及病史。

举例：诊断名称"皮肤完整性受损"的主要依据是"骶尾部皮肤溃疡"，次要依据是"疼痛、发热、小便失禁、营养摄入不足"。"体温过高"的主要依据为体温39℃，次要依据是皮肤发红，触之有热感，呼吸增快，心动过速，抽搐或惊厥等。"营养失调：低于机体需要量"的主要依据为体重 < 标准的20%以上，次要依据是营养摄入不足、乏力、贫血等。

4. 相关因素 是指引起护理对象健康状态改变或导致问题产生的原因或危险因素。只有明确护理诊断的相关因素，护理人员才能制订出有针对性的护理目标和护理计划。护理诊断的相关因素可以涉及多个方面：

（1）疾病方面：如"有窒息的危险"的相关因素可能是喉头水肿等。

（2）治疗方面：如化疗患者头发脱落，可以导致患者出现"自我形象紊乱"。

（3）心理方面：如"语言沟通障碍"可能与心理障碍有关。

（4）情境方面：即涉及环境、有关人员、生活经历、生活习惯、角色等方面的因素。如"感知性便秘"的相关因素可以是液体量摄入不足、饮食结构不合理、缺乏活动及日常生活规律发生变化等。

（5）发展方面：是指与年龄相关的各个方面，包括认知、生理、心理、社会、情感的发展状况。如婴儿发生窒息常与婴儿床内放置的枕头、奶瓶等物品有关。

四、护理诊断的陈述方式

（一）护理诊断陈述三要素

1. **健康问题**（problem，P） 即护理诊断的名称，指护理对象现存和潜在的各种健康问题。

2. **症状和体征**（symptoms，S） 指与护理对象健康问题有关的症状或体征，也包括实验室、仪器检查结果，对应护理诊断组成中的诊断依据。

3. **原因**（etiology，E） 是指引起护理对象健康问题出现的各种直接因素、危险因素和诱发因素等，即护理诊断的相关因素。

（二）护理诊断陈述方式

1. **三部分陈述法** 即 PSE 公式，多用于现存的护理诊断。例如：

（1）皮肤完整性受损（P）：水疱（S）：与局部组织长期受压有关（E）。

（2）营养失调：低于机体需要量（P）：消瘦（S）：与不能摄入足够的食物有关（E）。

2. **二部分陈述法** 即 PE 公式，为最常用的护理诊断陈述方式，多用于对危险性护理诊断的陈述，也可以用于现存的护理诊断的陈述。例如：

（1）有体液不足的危险（P）：与腹泻有关（E）。

（2）疼痛（P）：与左胫骨骨折有关（E）。

3. **一部分陈述法** 即 P 公式，常用于健康的护理诊断。例如：母乳喂养有效（P）。

五、书写护理诊断的注意事项

1. 护理诊断描述应准确、简明、规范。应尽量使用 NANDA 认可的护理诊断名称，不要随意编造护理诊断。

2. 一个护理诊断只针对一个相应的健康问题。

3. 护理诊断描述的健康问题应是护理职责范围内能解决的。

4. 护理诊断的确立必须有充足的资料为依据。对相关因素的陈述，应使用"与……有关"的方式，如"睡眠型态紊乱：与环境嘈杂有关"。确定相关因素时，要避免将相关因素与临床表现相混淆，如"睡眠型态紊乱：与醒后不易入睡有关"是不正确的，因为醒后不易入睡是睡眠型态紊乱的一种表现形式，而非相关因素。

5. 有关知识缺乏护理诊断的陈述："知识缺乏"的护理诊断在陈述上有其特殊之处，应为"知识缺乏：缺乏……（方面的）知识"，如"知识缺乏：缺乏术后有效咳嗽的知识"。

6. 护理诊断的描述应避免使用易引起法律纠纷的词句。

7. 应贯彻整体护理的原则，进行全面的诊断，护理诊断应包括生理、心理、社会各方面。

8. 护理诊断必须明确护理活动的方向，利于护理计划的制订。
9. 护理诊断避免与护理目标、措施、相关因素、医疗诊断相混淆。

六、护理诊断与医疗诊断的区别

医疗诊断是对一种疾病或一组症状体征的病理变化的名称描述，是医疗团队进行疾病治疗的依据。护理诊断是对护理对象现存的或潜在的健康问题及生命过程反应的一种临床判断的描述，以指导护理工作的进行。二者的区别见表8-2。

表 8-2 护理诊断与医疗诊断的区别

项目	医疗诊断	护理诊断
研究对象	是对个体病理生理改变的一种临床判断	是对护理对象现存的或潜在的健康问题或生命过程反应的一种临床判断
描述内容	描述一种疾病	描述个体对健康问题或生命过程的反应
数量	一般只有一个	可有多个
特点	确诊后不会改变	随健康状况变化而改变
决策者	医疗人员	护理人员
职能范围	属于医疗职能范围	属于护理职能范围
处理手段	采取医疗手段治愈或缓解	采取护理手段解决或减轻
适用范围	适用于个体的疾病	适用于个人、家庭、社区的健康问题
举例	右股骨粗隆骨折	疼痛、焦虑、躯体移动障碍、有皮肤完整性受损的可能

七、合作性问题

（一）合作性问题的定义

合作性问题是指需要护理人员进行监测，并与其他医疗人员共同处理以减少并发症发生的问题。值得注意的是并非所有的并发症均是合作性问题，有些可以通过护理干预来预防和处理的问题则属于护理诊断。

（二）合作性问题的由来

护理人员在临床护理实践中常面临一些患者的问题，无法全部包括在 NANDA 制定的护理诊断中的，而这些问题确实是需要护理人员提供干预措施的。Lynda Juall Carpention 于 1983 年提出了合作性问题的概念。她将护理人员需解决的问题分为两类，一类是护理人员直接通过护理手段可以解决的问题，属于护理诊断；另一类是护理人员需要与其他医务人员共同合作解决的问题，属于合作性问题，护理人员在解决过程中主要承担监测任务。

（三）合作性问题的陈述方式

合作性问题的陈述方式是固定的，即"潜在并发症（potential complication，PC）：××××"。例如：潜在并发症：电解质紊乱或 PC：电解质紊乱。

（四）护理诊断与合作性问题的区别

护理诊断需要护理人员采取一定的措施以达到预期目标，是护理人员能够独立解决的问题。合作性问题需要护理人员和医疗人员共同对并发症进行干预和处理，是需要护理人员与医疗人员共同解决的问题，对于合作性问题，护理人员不需要确定预期目标，护理的重点在于监测。两者的区别见表8-3：

表 8-3 护理诊断与合作性问题的区别

项目	护理诊断	合作性问题
陈述方式	PSE 公式或 PE、SE、P 公式	PC 用潜在并发症描述，如潜在并发症：肺部感染
决定者	护理人员	护理人员与医疗人员
护理目标	需要确定护理目标作为护理效果评价的判断标准	一般不需要确定护理目标，因其非护理职责能够解决的问题
护理措施的重点	预防、减轻、消除、促进有关健康问题	重点在于监测并发症的发生和发展，与医疗人员共同干预和处理

第四节　制订护理计划

思政之光

一、护理计划概念

护理计划（nursing planning）是护理程序的第三步，是指护理人员在评估和诊断的基础上，与护理对象合作，以护理诊断为依据，共同制订护理目标和护理措施，以解决、预防、缓解和促进护理诊断中健康问题的过程。护理计划是护理活动中的具体决策过程，可以指导护理活动系统、全面、有序地进行，使护理对象早日恢复健康。

二、制订护理计划的过程

制订护理计划的步骤包括：排列护理诊断顺序、确定护理目标、制订护理措施、护理计划成文。

（一）排列护理诊断顺序

一般情况下，护理对象可以有多个护理诊断（包括合作性问题），在实际工作中需要确定解决问题的优先顺序，因而需要对这些诊断进行排序，然后根据问题的轻、重、缓、急安排护理工作。

1. 护理问题的分类　按照对生命活动的影响程度排序，护理诊断可以分为：

（1）首优问题：指直接威胁患者生命，需要立即采取行动去解决的问题。如昏迷患者的"清理呼吸道无效"、脱水患者的"体液不足"等问题。急重症患者常常可能同时并存多个首优问题。有些潜在问题不一定都是不应首先考虑的，如血液病患者，潜在感染的机会和危害都很大，应首先考虑到此问题。

（2）中优问题：指虽不直接威胁患者的生命，但也能导致身体上的不健康或情绪上变化的问题。如"躯体活动障碍""皮肤完整性受损""活动无耐力"等。

（3）次优问题：指与此次发病关系不大，不属于此次发病所反应的问题。这些问题并非不重要、不解决，而是指在安排护理工作时可以稍后考虑。如"疲乏""知识缺乏""营养失调：高于机体需要量"。

2. 护理诊断的排序原则

（1）优先解决危及护理对象生命，需立即解决的问题。

（2）依据马斯洛需要层次理论排序，先解决低层次的生理需要问题，后解决高层次需要问题。

（3）在与治疗、护理原则无冲突的前提下，优先解决护理对象的主观迫切需求。

（4）优先解决现存的问题，同时不可忽视潜在的问题。

3. 护理诊断排序的注意事项

（1）决定护理诊断排序时，需先分析和判断护理诊断之间是否存在相互关系及关系间的性质，应先解决发生的原因问题，再解决带来的后果问题。

（2）护理诊断的先后顺序并不是固定不变的，而是随着疾病的进展、病情及患者反应的变化而发生变化。因此，护士应充分运用评判性思维的方法，创造性地进行工作。

（3）危险性护理诊断和潜在并发症虽然目前没有发生，但不一定都不是应首先考虑的问题，应与其他护理诊断一起按病情需要进行排序。有时这类问题也常常被列为首优问题进行严密监测或立即采取措施解决。

（4）对护理诊断进行排序并不意味着只有前一个护理诊断完全解决之后，才能开始解决下一个护理诊断。在临床工作中护士可以同时解决几个问题，当然其护理重点及主要精力还应放在需要优先解决的问题上。

（二）确定护理目标

1. 护理目标的概念　护理目标也称预期目标或预期结果，是指在实施护理干预后，护理人员期望护理对象所能达到的健康状态或行为改变目标。设定预期目标可以明确护理工作的方向，预期目标是针对护理诊断而提出的，每个护理诊断都有相对应的护理目标，护理目标也是护理效果评价的标准。

2. 护理目标的分类　根据目标实现所需时间的长短将护理目标分为短期目标和长期目标。

（1）短期目标：也称近期目标，是指在相对较短时间内（一般指1周内）护理对象所能达到的目标。例如：患者2 h内排出大便、24 h后患者体温下降至正常值范围等。

（2）长期目标：也称远期目标，是指需要较长时间（数周、数月）才能够达到的目标，例如：患者住院期间不发生感染、一个月后患者生活可自理等。

3. 护理目标的陈述方式　护理目标的陈述包括主语、谓语、行为标准、条件状语和时间状语。

（1）主语：护理目标及预期结果均是期望护理对象所能发生的改变，因此主语应是护理对象，包括患者及孕妇、产妇、患者家属等健康人。主语也可以是患者的生理功能或患者机体的一部分，如患者的皮肤、体重、体温等。有时在陈述中，主语可能被省略，但句子的逻辑主语一定是护理对象。

（2）谓语：指主语将要完成的且能被观察或测量到的行为，必须用行为动词来说明。如行走、学会、减低等。

（3）行为标准：指主语完成该行为动作后需要达到的标准或程度，如能学会功能锻炼的方法、行走100 m等。

（4）条件状语：指主语完成该行为动作时所必须具备的特定条件，如在护士的指导下、借助助行器行走20 m等。

（5）时间状语：指护理对象完成该行为所需时间限定，这一部分的重要性在于限定了评价时间，可以督促护士帮助患者尽快达到目标。如24 h后、30 min内、出院时等。

例如：　患者　　1个月后　　拄拐　　　行走　　　500 m
　　　　主语　　时间状语　　条件状语　谓语　　　行为标准

4. 制订护理目标的原则

（1）护理目标应以护理对象为中心：护理目标描述的是护理对象在经过护理干预后达到的结果，而非护理活动本身，更不是护理措施和护士行为的描述。如"住院期间教给患者胰岛素的自我注射方法"是不正确的，应改为"出院前患者学会胰岛素的自我注射方法"。

（2）护理目标应有针对性：一个护理诊断可制订多个护理目标，但一个护理目标只能针对一个护理诊断。如"便秘：与长期卧床导致肠蠕动减慢有关"，这一护理诊断的护理目标是：

①2 h后患者排出粪便；②2天内患者及其家属能说出引起便秘的原因和预防便秘的措施。这两个护理目标都是针对便秘这一个护理诊断制订的。

（3）护理目标应有可行性：护理目标必须是在医院现有的条件、设施、护理技能水平及护理对象能力范围内能达到的，如要求一位下肢骨折的患者在一周后就下床行走是不切合实际的，也是不可能达到的。

（4）护理目标应是可评价、可测量和可观察的：护理目标表述要具体、可观察、可测量，以便于护理评价，避免使用含糊不清、难以评价的动词，如好、坏、尚可、适量等；目标要有完成的时间限度，以保证护理目标的顺利实现。

（5）预期目标应由护士和护理对象共同制订：让护理对象参与预期目标的制订，可以使护理对象认识到他对自己的健康应承担的责任，使他主观上愿意积极配合护士，共同努力以保证目标的实现。

（6）护理目标应与医疗工作相协调，与医疗措施相一致。

（三）制订护理措施

护理措施也称护理干预，是护理人员为帮助护理对象实现护理目标所采取的具体方法。护理措施的制订是护理人员在护理诊断描述相关因素的基础上，结合护理对象的具体情况，运用护理知识、技能及临床经验做出决策的过程。

1. **护理措施的内容**　主要内容包括病情观察、基础护理、饮食护理、心理护理、检查及手术前后护理、健康教育、功能锻炼、执行医嘱、安全护理、症状护理等。

2. **护理措施的分类**

（1）依赖性护理措施：是指护理人员遵医嘱执行的护理活动。如遵医嘱输液、给药、灌肠、导尿等护理活动。

（2）独立性护理措施：是指护理人员不依赖医嘱，在护理职责范围内，运用护理知识和技能可独立完成的护理活动。如晨晚间护理、健康指导等。

（3）协作性护理措施：是指护理人员与其他医务人员合作共同完成的护理活动。如康复训练、特殊饮食护理等。

3. **制订护理措施的注意事项**

（1）护理目标应具有针对性：护理措施的制订必须针对相应的护理目标，一个护理目标的实现一般需要采取几项护理措施。

（2）护理措施应具有科学性：护理措施应在护理科学和其他学科的理论基础上进行制订，每项护理措施都应有科学依据，无科学依据的护理措施禁止用于护理对象。

（3）护理措施应具有可行性：护理措施的制订应结合护理对象的具体情况、护理专业水平以及医院的医疗设备状况，措施应具体、可操作，内容应明确，便于执行和检查。

（4）护理措施应具有安全性：护理措施的制订必须要以保证患者的安全为前提。

（5）护理措施应具有协调性：护理措施的制订要与医师、营养师等其他医务人员的医疗措施相协调和一致，否则会造成护理对象的不信任感。

（6）护理措施应具有参与性：护理措施的制订过程中应鼓励护理对象及家属积极参与，共同制订，使其乐于接受和配合，达到护理措施的最佳效果。

（四）护理计划成文

护理计划是将护理诊断、护理目标、护理措施、护理评价等各种信息按一定格式进行记录而形成的护理文件。护理计划明确了护理对象健康问题的轻、重、缓、急排序及护理工作的重点，是诊断和处理护理对象健康问题的书面依据。护理计划的书写有利于医护人员之间的相互沟通，是观察护理对象健康问题发生和演变过程的记录，是检验护理工作成效和总结临床护理经验的依据。各家医院的护理计划书写格式不尽相同，大多数医院将护理计划制成表格形式，内容大致包括日期、护理诊断、护理目标、护理措施、护理评价和护理人员签名等（表8-4）。

表8-4　护理计划单

科别		病区		床号	姓名		住院号	
日期	护理诊断	护理目标	护理措施		护理评价	停止日期	签名	

标准护理计划的出现简化了护理计划的书写工作。标准护理计划表是根据临床经验，推测出在一个特定的护理诊断或健康状态下服务对象所具有的共同护理需要，根据需要预先印刷好的护理计划表格。护士只需要在一系列护理诊断中，勾画出与服务对象有关的护理诊断，按照标准计划去执行。临床工作中，在做护理计划时最好不要急于照搬标准护理计划，而应先经过评判性思考做出诊断后再对照标准护理计划，补充自己没有想到的项目，添加标准计划上没有列出的措施，从而既发挥标准护理计划的优点，又可以为患者提供个性化的护理。

第五节　实施护理工作

一、护理实施概念

护理实施（nursing implementation）是将护理计划付诸行动，实现护理目标的过程，是护理程序的第四步骤。护理实施的过程需要护理人员具备丰富的专业知识、娴熟的操作技能和良好的人际沟通能力，才能保证护理对象得到高质量的护理服务。

实施是为达到护理目标，将计划中的护理措施付诸行动的过程。从理论上讲，实施一般发生在护理计划完成之后，但在实际护理工作中，如遇抢救急、危、重症患者等特殊情况，则实施常常先于计划制订之前，先采取紧急救护措施，之后再补上完整的护理计划。

二、护理实施的步骤

（一）实施前准备

为了保证护理实施的顺利进行，护理人员在执行护理计划之前应思考以下几个问题（解决问题的"5W"）：

1. **做什么（what）**　再次确认已制订的护理计划是否符合护理对象目前的情况，计划中的各项措施是否具有安全性、科学性和可行性。熟悉计划中各项措施的目的、要求和方法，并将准备实施的护理措施进行组织，安排工作顺序，提高工作效率。

2. **谁去做（who）**　将护理计划中的各项措施进行分类和分工，明确完成每项措施的具体责任人，是由计划制订者执行，还是指定他人执行，以及是否需要护理对象及家属共同参与护理活动等。

3. **怎么做（how）**　实施前，护理人员应分析实施过程中需要运用的知识、技术和技巧等，并评估自身的掌握情况，如有不足及时加强。同时还应预测实施过程可能发生的各种问题并考虑如何应对。

4. **何时做（when）**　护士应根据患者的情况、医疗上需要等多方面因素选择执行护理措施的时机。例如：健康教育应选择在患者情绪稳定、身体状况良好且与其他医疗或护理措施无冲突时进行。

5. **何地做（where）** 实施前，为促进护理计划的顺利进行，确定在什么环境下实施护理措施也是十分必要的。对于涉及护理对象隐私的谈话和操作，应选择较隐蔽的场所以保护其隐私。

（二）实施

实施是护理人员运用观察能力、判断能力、专业知识、操作技能、沟通技巧、合作能力和应变能力等综合能力执行护理措施的过程。在执行护理措施的同时，护士也要对病情及患者的反应进行评估，并对护理措施的实施效果进行及时评价，为进一步修订护理计划提供资料，因此，实施过程也是评估和评价的过程。

1. **实施的作用** ①解决护理对象的健康问题。②为护理人员积累临床实践经验，提升护理人员自身综合能力。③有利于护理人员和护理对象之间建立良好的治疗性护患关系。④护理措施实施中对护理对象的评估和实施效果评价，为进一步修订护理计划提供了资料。

2. **实施方法** ①直接提供护理，按计划制订的内容直接对护理对象进行照顾。②教育和咨询，对护理对象及其家属进行疾病预防、治疗、护理等知识的教育，提供健康咨询和心理支持，鼓励其积极参与护理活动。

（三）实施后记录

护理人员执行护理措施后，将实施过程及时、准确、完整地进行记录所形成的文书称为护理记录。护理记录是护理实施阶段的重要内容，是护理活动交流的重要形式。护理记录要求真实、准确、及时、重点突出、简明扼要、体现连续性和动态性。

1. **记录的意义** ①可以描述护理对象接受护理照顾的全部过程，是护理人员完成工作和患者接受护理的最好证明。②便于其他医护人员了解该患者的情况。③为护理质量评价提供参考依据。④为今后的护理工作和护理科研提供资料和经验。⑤为处理医疗纠纷提供依据。

2. **记录格式** 护理记录的方式很多，可采用文字描述和填表、在相应项目画钩等方式，常见记录格式有 PIO 格式和 SOAPIE 格式：

（1）PIO 格式：是我国比较常用的护理记录方式（表 8-5）。

P（problem）：即护理对象的健康问题，采用护理诊断进行陈述。

I（intervention）：是护理人员针对护理对象健康问题实施的护理措施记录。

O（outcome）：指采取护理措施后的结果记录。

表 8-5 护理计划单

科别　　　　病区　　　　床号　　　　姓名　　　　住院号

日期	时间	护理记录（PIO）	签名

（2）SOAPIE 格式

S（subject）主观资料：护理对象、家属及相关人员提供的资料，如护理对象对疾病的感觉、态度、需要等。

O（object）客观资料：护理人员通过观察、会谈、体检、借助各种医疗仪器辅助检查等获得的资料。

A（analysis）分析：护理人员对收集的主观和客观资料进行分析，依次提出护理诊断。

P（plan）计划：制订解决问题的方案。

I（intervention）干预：按计划实际执行的护理措施。

E（evaluation）评价：护理措施实施后，在预期目标规定的时间，将护理对象的健康状况与预期目标进行比较和评价，并及时做出修改。

三、实施过程中的注意事项

1. 护理活动的核心是整体的人，在实施护理措施时应全面考虑患者各方面的情况，如信仰、价值观、年龄、健康状况等，以尽可能适应患者的需要。如进行饮食营养方面的健康教育时，需要考虑患者有无特殊的个人习惯或宗教信仰。

2. 护理措施必须要保证护理对象的安全，严防并发症的发生。如为患者做口腔护理时，动作要轻柔，以免粗暴的动作损伤患者的口腔黏膜。

3. 实施过程中应注重科学性和灵活性，合理组织护理措施，把病情观察和收集资料贯穿于整个过程，根据病情变化及时修订护理计划，灵活实施护理，护士不要机械地实施计划。

4. 明确医嘱执行的意义，对有疑问的医嘱应该澄清后再执行。

5. 实施过程中应注意与护理对象的沟通交流，鼓励护理对象及家属积极、主动参与护理活动，适时给予教育、支持和安慰，提高护理活动的效率。

第六节　评价护理效果

一、护理评价概念

护理评价（nursing evaluation）是按照预期目标所规定的时间，将实施护理措施后护理对象的健康状况与预期目标进行比较并做出评定和修改的过程。

护理评价是护理程序的最后一步，但这并不意味着护理程序的结束，相反，通过评价发现新问题、做出新诊断和计划，或对以往的方案进行修改，从而使护理程序循环往复地进行下去。因此，护理评价是一种有目的、有计划和不断进行的活动，贯穿于护理活动的全过程。

二、护理评价的目的

1. 了解实施护理措施后护理对象对健康问题的反应。
2. 判断护理效果，了解护理对象的健康问题是否解决，需求是否满足。
3. 调控护理质量，通过评价促进护理服务内容和方法的改进，提高护理质量。
4. 为科学制订护理计划提供依据，为护理科研提供资料。

三、护理评价的性质及核心内容

（一）护理评价的性质

护理评价包括组织管理评价、护理过程评价和护理效果评价三个方面，三者之间是相互关系、相互影响、相互制约的。

1. **组织管理评价**　是指对机构的管理方式、经济状况、人员配备、设备情况等的评价。它是护理程序的运用及护理实效得到组织的保证。

2. **护理过程评价**　是指护士在实施护理程序过程中针对每一步骤的行为正确性进行评价。

如各种护理操作的过程、与患者的沟通交流情况、健康教育的实施过程等。护理过程评价有利于护理取得最好的效果。

3. **护理效果评价** 是指针对患者经过护理后的健康状况是否达到了预期目标进行评价。其在三个方面的护理评价中是最重要的，它是护理实效的有力证明。

（二）护理评价的内容

1. **全身状况** 通过观察和检查病历等，了解护理对象的身体外观和功能的变化情况，并判断其与护理措施的关系。

2. **症状与体征** 通过观察、交谈和护理体检等方法评价影响护理对象健康状况的症状和体征是否缓解或消除。

3. **知识方面** 实施健康教育后，通过交谈、笔试等方式评价护理对象对安全用药知识、饮食知识、疾病康复知识、功能锻炼知识等的掌握情况。

4. **操作技能** 通过观察护理对象的操作情况，对其接受指导培训后的操作技能掌握情况进行客观评价。如糖尿病患者掌握胰岛素注射法的情况等。

5. **心理情感** 通过非正式交谈，观察护理对象的表情、体位、语言、声调等行为的方式，评价其心理感受和情感表现等主观反应。

四、护理评价的方式

（一）根据评价主体划分

护理评价在临床护理工作中，根据评价的主体可采取护士自我评价、护士长（或护理教师或护理专家）评价及护理查房三种方式进行。其目的是确定患者健康状况向目标进展的程度，判断护理措施的制定和实施效果，评价护理质量和总结护理经验。

（二）根据评价的时间划分

护理评价根据护理工作过程中，措施实施过程中的评价、措施过程目标实现情况评价和护患关系终结时总体评价等不同时期的评价，可分为及时评价、阶段评价和终末评价三种方式。

1. **及时评价** 实施每一项护理措施后，护理人员及时对护理对象的反应和健康状况的变化进行评价，一般由责任护士自我评价。

2. **阶段评价** 按一定的时间对护理目标的实现情况进行评价，如护理专家的检查、护士长的定期查房、护理人员的互评等。

3. **终末评价** 对护理对象出院、转科时健康状况和护理目标实现情况的总体评价。

五、护理评价的步骤

（一）建立评价标准

根据护理程序的基本理论和原则，选择能判断护理诊断及护理目标实现的可观察、可测量的指标作为评价标准。

（二）收集资料

护理人员根据评价标准和评价内容，通过访谈、检查等方式收集各类有关护理对象目前健康状况的资料，包括主观资料和客观资料，资料涉及的具体内容与评估所包含的内容应一致。

（三）评价效果

按照护理目标规定的评价期限，将护理对象目前的健康状况和护理目标进行比较，判断目标是否实现。判断目标实现的程度包括目标完全实现、目标部分实现和目标未实现。

1. **目标完全实现** 指护理对象目前的健康状况和反应与护理目标相同。

2. **目标部分实现** 护理措施的实施只解决了护理对象的部分问题，其健康状况部分好转。

3. **目标未实现** 所有护理目标均未实现，护理对象健康问题无改善，甚至恶化。

例如，患者入院时骶尾部有 2 cm×3 cm 大小二度压疮，预期目标为"患者住院期间皮肤完整"，出院前的评价结果为：

患者骶尾部皮肤完整——目标完全实现。

患者骶尾部还有 1 cm 直径大小尚未愈合——目标部分实现。

患者骶尾部压疮未见好转——目标未实现。

（四）分析原因

未实现或部分实现的护理目标应进行原因分析。具体分析内容如下：

1. 收集的资料是否准确、全面、真实。
2. 护理诊断确立是否正确。
3. 护理目标的制订是否具体、科学及符合实际。
4. 护理措施是否恰当，执行是否有效。
5. 护理对象及家属是否积极配合。
6. 是否有新问题发生，护理计划是否随病情变化而及时调整。

（五）重新修订护理计划

对护理对象的健康状况重新评估之后，护理人员需要针对发现的问题，不断进行护理计划的修订。护理计划的调整一般有以下几种方式：

1. **停止**　护理目标完全实现者应停止该诊断及相应的护理措施。
2. **继续**　护理目标部分实现者，护理诊断和护理措施正确，则护理计划继续执行。
3. **修订**　护理目标未实现和部分实现者，重新修订不适当的诊断、目标或措施。
4. **取消**　原有的潜在性问题未发生，经重新评估其危险性已不存在，则可取消相应的诊断、目标、措施等。
5. **增加**　对出现的新问题，再次收集资料、确立护理诊断、制订新的护理目标及护理措施，开始新一轮循环的护理活动。

第七节　书写护理病案

下载资源：
护理病案

一、护理病案概念

护理病案是护理人员运用护理程序为护理对象提供护理服务以解决健康问题全过程的记录。完整的护理病案是护理程序应用过程中有关护理对象的健康资料、护理诊断、护理目标、护理措施及其效果评价等护理活动的系统记录。

二、护理病案内容

1. **入院护理评估单**　又称护理病案首页，是患者入院后首次对其一般资料、生活状况、自理能力、护理体检及心理社会等方面进行的系统健康评估的记录。
2. **护理计划单**　是护理人员根据所收集的护理对象的资料为其在住院期间制订的个性化护理计划的全面系统记录。
3. **住院护理评估单**　是护理人员对护理对象住院期间健康状况动态评估情况的记录。住院护理评估单的格式无统一规定，可根据不同的病种和病情而有所不同，部分医院已取消。
4. **护理记录单**　是护理对象在住院期间健康状况及护理人员实施护理过程的全面记录。常用的有 PIO 记录格式。
5. **出院护理评估单**　临床健康教育始于入院，贯穿患者住院至出院的全过程，是护理工作的重要组成部分。健康教育的内容主要涉及与促进和恢复患者健康有关的各方面的知识与技能。

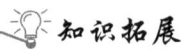

评判性思维

评判性思维（critical thinking）是指个体在复杂情景中，能灵活地应用已有的知识和经验对问题的解决方法进行选择，在反思的基础上加以分析推理，做出合理的判断，在面临各种复杂问题及各种选择的时候，能够正确进行取舍的高级思维方法。美国护理学院协会（American Association of Colleges of Nursing）和全美护理专业认证委员会指出，进入 21 世纪后，评判性思维能力将成为护理人员的基本核心能力，它是护士进行独立的和有效的临床决策的基石。护理程序的正确应用离不开评判性思维，每一个阶段的护理活动都需要护士运用评判性思维的方法与技巧去思考并创造性地开展工作。

目标检测

下载资源：
目标检测参考答案

一、选择题

【A_1 型题】

1. 属于患者客观资料的是
   A. 我的头很疼
   B. 咽喉部充血
   C. 我入睡困难
   D. 我不想吃饭
   E. 我感到恶心
2. 评估时资料的直接来源是
   A. 亲属
   B. 其他医护人员
   C. 个人的医疗文件
   D. 患者
   E. 参考文献
3. 关于收集资料，下列哪项是错误的
   A. 收集资料要准确、全面
   B. 收集资料在患者刚入院时进行
   C. 收集资料贯穿护理工作全过程
   D. 收集资料是护理评估的第一步
   E. 收集资料为做出护理诊断提供依据
4. 患者入院后护士收集资料的过程，不妥的做法是
   A. 通过患者的主诉获得主观资料
   B. 通过与患者交谈获得病史资料
   C. 直接通过医生病历获得体检资料
   D. 通过体格检查获得客观资料
   E. 通过阅读实验室报告获得检验结果
5. 在护理诊断陈述的 PES 公式中，"P"表示的含义是
   A. 健康问题
   B. 病因或相关因素
   C. 症状和体征
   D. 患者的心理状况
   E. 实验室检查
6. 护理诊断所具有的显著特点是
   A. 对疾病本质的诊断
   B. 类似医疗诊断
   C. 从生物学角度考虑问题
   D. 通过护理措施能够解决的问题
   E. 患者的病理变化
7. 气体交换受损：与肺水肿有关，这一护理诊断中的相关因素是属于
   A. 治疗方面的
   B. 情景方面的
   C. 病理生理方面的
   D. 年龄方面的
   E. 心理素质方面的
8. 关于护理诊断下列陈述错误的是
   A. 一项护理诊断可针对多个问题

B. 护理诊断以收集的资料为诊断依据

C. 护理诊断必须通过护理措施解决

D. 护理诊断是描述个体或群体对健康问题的反应

E. 护理诊断随病情变化而变化

9. 制订护理计划的主要依据是

A. 护理诊断

B. 医疗诊断

C. 检查报告

D. 护理查体

E. 既往病史

10. 执行给药医嘱属于

A. 非护理措施

B. 独立性护理措施

C. 协作性护理措施

D. 依赖性护理措施

E. 辅助性护理措施

11. 以下护士制订的护理目标，陈述错误的是

A. 用药 1 h 后，患者自诉疼痛缓解

B. 24 h 内摄入 1000 ml 液体

C. 3 天后能描述心绞痛

D. 4 天后能说出人工肛门的重要性及学会自我护理人工肛门

E. 在 1 个月内能下地行走（对象为截瘫的患者）

12. 护理评价的方式下列不对的是

A. 责任护士自我评价

B. 患者评价

C. 护士长检查评价

D. 护理专家检查评价

E. 终末评价

【A_2 型题】

13. 患者李某，女性，生活自理能力差，因结肠癌进行结肠造瘘术，责任护士在其护理过程中不对的是

A. 对患者进行有计划有目的的护理

B. 对患者实施 24 h 连续的护理

C. 责任护士不在班，将连续的工作进行交班

D. 指导患者自己进行造口护理，发挥其积极性

E. 指导其家属参与一定的护理活动

14. 张先生，70 岁，患"肺源性心脏病"，存在的健康问题中，需优先解决的是

A. 清理呼吸道无效

B. 皮肤完整性受损

C. 便秘

D. 语言沟通障碍

E. 活动无耐力

15. 李先生，60 岁，癌症患者，进行化疗后出现口腔溃疡，护士为其进行口腔护理前首先

A. 准备用物

B. 解释目的

C. 评估患者

D. 检查漱口溶液

E. 安置患者体位

16. 王女士，65 岁，因冠心病入院，经治疗后目前病情稳定，仍卧床休息，患者曾有便秘史，近 3 日未解便，感觉腹胀不适，其护理诊断陈述正确的是

A. 便秘：腹胀，与卧床活动减少有关

B. 腹胀：由便秘引起

C. 便秘：与活动减少有关

D. 活动减少：导致便秘，腹胀

E. 腹胀：与活动减少引起便秘有关

17. 张某，女，30 岁，乳腺癌入院，常哭泣，焦虑不安，以下哪项是首选的护理措施

A. 注射镇静剂

B. 通知主管医生

C. 通知家属探视

D. 允许家属陪伴

E. 让其倾诉并给予安慰

18. 患者，女性，70 岁，行胃大部切除术后第 3 天，体温 39.2 ℃。在护理患者的过程中，属于独立性护理措施的是

A. 遵医嘱发退热药

B. 用温水帮患者擦浴

C. 通知营养科调整患者饮食

D. 开放静脉通道，静脉点滴抗生素

E. 检查血常规，查看白细胞数量

【A₃型题】

（19~20题共用题干）

患者，女性，68岁，患2型糖尿病15年，皮下注射胰岛素控制血糖。入院时大汗淋漓、高热、呼出气体呈烂苹果味。住院治疗1周，血糖控制在正常范围。

19. 患者"呼出气体呈烂苹果味"，收集此资料的方法属于
 A. 视觉观察法
 B. 触觉观察法
 C. 听觉观察法
 D. 嗅觉观察法
 E. 味觉观察法

20. 患者认为出院后不需监测血糖，此时患者的主要护理问题是
 A. 潜在的血糖升高
 B. 感染的危险
 C. 知识缺乏
 D. 食欲下降
 E. 不合作

二、思考题

1. 简述护理评估中收集资料的方法。
2. 简述护理评价的内容。
3. 根据本项目案例，书写一份完整的护理病案。

（马国平）

第九章 护士职业素养与科学思维能力

> **案例 9-1**
>
> 王女士，女，60岁，因高热、疲乏无力、胸闷就诊。门诊以"左侧脓胸"收治入院。护士小李面带微笑、轻步上前："您好！请问您叫什么名字？"在得到王女士的确认后，护士小李说："我是您的责任护士李××，您就叫我小李吧，现在我推您到病室。"小李借用轮椅，将其送入病室。"王阿姨，您先躺下来休息，已通知负责您的医生，很快就会过来给您诊查。"小李热情的态度、亲切的语言给王女士留下良好的印象。入院后，予以联合支持、应用抗菌素抗感染治疗，并行左侧胸腔闭式引流，引流出大量灰白色脓液。术后第5天，护士小李在巡视病房时发现引流管未见明显液体引出，通过询问、观察和分析，判断王女士应是引流管堵塞，遂立即通知医生进行处理，小李的行为和能力得到患者及家属的一致好评。
>
> 思考：
> 1. 小李在工作中体现了护士的哪些职业素养？
> 2. 护士小李巡视病房发现护理问题，其思维和决策体现了什么职业能力？
> 3. 如果你是护士小李，若遇到异常情况时，将会如何思考和采取措施？

学习内容

第一节　护士职业素养
第二节　科学思维能力

学习目标

1. 掌握护士基本素质、护士行为规范、评判性思维的内涵及在护理中的应用、循证护理和临床护理决策的概念。
2. 熟悉建立良好人际关系的方式、评判性思维的构成和特点、临床护理决策的步骤和影响因素、循证护理的基本要素和实施程序。
3. 了解临床护理决策的类型和模式。

任务目标

1. 培养护士职业素养意识，并能在工作中自觉规范护理行为。
2. 能在护理工作中运用评判性思维，继而优化临床护理决策。

单元五 应用岗位职业能力

思维导图

下载资源：
思维导图解析

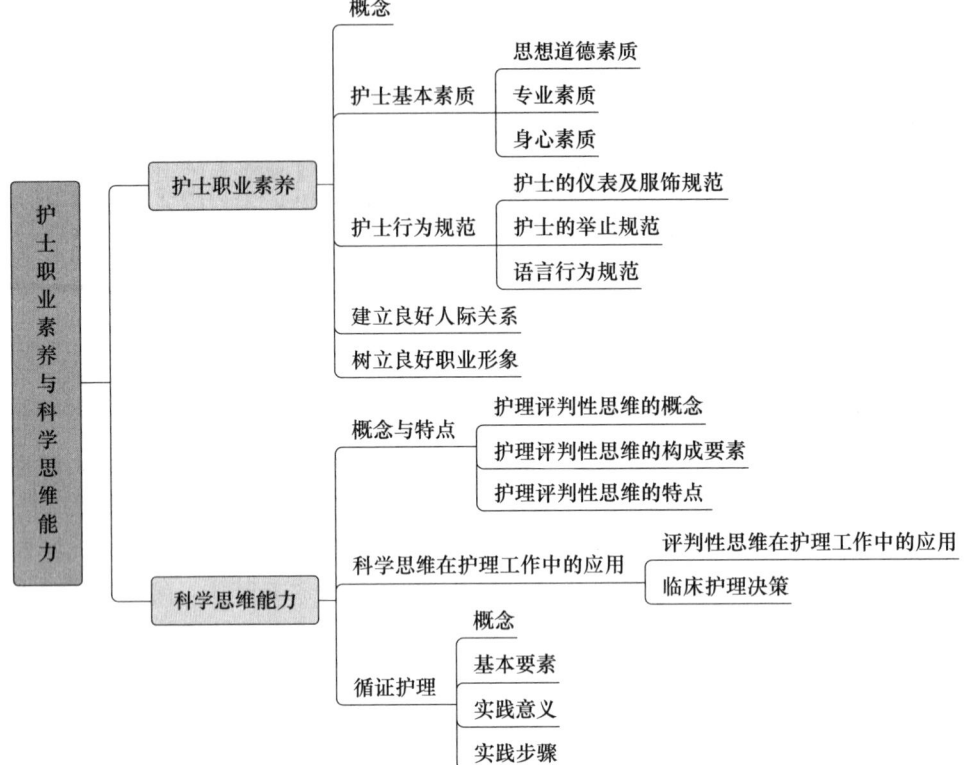

第一节 护士职业素养

护理本身是一项精细的艺术，精细的艺术要靠高尚的护风和高尚的护德铸就。

——南丁格尔

一、概念

1. **素质** 是一个人的生理、心理、智能和知识等多方面的较稳定的基本心理特征，包括先天和后天两方面。

2. **护士素质** 是指护士在护理工作中应该具备的基本条件和能力。这种能力主要靠后天的勤奋学习和刻苦训练获得，包括思想道德素质、专业素质和身体心理素质。

3. **护理职业素养** 是指从事护理职业者在从业时所必须具备的综合素质和涵养，是护理职业内在的规范和要求。其主要包括护理职业道德、护理职业意识、护理职业技能、护理职业行为及护理职业作风等内容。

二、护士基本素质

（一）思想道德素质

1. **政治思想素质** 热爱祖国、热爱人民、热爱护理事业，对护理事业有坚定的信念和深厚的情感。具有崇高的理想、高尚的道德情操及正确的人生观、价值观，有民族自尊心和正义感，能做到自尊、自爱、自立、自强，具有为人类健康服务的奉献精神。

思政之光

2. **职业道德素质** 具有崇高的护理道德，诚实的品格和较高的慎独修养，能设身处地为患者着想，理解患者。及时为患者提供护理，尊重患者的人格、尊严及权利。忠于职守，救死扶伤，廉洁奉公，实行人道主义。

（二）专业素质

1. **科学文化素质** 护士应具备一定文化知识素养，具备自然科学和人文社会科学等多学科知识。

2. **专业知识和实践技能** 护士运用包括医学、护理学等专业理论知识实施各种护理措施，运用规范、娴熟的护理技能操作为患者提供安全高效的护理服务。

3. **敏锐的洞察能力** 患者的病情及心理状况是复杂多变的，护士只有具备敏锐的洞察能力，才能及时发现患者的身心变化，预测及判断患者的需要，协助诊断及治疗。

4. **评判性思维能力** 在临床护理实践中应用评判性思维可以帮助护士进行有效的护理决策，树立整体护理观念，运用护理程序的方法解决患者的健康问题，为患者提供高质量的护理服务。

5. **分析解决问题能力** 在护理工作中，护士会面对各种各样的护理问题，这就需要护士依据自己的专业知识，根据服务对象的具体情况分析问题，当机立断做出决策，采取恰当的措施予以解决。

6. **独立学习和创新能力** 护士要关注学科新理论、新技术、新动态，及时更新理念、完善知识结构，不断索取知识，丰富和完善自己。要善于发现工作中的问题，不断探索、研究，促进护理科学的发展。

7. **沟通、咨询教育能力** 能随时将患者的病情进展及治疗情况与有关人员沟通。对患者的问题耐心倾听，给予恰当的解答，并能在各种适当的场合实施正式或非正式的健康教育。

8. **协调管理能力** 护理工作涉及面广，繁杂多样，继承性、服务性强，因此，护士应具有团队精神，学会周密计划、疏通协调的工作方法，保证工作质量，提高工作效率。

（三）身心素质

1. **心理素质** 护士应具有良好的心境，稳定的情绪，宽容豁达的胸怀和坚强的意志力，以良好的心境影响患者。对患者充满爱心、耐心、责任心，尊重患者的人格。

2. **身体素质** 护士应具有健康的体魄、充沛的精力、整洁大方的仪表、端庄稳重的举止，具有良好的耐受力、敏捷的反应力和始终如一的工作热情。

三、护士行为规范

（一）护士的仪表及服饰规范（表 9-1 图 9-1）

表 9-1 护士的仪表及服饰要求

项目	内容	要求
工作仪表	颜面部	保持面部清洁与自然，注意维护面部的健康，包括眼、耳、口、鼻部的清洁与健康，防止出现因个人卫生不良而滋生的痘、疖等皮肤感染情况。女性护理人员可着淡妆
	发型	清洁干爽，整洁无异味。发型得体，简洁大方。刘海不挡住眉眼，后面不超过领线为宜，长发者应为盘发。男性护理人员，可留平头、分头，也可稍长，但不可太长或梳成小辫
	手及指甲	养成勤洗手的好习惯，并注意手的保养，防止发生感染或冻伤。护理人员不宜留长指甲及染甲，应经常修剪，保持清洁自然，给人以稳重的形象
	脚腿部	女性护理人员上班时应穿长裤或过膝裙子，不可穿短裤或者超短裙以免过多暴露大腿。穿裙式工作服时最好配上肤色长筒袜，并注意袜口不能外露。男性护理人员上班时，着装不允许暴露腿部，即不能穿短裤。保持脚部卫生，鞋袜勤洗勤换，避免异味，以穿工作鞋为宜

续表

项目	内容	要求
工作服饰	工作帽	手术室、骨髓移植室、重症监护室等无菌环境严格的情况下医务人员必须佩戴工作帽；而在一般治疗性环境下，护士可以选择燕尾帽或脱帽
	工作服	以白色系列为主，也可根据不同科室的工作对象选用不同的色彩和样式，如手术室、小儿科、传染科等可分别选用淡蓝色、淡粉色、米黄色等。内衣领口、袖口不宜露在工作服外，夏季着裙装时应注意裙子的下摆不要比工作服长。做到服装整洁、平整，衣扣扣齐，衣领、腰带、袖口、衣边平坦整齐。穿着适体，无油渍、无尘污
	工作鞋与袜	鞋子宜软底、坡跟或平跟，能防滑。颜色以白色或奶白色为主，干净舒适，与整体协调。袜子以单一色调为佳，女护士如果穿裙装，最好配长筒袜或连裤袜。颜色以肉色或浅色为主。切忌穿着挑丝、有洞或用线补过的袜子；切忌袜口露出裙摆或裤腿外面，不可当众整理袜子
	工作饰物	1. 带秒针的表：最好是佩戴在左胸前，表上配有短链，用胸针别好。 2. 发卡：发卡的选择应是白色或浅色，左右对称别在燕尾帽后面，一般不外露。 3. 胸卡：胸卡是工作证，护理人员上岗要佩戴胸卡，并注意保持整洁

（二）护士的举止规范（表9-2）

视频：
护士举止规范

表 9-2　护士的举止规范

姿态	要求
站姿（图9-2）	头端正，目光平和，两肩水平，上身挺直收腹，两手在身体两侧自然下垂或两手轻握置于腹部或下腹部，两腿并拢，两脚前后错步成微"丁"字步或"V"字步。男士双脚平行，也可调整为"V"字形，双手下垂于身体两侧，也可以将两手放在背后
坐姿（图9-3）	在站姿的基础上，单手或双手向后把衣裙下端捋平，轻轻坐下，臀部坐面占椅面的1/2~1/3处，上身端正挺直，双膝并拢，小腿略后收或小交叉。男士应双眼平视，上身正直上挺，双肩正平，两腿可略分开，但不宜超过肩宽。小腿垂直落于地面，两手放在两腿接近膝盖的部位或扶手上
走姿（图9-4）	在站姿的基础上，行走时抬头，收腹挺胸，两臂前后摆动（前后摆幅不超过30°），两腿略靠拢，大腿带动小腿，步态轻盈自然
蹲姿（图9-5）	在基本站姿基础上，一脚稍后移，上身挺直，一手捋平工作服下蹲，后脚脚跟提起，两膝一高一低，两腿紧靠，用左手或右手操作
端治疗盘（图9-6）	双手手指展开，托住治疗盘，肘关节呈90°，靠近躯干
持病历夹（图9-7）	一手持病历卡，轻放在同侧胸前，另一手自然下垂或轻托病历下方
推治疗车（图9-8）	双手扶车把，双臂均匀用力，重心集中于前臂，平稳、轻捷地朝前推行，要求停放平稳

图9-1 护士仪表与服饰规范

图9-2 站姿

图9-3 坐姿
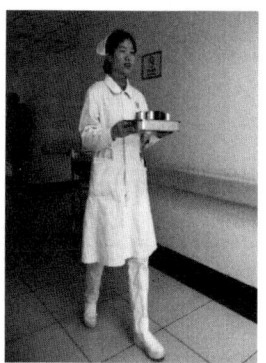
图9-4 走姿

图9-5 蹲姿

图9-6 端治疗盘

图9-7 持病历夹
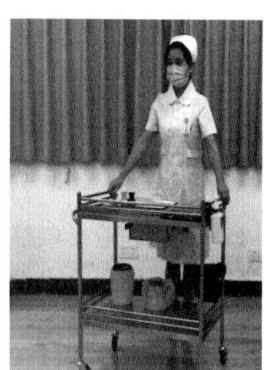
图9-8 推治疗车

（三）语言行为规范

1. **语言沟通规范** 护患语言沟通的形式主要为口头语言和书面语言。护理用语应通俗易懂，要求具有规范性、保密性、情感性、分寸性。护患语言沟通技巧主要包括：倾听、提问、核实、申辩、阐释、劝告和否定等。

2. **非语言沟通规范** 非语言沟通是借助如仪表、服饰、表情、动作、姿态等非自然语言为载体所进行的信息传递。非语言沟通的形式主要为仪表服饰、面部表情、体态语言、人际距离、时间控制、人体接触、辅助语言等。要求通俗、准确、协调、自然、适度、端庄、灵活、应变。

> **知识链接**
>
> **《医疗机构从业人员行为规范》节选**
>
> 《医疗机构从业人员行为规范》规定护士的规范包括：
>
> 第二十八条 不断更新知识，提高专业技术能力和综合素质，尊重关心爱护患者，保护患者的隐私，注重沟通，体现人文关怀，维护患者的健康权益。
>
> 第二十九条 严格落实各项规章制度，正确执行临床护理实践和护理技术规范，全面履行医学照顾、病情观察、协助诊疗、心理支持、健康教育和康复指导等护理职责，为患者提供安全优质的护理服务。
>
> 第三十条 工作严谨、慎独，对执业行为负责。发现患者病情危急，应立即通知医师；在紧急情况下为抢救垂危患者生命，应及时实施必要的紧急救护。
>
> 第三十一条 严格执行医嘱，发现医嘱违反法律、法规、规章或者临床诊疗技术规范，应及时与医师沟通或按规定报告。
>
> 第三十二条 按照要求及时准确、完整规范书写病历，认真管理，不伪造、隐匿或违规涂改、销毁病历。

四、建立良好人际关系

（一）保持健康的生活方式和良好的情绪

护理人员应该拥有健康的生活方式，健康的体魄和健康的心理状态，以良好的身心投入工作中，对患者及周围人员产生积极的影响，从而利于疾病恢复。

（二）具有真诚的态度和适当的移情

移情是指人际交往中人们互相间情绪、情感交流的替代性体验。通过真诚的态度获得患者的认可，感受对方的身心历程，是促进护患关系良性发展的有效途径。

（三）掌握沟通技巧

有效沟通是护理工作顺利进行的第一步，护理人员需要掌握沟通技巧，进行有效沟通，从而促进护患关系的和谐发展。

（四）加强自身护理水平，全方位充实提高

扎实的专业理论知识和熟练的护理操作技能是赢得患者、同事认同的重要一环，护理人员应加强专业知识和技能的学习，同时拓宽知识面，适应新形势下的护理模式。

五、树立良好职业形象

护理职业形象是指护士群体或个人，在护理实践活动中的外表、思想、语言、行为、知识等的外在体现，它表现在护士的仪表、风度、行为举止和姿态等外在形象中，同时也表现在护士良好的职业道德品质、善良的行为、高尚的情操等内在形象上。护理人员在平时的工作生活中，应有意识地提高自身对美的感受和审美修养，由内而外提升护理职业形象。

第二节　科学思维能力

护理学作为一门应用学科，其发展需要护士充分发挥科学思维的能动作用。科学思维是人类智力系统的核心，是人类在学习、认识、实践操作和其他活动中所表现出来的理解、分析、比较、综合、概括、抽象及推理等所组成的综合性思维。评判性思维、护理决策与循证护理作为护士必备的专业核心能力，应有意识地进行培养并提高，以此在护理教学、科研、临床实践中自主运用评判性思维，将循证护理的理念应用于临床决策，促进科研成果的临床应用转化，更好地促进护理决策的科学性、保证护理实践的安全性以及提高护理措施的有效性，从而提升护理质量和护理学科的发展。

一、概念与特点

（一）护理评判性思维的概念

护理评判性思维是对护理现象或问题进行的有目的、有意义、自我调控性的判断、反思和推理过程，其核心目的是做出合理的决策，有效解决护理问题。评判性思维在临床护理实践中的核心目的是临床护理决策。

（二）护理评判性思维的构成要素

1. **智力因素**　智力因素是指在护理评判性思维过程中所涉及的专业知识。护理学专业知识包括医学基础知识、人文社会学科知识及护理学专业知识。

2. **认知技能因素**　认知技能是护理评判性思维的核心。护士在临床护理决策时，认知技能能够帮助他们综合运用知识和经验，做出符合情境的判断。

3. **情感态度因素**　情感态度是指在护理评判性思维过程中护士应具备的人格特征，包括

具有进行评判性思维的心理准备状态、意愿和倾向。护士要成为评判性思维者,应具有自信、公正、正直、责任心、执着、谦虚、好奇心、独立思考、冒险和勇气等多个方面的情感态度特征。

(三) 护理评判性思维的特点

1. **主动独立性** 评判性思维是一种自主性思维,思维者不是盲从于他人的行为或被动地吸纳权威观点,而是积极参与到相应的活动中,主动运用已有的知识、经验和技能,独立思考,逐渐完善自己的思路,在广泛收集和甄别证据的基础上,做出独立客观的判断与决策,进而逐步提高自己独立发现问题和解决问题的能力,做出合理的分析与判断。

2. **创新发展性** 现代护理发展要求护理工作应该有创造性和发展性。评判性思维通过整合已有的概念、规律,对不合理的部分进行否定,使思维进一步明晰化,促进认识和实践的发展,进而产生创造性的想法和见解,推动护理新理论、新知识、新技术和新材料的变革与发展。

3. **质疑反思性** 反思和推理是评判性思维的实质过程。评判性思维通过不断提出问题而产生新观点。在此过程中,需要有不断反思的意识和批判的精神,客观判断相关证据。

4. **审慎开放性** 护理程序是评判性思维在临床护理实践中的具体应用。在运用评判性思维思考和解决问题的过程中,需要审慎而广泛地收集资料,分析并寻求问题发生的原因,经过理性思考,得出结论。但也必须认识到评判性思维在审慎的同时,要求护士有高度的开放性,愿意听取和交流不同观点,使所做的结论正确、合理。

二、科学思维在护理工作中的应用

(一) 评判性思维在护理工作中的应用

1. **在护理实践中的应用** 临床护士在面对复杂的临床情境时,除自身需具备足够的知识储备外,还可以请教有经验的同事、护理教育者或参考专业文献资料、学术机构或医院的政策和程序规范,才能评判性地理解各种资料的意义,进而做出相应的临床决策。

2. **在护理管理中的应用** 正确的决策是有效管理的重要保障。护理管理者在决策过程中采用评判性思维方式,对各种复杂的现象、事物与人群进行分析,对传统的管理思想、管理方法进行质疑,综合评价后方能做出科学的决策。

3. **在护理科研中的应用** 护理科研是对护理的各种现象、观点等进行探索和研究,经过反思、质疑从而进行新的调查或实验,根据充足的论据,从而得出新观点、新方法、新模式。成功的护理科研要求科研者能够有效运用评判性思维,进行质疑、假设、推理、求证。

(二) 临床护理决策

临床护理决策是指在临床护理实践过程中,由护士做出关于患者护理服务的专业决策的复杂过程。

1. **临床护理决策的类型**

(1) 确定型临床护理决策:指在事件的结局已经完全确定的情况下护士所做出的决策。在此情况下,护士只需通过分析各种方案的最终得失,进而做出选择。

(2) 风险型临床护理决策:指在事件发生的结局尚不能肯定,但在其概率可以估计的情况下做出的临床护理决策。

(3) 不确定型临床护理决策:指在事件发生的结局不能肯定,相关事件的概率也不能确定的情况下护士所做出的决策。这种类型的决策依赖于决策者的临床经验和主观判断。

2. **临床护理决策的步骤**

(1) 明确问题:护士应根据患者资料的全面评估,及时准确地判断患者现存的或潜在的健康问题,并认真分析问题原因。

视频:
临床护理决策的步骤

（2）确定目标：在临床护理决策时，问题一旦明确，应根据问题确定所要达到的目标。目标应具有针对性与可行性，并应充分考虑达到目标的具体评价标准。

（3）选择方案：护士进行临床护理决策选择最佳方案前，应该充分搜集信息及有用证据，寻找各种备择方案并对这些方案进行正确评估后，做出选择。

（4）实施方案：护士需要根据解决问题的最佳方案制订详细的计划，对方案实施的时间、人力及物力等方面做出合理安排，对于实施过程中可能出现的意外情况做出正确预判，并制订相应计划来预防、减少或克服在实施方案过程中可能出现的障碍。

（5）评价反馈：在方案实施过程中及实施后，及时有效地评价、反思、总结和反馈，有利于临床护理决策能力的提高。

3. **临床护理决策的影响因素** 临床护理决策的影响因素主要来自3个方面：个体因素、环境因素和情境因素。

（1）个体因素：护士的价值观、知识、经验及个性特征都会影响临床护理决策。

（2）环境因素：临床护理决策受诸多周围环境的影响，包括病房设置、气候等物理环境因素，以及机构政策、护理专业规范、人际关系、可利用资源等社会环境因素。良好的环境因素有益于临床护理决策。

（3）情境因素

1）与护士本人有关的情境因素：一定程度的应激及由此而产生的心理反应能影响护士做出的临床决策。护士在临床护理决策中，应不受外部影响地进行自主决策。

2）与决策本身有关的因素：临床护理决策过程涉及患者症状、体征和行为反应、护理干预环境特征等诸多复杂因素。复杂程度越高，决策的难度越大。

3）决策时间的限制：护理工作的性质要求护士必须快速地进行决策。但是如果时间限制太紧，容易使护士在匆忙之中做出不满意的决策。

三、循证护理

（一）循证护理的概念

循证护理即循证医学实践，指护理人员在计划其护理活动的过程中，审慎地、明确地、明智地将科研结论与临床经验以及患者意愿相结合来获取证据，并将获得的证据作为临床护理决策依据的过程。

（二）循证护理的基本要素

1. **最佳证据** 经过对证据的科学性、可行性、适宜性、临床应用价值、有效性以及经济性进行严格评价，从而得到的最新、最佳证据。

2. **护士的专业判断** 开展循证护理时，护士应结合自身系统的临床知识、丰富的实践经验以及敏感地发现问题的能力，并将文献中的证据与临床实际问题有机地结合在一起，以寻求解决临床问题的突破口，为患者提供适宜的护理活动。

3. **服务对象的需求和意愿** 服务对象的需求和意愿是开展循证护理决策的核心，任何先进的诊治手段首先都必须得到患者的接受和配合才能取得最好的效果。

4. **应用证据的临床情景** 证据的应用必须强调情景性，在某一特定情景获得明显效果的研究结论并不一定适用于所有的临床情景，这与该情景的资源分布情况、医院条件、患者的经济承受能力、文化习俗和信仰等均有密切的关系。

（三）循证护理实践的意义

1. **有效利用卫生资源，提高护理工作的效率** 循证护理可充分利用现有的研究资源，避免重复研究，同时减少实践中的变异性带来的不必要的资源浪费，加速新知识和新技术的应用，更好地满足人群的卫生保健需求。

2. 开展循证护理可提高临床护理实践的科学性和有效性 循证护理的核心思想是运用现有的最佳研究证据，结合护士的经验与患者的需求，形成科学、实用、有效、可行的临床干预手段，为临床护理决策提供了依据和工作方法，提高了临床护理实践的科学性和有效性。

3. 开展循证护理可促进护理学科的发展 循证护理作为循证实践的分支之一，以护理研究为基础形成临床实践指南，改变了临床护士按照直觉或凭借经验从事护理实践活动的习惯与行为，促进了临床专业人员思维方式和工作方法的转变，推动了护理专业的发展。

（四）循证护理实践的步骤

1. 明确问题

（1）一般性的问题：涉及患者所患疾病的一般性问题，如性别、年龄等；疾病的基本问题，如具体的临床护理问题、临床护理表现等。

（2）特殊的临床护理问题：护士在充分掌握了患者的相关资料之后，通过临床护理分析，从专业角度所找到的问题。

（3）患者关心的问题：结合患者的具体需要所提出的问题。

（4）护理实践科研问题：指从护理实践需要出发提出问题，并用可靠的方法进行研究，以得到相应证据解决循证护理问题，再用于指导他人的护理临床实践。

> **知识链接**
>
> **循证护理问题的构建方法**
>
> 在构建具体循证问题时，可将实际问题转化为结构化的检索提问。目前通用的模式为 PICO 格式。P 为特定的人群（population/participants），主要描述目标人群及其需要考虑的特征；I 为干预或暴露（intervention/exposure），主要描述需要考虑的干预措施或暴露因素；C 为对照组或者另一种可用于比较的干预措施（control/comparator），主要描述需要考虑的比较或对照；O 为结局（outcome），主要描述感兴趣的结局。
>
> 对于护理学科诸多领域需要质性研究回答的问题，一般包括 PICo 3 个方面：P 为患者或服务对象群（patient），I 为感兴趣的现象（interest of phenomena），Co 为具体情形（context）。

2. 系统的文献检索 将第一步提出的临床护理问题结构化，确定可能覆盖所研究临床问题的数据库，选择恰当的检索词，制订检索策略，系统检索文献，以寻找可回答上述问题的最佳证据。

3. 严格评价证据 高质量的证据指来自设计严密，采取了防止偏倚的措施，确保研究的真实性和科学性的研究结果。根据研究方法不同，研究证据可分为原始研究证据和二次研究证据。研究证据的质量等级分 5 级，是研究证据的质量等级评价标准（表 9-3）。

表 9-3　研究证据的质量等级评价标准

等级	评价标准
1级	强有力的证据，来自于一份以上设计严谨的随机对照试验（RCT）的系统评价
2级	强有力的证据，来自于一份以上适当样本量、设计合理的 RCT
3级	证据来自于非随机但设计严谨的试验，某组前后对照试验，有缺点的临床试验或分析性观察性研究
4级	证据来自于多中心或研究小组设计的非实验性研究，系列病例分析和质量较差的病例对照研究
5级	专家意见、个例报告

4. **应用证据** 应用证据,即将最佳证据应用于护理实践活动之中。将最佳证据与护士的临床知识和经验、患者需求和意愿相结合,根据临床情境,做出最佳临床决策,并应用于临床实践。

5. **评价证据应用后的效果** 通过动态评审的方法监测证据应用实施过程,评价证据应用后对卫生保健系统、护理过程及给患者带来的效果。评价时,要选择客观合理的方法,确保将评价结果反馈到护理过程。

下载资源：
目标检测参考答案

目标检测

一、选择题

【A_1 型题】

1. 评判性思维在护理实践中的核心目的是
   A. 诊断依据
   B. 质疑反思
   C. 鉴别诊断
   D. 临床护理决策
   E. 演绎推理

2. 不属于护理评判性思维特点的是
   A. 主动独立性
   B. 创新发展性
   C. 质疑反思性
   D. 猜疑反思性
   E. 审慎开放性

3. 临床护理决策的步骤不包括
   A. 明确问题
   B. 分析猜测
   C. 选择方案
   D. 实施方案
   E. 评价反馈

4. 下列哪项是影响临床护理决策的环境因素
   A. 价值观
   B. 决策风险性
   C. 个性特征
   D. 决策时间限制
   E. 护理专业规范

5. 下列哪项不属于循证护理的基本要素
   A. 最佳证据
   B. 护士的专业判断
   C. 评判性思维能力
   D. 服务对象的需求和意愿
   E. 应用证据的临床情景

6. 正确的坐姿下列哪项不妥
   A. 头正颈直
   B. 两肩外展放松
   C. 把衣裙下端捋平
   D. 坐靠椅背以保持稳定
   E. 两手轻握置于大腿部

7. 护士素质的核心是
   A. 职业作风
   B. 职业道德
   C. 职业理想
   D. 职业纪律
   E. 职业习惯

8. 素质具有后天社会性一面,要通过多种方式才能获得,以下哪项除外
   A. 培养
   B. 教育
   C. 遗传
   D. 自我修养
   E. 自我磨炼

9. 下列哪项不构成护士的外表美
   A. 端庄稳重的仪容
   B. 高雅大方的妆饰
   C. 和蔼可亲的态度
   D. 款式流行的服装
   E. 训练有素的举止

10. 不规范的走姿是
    A. 头正颈直
    B. 行走时收腹挺胸
    C. 步履轻盈、自然

D. 两臂前后摆幅超过30°
E. 小步前进

11. 护患关系应建立在下列哪项基础上
    A. 真诚
    B. 说教
    C. 感情
    D. 观点
    E. 命令

12. 护士在工作中的仪表及服饰要求，下列哪项不妥
    A. 秒表佩戴在左胸前
    B. 造型可爱的发夹别于燕帽前
    C. 胸卡佩戴于左胸前，正面朝外
    D. 不留长指甲、不染甲
    E. 穿浅色或肉色袜

【A_2型题】

13. 患者，43岁，诊断：运动神经元病，俗称渐冻症，实习护士小王对此病非常好奇，决定查找相关资料，了解关于此病最新的治疗和护理方法进展，小王通过文献检索，查找到一篇关于此病的个案研究报告。请问此个例报告属于研究证据质量等级中的哪一级
    A. 1级
    B. 2级
    C. 3级
    D. 4级
    E. 5级

【A_3型题】

（14~15题共用题干）

患者，男，1岁，因"腹股沟斜疝9个月余"住院治疗，昨日行择期手术。今晨患儿突发呕吐2次，腹泻4次，精神萎靡，前囟略凹陷，体温39℃。责任护士小马根据患儿表现和自身临床经验，判断该患儿出现感染合并脱水，立即通知医生，进行处理。请问

14. 此时最能体现的是护士哪一方面的专业素质
    A. 科学文化素质
    B. 沟通、咨询教育能力
    C. 专业知识和实践技能
    D. 敏锐的洞察力
    E. 评判性思维能力

15. 经抗感染治疗和补液治疗，患儿即将出院，小马护士告知患儿家属患儿应定期复查的时间及喂养要求，此时最能体现的是护士哪一方面的专业素质
    A. 科学文化素质
    B. 沟通、咨询教育能力
    C. 专业知识和实践技能
    D. 敏锐的洞察力
    E. 评判性思维能力

二、思考题

1. 简述临床护理决策的步骤。
2. 论述循证护理实施程序。

（邱林利）

思政之光

第十章 职业可持续发展能力

案例 10-1

1. 患儿吴某,女,3岁。因误服炉甘石洗剂来医院就诊。急诊医生准备25%的硫酸镁20 ml导泻,匆忙中将口服医嘱误开成静脉注射。护士李某接到医嘱后心存疑惑:"25%的硫酸镁能静脉注射吗?似乎不行,但自己又拿不准。"转念一想:"反正是医生开医嘱,护士负责执行就行了。"遂予以静脉注射,患儿最终死于高血镁引起的呼吸麻痹。

2. 护生刘某当日跟随责任护士王老师实践护理,患者陈某确诊为2型糖尿病入院,医嘱予以胰岛素泵注射门冬胰岛素强化治疗,王老师带领护生刘某对患者进行糖尿病及胰岛素泵使用相关知识的健康宣教,取得了良好的宣教效果。

思考:

1. 案例1说明护理会涉及相关法律问题,护士李某违背了何相关法律?如果您是护士李某应该怎么办?

2. 案例2体现王老师具有良好的健康教育能力,您要如何学习才能具备这种能力?

3. 从实习生成长为合格护士是职业生涯的开始,您是否为自己职业生涯做好了规划?

 学习内容

第一节 护理工作相关法律法规
第二节 健康教育指导能力
第三节 职业生涯规划能力

学习目标

1. 掌握医疗事故等级分类,掌握健康教育、职业生涯规划的概念,健康教育的方法、护士职业生涯规划的步骤。

2. 熟悉医疗事故的概念,熟悉健康教育程序、注意事项。

3. 了解健康教育和职业生涯规划的目的、意义。

第十章 职业可持续发展能力

任务目标

1. 树立遵纪守法的护理理念，并能将相关知识运用于护理实践中维护患者和护士的权益。
2. 能针对不同的护理对象，采取相应的健康教育方法为服务对象进行健康教育。
3. 能为自己进行护理职业生涯规划和设计。为职业可持续发展描绘宏伟蓝图。

思维导图

下载资源：
思维导图解析

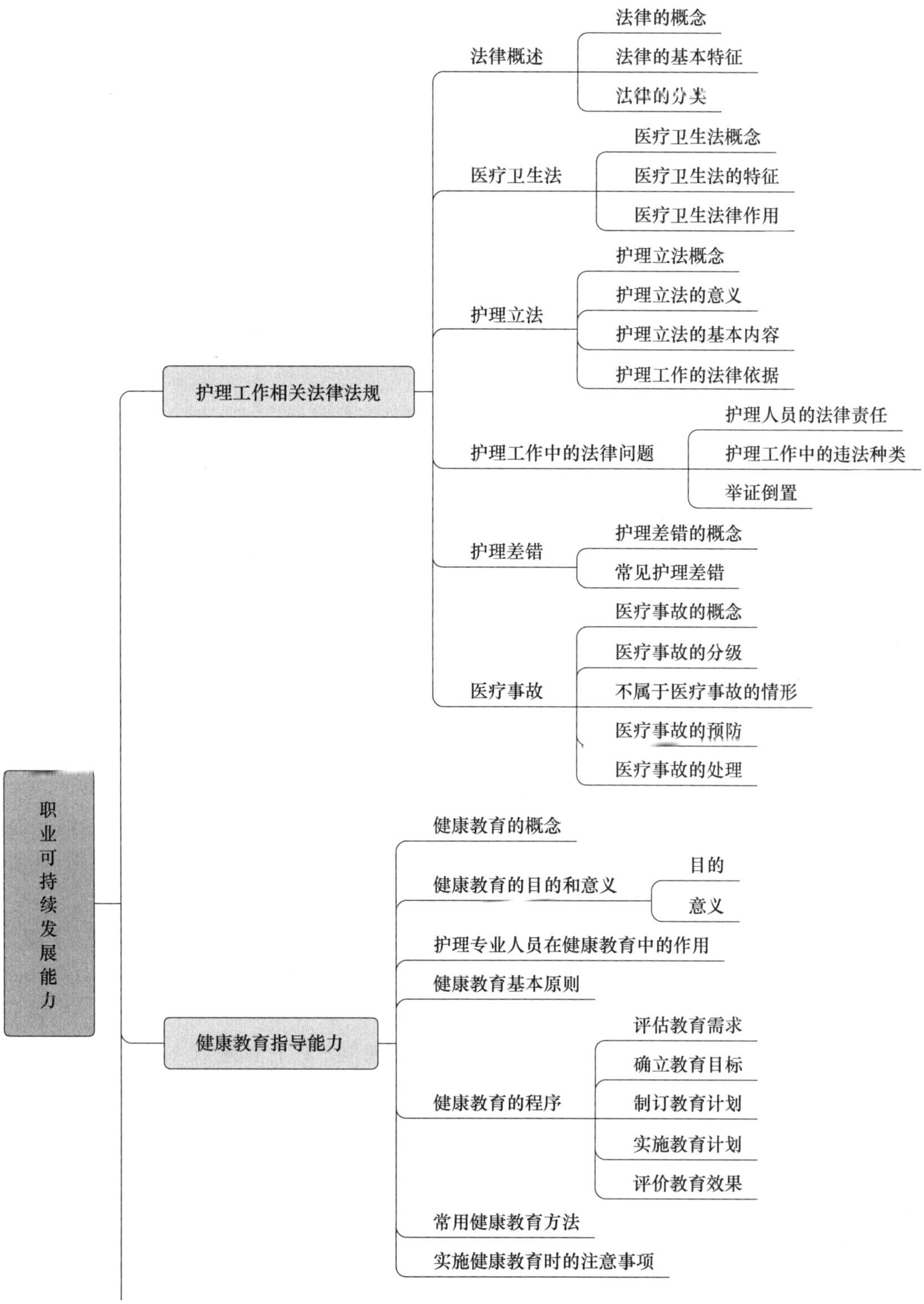

- 职业可持续发展能力
  - 护理工作相关法律法规
    - 法律概述
      - 法律的概念
      - 法律的基本特征
      - 法律的分类
    - 医疗卫生法
      - 医疗卫生法概念
      - 医疗卫生法的特征
      - 医疗卫生法律作用
    - 护理立法
      - 护理立法概念
      - 护理立法的意义
      - 护理立法的基本内容
      - 护理工作的法律依据
    - 护理工作中的法律问题
      - 护理人员的法律责任
      - 护理工作中的违法种类
      - 举证倒置
    - 护理差错
      - 护理差错的概念
      - 常见护理差错
    - 医疗事故
      - 医疗事故的概念
      - 医疗事故的分级
      - 不属于医疗事故的情形
      - 医疗事故的预防
      - 医疗事故的处理
  - 健康教育指导能力
    - 健康教育的概念
    - 健康教育的目的和意义
      - 目的
      - 意义
    - 护理专业人员在健康教育中的作用
    - 健康教育基本原则
    - 健康教育的程序
      - 评估教育需求
      - 确立教育目标
      - 制订教育计划
      - 实施教育计划
      - 评价教育效果
    - 常用健康教育方法
    - 实施健康教育时的注意事项

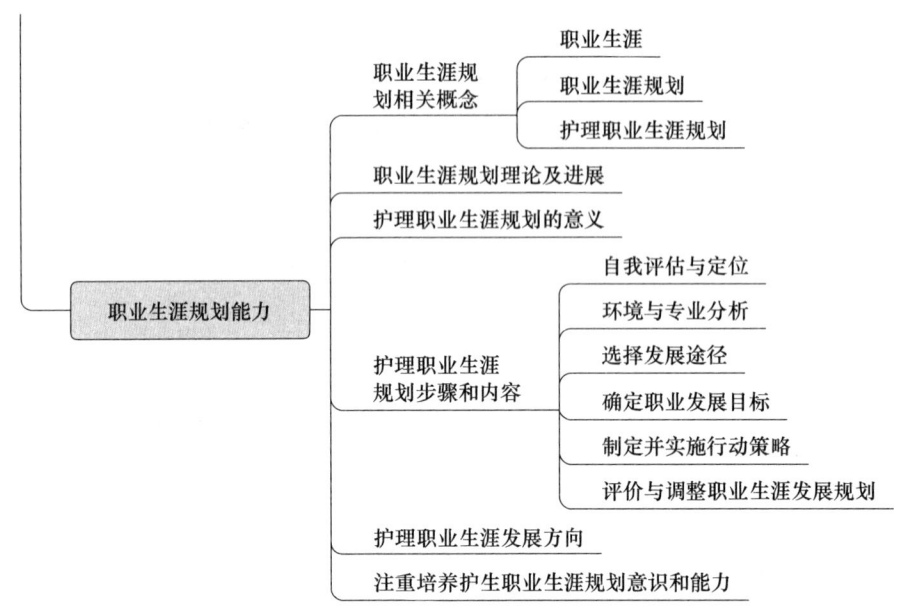

第一节　护理工作相关法律法规

法律是由国家机关制定的规范人们行为的准则，具有严肃性、公正性及强制性和不可取代性。随着我国法制的逐步健全，人们的法制观念日益增强。护理人员在工作中应时刻遵守法律法规。

一、法律概述

（一）法律的概念

法律（law）是国家制定或认可的由国家强制力保证实施的，以规定当事人权利和义务为内容的具有普遍约束力的社会规范。广义的法律是指法的整体，包括法律、有法律效力的解释及行政机关为执行法律而制定的规范性文件。狭义的法律专指拥有立法权的国家权力机关依照立法程序制定的规范性文件。

（二）法律的基本特征

1. **法律是由国家制定或认可的**　国家制定法律，是指由一定的国家机关按照特定的程序制定出新的规范。国家认可法律，是指国家通过一定的形式，赋予某些原来就已经存在的社会规范以法律效力使之成为国家法律。

2. **法律是由国家强力保证实施的**　在各种社会规范中法律是最强有力的，因为它是以强大的国家力量作为后盾的。国家制定法律，还要用强制力保证它的实施，这种强制力必须是严厉的、有效的。

3. **法律具有普遍性的约束力**　法律作为一种社会规范，具有普遍效力。所谓普遍效力是指法律一旦制定，其效力范围内的所有个人、机关、团体都应当普遍地、平等地遵守，在国家权力范围内法律对全体社会成员都具有普遍约束力，法律面前人人平等。

（三）法律的分类

1. **国内法和国际法**　从法律制定的主体和不同的适用范围划分，法律可分为国内法和国际法。国内法是由本国制定或认可，并在本国主权所及领域范围内适用的法律。国际法指适用于主权国家之间，以及其他具有国际人格的实体之间的法律规则的总体，是在不同国家之间协议或认可的基础上产生，以参加协议国家为适用主体，并规定国家之间、双边或有立法权的机关多边关系的法律。

2. **宪法性法律和普通法** 宪法性法律是规定国家的政治、经济制度等，具有最高的法律效力的纲领性文件。普通法律对某一方面的社会关系起调节作用，由有立法权的机关按普通立法程序制定和颁布，如民法、刑法、行政法等。

3. **实体法和程序法** 按照法律规定的内容不同而进行划分。实体法是规定公民的权利和义务的法律，如民法、刑法、婚姻法等。程序法是规定实现实体法的诉讼程序或手续的法律，如民事诉讼法、刑事诉讼法等。

视频：
法律的分类

4. **一般法和特别法** 是按法律效力范围的不同来进行划分的。一般法适用于全国范围内对全国公民都有效的法，如民法、刑法等。特别法适用于特定地区的法，如经济法、劳动法、教育法和卫生法等。

二、医疗卫生法

（一）医疗卫生法概念

医疗卫生法是由国家制定或认可，由国家强制力保证实施，是调整在卫生活动过程中所发生的社会关系的法律规范的总称。

（二）医疗卫生法的特征

1. **卫生法是行政法律规范和民事法律规范相结合的法律** 卫生法以调整卫生社会关系为主要内容，卫生社会关系既存在于卫生机构、卫生人员与卫生行政部门之间，也存在于卫生机构内部管理层与卫生人员之间；既存在于卫生行政部门与企事业单位、社会团体与公民之间，也存在于卫生机构、卫生人员与患者之间。

2. **卫生法是在医学发展演变基础上逐步形成的专门法律** 卫生法是法律的一个分支又与医学密切相关，是法学与医学相结合的产物。

3. **卫生法是强制性规范与任意性规范相结合的法律** 卫生法中的规定，既有强制性的也有非强制性的，但以强制性为主。

4. **卫生法是具有一定国际性的国内法** 卫生法虽然在本质上属于国内法，但由于卫生本身是共性的，任何一个国家都不可能置身于世界之外，因此各国卫生法在保留其个性的同时，都注意吸收各国通行的卫生规则。

（三）医疗卫生法律作用

1. **有利于保护公众的健康** 这是医疗卫生法律法规的根本作用。

2. **有利于维持良好的医疗秩序并改善就医环境** 良好的就医环境及秩序是保证患者得到及时、准确治疗的基本要求和必要条件。

3. **有利于打击违法犯罪活动** 医疗卫生法规的实施可以使医疗卫生工作有法可依。

4. **有益于规范医疗行为** 通过严格实施医疗法律法规，可以提高医务人员的法律意识，熟悉业务，减少医疗纠纷发生。

5. **有利于发展社会经济** 临床工作可以通过提高和改善公众的身体素质促进社会经济的发展。

三、护理立法

（一）护理法概念

护理法（nursing legislation）是由国家通过立法程序制定的，关于护理人员的资格、权利、责任和行为规范的法律法规，对护理工作有约束、监督的指导作用。

新中国成立以来，国家先后发布了《医士、药剂士、助产士、护士、牙科技士暂行条例》《关于加强护理工作的意见》《关于加强护理教育工作的意见》等法规、规章和文件。1993年卫生部颁布了《护士管理办法》，1995年6月首次举行了全国护士执业资格考试，标志着我国

视频：
护士执业注册

护士执业考试和注册制度正式建立。2008年1月23日国务院公布了新的《中华人民共和国护士管理条例》(以下简称《护士条例》)(附录三),同年5月4日卫生部颁布《护士执业注册管理办法》,均于2008年5月12日起正式实施。《护士条例》比《护士管理办法》的法律效力高,在护士权利与义务方面规定更为明确。2010年,卫生部、人力资源和社会保障部颁布了《护士执业资格考试办法》。

(二) 护理立法的意义

1. **促进护理管理法制化,提高护理质量** 通过护理法的实施,保证了上岗护士的基本素质,让一切护理执业活动及行为均以法律为规范,做到有章可循、有法可依、违法必究。将护理管理纳入法制的轨道,可以保证护理工作的稳定性及连续性,防止护理差错和事故的发生,有利于提高护理质量。

2. **促进护理教育及护理学科发展** 护理法融法律思想和护理观念于一体,为护理专业人才的培养和护理活动的开展制定了一系列法律标准。护理法规定了护士的资格、注册、执业范围等要求,护士必须不断学习新知识、新技术,从而促进护理学科的发展。

3. **维护护士的权益** 护理法确立了护士的地位、作用和职责范围,使护士在从事正常护理工作的权利、履行自己的法定职责等方面最大限度地受到法律的保护。同时护理法还明确了各级卫生行政部门、医疗机构在护士的使用、培养、待遇和管理等方面的责任,保证了护士的合法权益。

4. **维护所有服务对象的正当权益** 《护士条例》中多个条例规定了护士应尽最大努力履行治病救人的义务,无法律许可,不得以任何借口拒绝护理或抢救患者;不得侵犯服务对象的权利等。对违反护理准则的行为,患者有权依据这些条款追究护士的法律责任。

(三) 护理法规的基本内容

1. **总纲** 总纲部分应阐明护理法的法律地位、护理立法的基本目标、立法程序的规定、护理工作的宗旨与人类健康的关系及其社会价值等。

2. **护理教育** 包括教育种类、宗旨、专业设置、编制标准、审批程序、注册和取消注册的标准和程序等,也包括对入学护生的条件、护校学制、课程设置,以及科室安排计划、考试程序以及护校一整套科学评估的规定等。

3. **护士注册** 包括有关注册种类、注册机构、本国或非本国护理人员申请注册的标准和程序、授予从事护理服务资格或准予注册标准等详细规定。

4. **护理服务** 包括护理人员的分类命名、各类护理人员的职责范围、权利义务、管理系统以及各项专业工作规范、各类护理人员应具备的专业能力、了解护理服务的伦理学问题等,还包括对违反这些规定的护理人员进行处理的程序和标准等。

(四) 护理工作的法律依据

1. **执业考试与执业注册制度** 取得执业证书、进行执业注册是护理人员从事护理工作的前提。护士执业考试合格即取得护士执业的基本资格之后必须经过注册才能成为法律意义上的护士,履行护士的义务并享有护士的权利。

2. **护理质量标准** 护理质量标准清楚地限定了护理人员职责的法律范围,明确了护理人员在进行护理时的法律标准。

四、护理工作中的法律问题

(一) 护理人员的法律责任

1. 护士的法律责任

(1) 正确处理及执行医嘱:①仔细核查无误后及时准确地执行;②不可随意篡改或无故不执行医嘱,如发现医嘱有明显的错误,有权拒绝,并向医生提出质疑或申辩;③当患者对医嘱提出疑问时，护士应核实其准确性；④患者病情发生变化时应及时通知医生，与医生协商是否暂停医嘱；⑤慎重对待口头医嘱。一般不执行口头医嘱，必要时应将医嘱内容向医生重复一遍，双方确认无误后方可执行。完成后应及时补记书面医嘱。

（2）及时准确书写护理记录：护理记录作为医疗文件的组成部分，具有重要的法律意义。各种护理记录的书写应该工整、清晰、准确无误。若抢救危急患者未能及时书写病例的，应在抢救后6h内及时补记并注明。对原始记录进行涂改、隐匿、伪造或销毁的，均属违法行为。

（3）麻醉药品及其他药品的妥善管理：麻醉药品主要指哌替啶、吗啡等。这类药物由专人锁于专柜内负责保管。护士只能凭医嘱领取及使用这些药物。若护士私自将以上药物窃取、盗卖或自己使用，则会构成贩毒、吸毒罪。患者的贵重药品应每日认真清点和交接，标上患者的床号、姓名以示区分。

（4）患者入院与出院：患者办理入院手续必须持有医生签发的住院证，对于病情危重和需急诊手术的患者，则应先收入病房或先手术后办理入院手续。若护士拒绝、不积极参与抢救或工作拖沓造成患者致残或死亡，就可能被起诉，以渎职罪论处。若患者或其法定监护人不愿继续治疗执意要求出院，应让患者或其法定监护人在自动出院一栏上签字，同时做好护理记录。

（5）患者死亡及有关问题的处理：一是当护士作为患者死前遗嘱的见证人时，必须明确以下几点：①应有2~3个见证人参与。②见证人必须听到或看到，并记录患者的遗嘱内容。③见证人应当场签名，证实遗嘱是该患者的。④遗嘱应有公证机关的公证。⑤注意患者立遗嘱时意识完全清醒，可使用GCS记分标准评估患者的意识障碍或昏迷程度，询问其近期生活事件，患者能正确回答问题者则遗嘱有效。⑥当护士是遗嘱受益人时，因其是受益方，故不能成为遗嘱见证人。二是患者在紧急情况下住院后身亡，且死亡时身旁无亲无友，则其遗物应在至少有两人在场的情况下加以清点、记录，并交病房负责人统一保管。若患者生前同意尸检或捐献自己的遗体、组织器官时，应有患者或家属签字的书面文件方可执行。三是在国家未颁布安乐死法规的情况下，无论有无医嘱，护士均不能对患者实施安乐死。

思政之光

（6）实施护理措施：所有护理行为前，护士都应认真检查，确认无误后方可实施。独立实施护理措施时应明确自己的职责范围及工作规范。如超出职能范围或未遵照规范要求进行护理，而对服务对象产生了伤害，护士需负相应的法律责任。如委托他人实施护理时，应明确评估被委托人胜任此项工作的资格、能力及知识；否则由此产生的后果委托者负有不可推卸的责任。

2. **护生的法律责任**　从法律角度讲，护生只能在执业护士的督导下，严格按照护理操作规则对患者实施护理。若脱离专业护士或教师的监督指导，擅自行事并损害了患者的利益，护生应对自己的行为负法律责任。若由于指派的工作超出护生能力范围，从而发生护理差错或事故，带教护士应负主要法律责任，护生承担相关的法律责任，其所在的医院也负相应的法律责任。

（二）护理工作中的违法种类

1. **民事违法**　民事违法是指护理人员违反卫生法律规范，侵害了公民、法人和其他组织的合法权益，应当承担相应的法律责任的行为。常见的护理工作中民事违法行为有侵权行为和违约行为。侵权行为是指对他人人身权利、财产权利等不应有的侵犯。例如，在护理工作中护士了解到患者的隐私，若护士将隐私内容随意谈论，这就侵犯了患者的隐私权。违约行为是根据医疗服务合同的约定，没有完全正确地履行合同约定的义务所应承担法律责任的行为。如违反医疗服务合同造成患者权利受到损害等。

2. **刑事违法**　刑事违法也称犯罪，是指行为人触犯刑事法律依法应受到刑法处罚的行为。刑事违法具有较强的社会危害性，根据行为人的主观目的不同，分为故意犯罪和过失犯罪。《中华人民共和国刑法》第11条规定："明知自己的行为会发生危害社会的结果，并且希望或者放任这种结果发生，因而构成犯罪的，是故意犯罪。"过失犯罪是行为人因一时粗心或遗忘而造成客观上的过失行为。护理人员工作中以过失犯罪为多，常见于护理人员在工作中不专心细致而发生。

3. 行政违法　行政违法是指护理人员违反医疗行政管理法规，依法应该追究行政责任的行为，包括行政处罚和行政处分两种形式。

（三）举证倒置

举证倒置是指当事人提出的主张，由对方当事人否定其主张而承担责任的一种举证的分配形式。解决医疗纠纷时采用举证责任倒置，也就是当患者提出诉讼，由医方列举事实及证据材料，证明自己的医疗行为没有过错，否则医方就要承担责任。

可见，在医疗行为与损害结果的因果关系中，医疗机构及其医务人员需要通过举证来证明自己无医疗过错。在护理方面，护士要证明发生的护理行为是合法的，护理文书是其主要依据。因此，正确认识护理文书在举证倒置中的法律责任，以及规范病历书写有非常重要的意义。护士应按规范及要求认真书写护理记录。

五、护理差错

（一）护理差错的概念

护理差错是指诊疗护理工作中，因为护理人员在护理操作中的过失，给患者的身体健康造成一定的伤害，延长了治疗时间，但尚未造成患者死亡、残废、组织器官损伤导致功能障碍的不良后果。任何护理差错会影响治疗工作的进行或给患者带来不应有的痛苦和不良后果。因此积极防止护理差错是提高护理质量的重要内容。

（二）常见护理差错

护理工作是整个医疗工作的重要组成部分，护理工作范围广、工作环节多，操作具体，可能发生差错事故的机会较多，抓紧护理差错事故的预防工作，可以防微杜渐，对预防事故的发生有重要作用。

常见的护理差错有：①错抄、漏抄医嘱而影响患者治疗。②错服、多服、漏服药（包括未服药到口），按给药时间拖后或提前超过2 h者。③漏做药物过敏试验或做过敏试验后，未及时观察结果，又重做者。错做或漏做滴眼药、滴鼻药、冷、热敷等临床处置者。④发生Ⅱ度褥疮、Ⅱ度烫伤，经短期治疗痊愈，未造成不良后果者。⑤误发或漏发各种治疗饮食，对病情有一定影响者；手术患者应禁食而未禁食，以致拖延手术时间者。⑥各种检查、手术因漏做皮肤准备或备皮划破多处，影响手术及检查者。⑦抢救时执行医嘱不及时，以致影响治疗而未造成不良后果者。⑧损坏血液、脑脊液、胸水、腹水等重要标本或未按要求留取、及时送验，以致影响检查结果者。⑨由于手术器械、敷料等准备不全，以致延误手术时间，但未造成不良后果者。手术标本丢失或未及时送验，增加患者痛苦，影响诊断者。⑩供应室发错器械包或包内遗漏主要器械，影响检查、治疗者；发放灭菌已过期的器械或器械清洗、灭菌不彻底，培养有细菌生长，但未造成严重后果者。

六、医疗事故

随着我国法制化建设的推进，国务院和原卫生部相继分别颁布了新的《医疗事故处理条例》和《医疗事故分级标准》（试行），对我国医疗事故的认定标准、有效预防和正确处理提出了明确的规定，以保护患者和医疗机构以及医护人员的合法权益，维护医疗秩序，保障医疗安全，促进医学科学发展。

（一）医疗事故的概念

医疗事故（medical accidents）是指医疗机构及其医务人员在医疗活动中，违反医疗卫生管理法律、行政法规、部门规章和诊疗护理规范及常规，因过失造成患者人身损害的事故。

（二）医疗事故的分级

根据对患者人身造成的损害程度，医疗事故分为四级：

一级医疗事故：造成患者死亡、重度残疾的。

二级医疗事故：造成患者中度残疾、器官组织损伤导致严重功能障碍的。

三级医疗事故：造成患者轻度残疾、器官组织损伤导致一般功能障碍的。

四级医疗事故：造成患者明显人身损害的其他后果的。

（三）不属于医疗事故的情形

有下列情形之一的，不属于医疗事故：

（1）在紧急情况下为抢救垂危患者生命而采取紧急医学措施造成不良后果的。

（2）在医疗活动中由于患者病情异常或者患者体质特殊而发生医疗意外的。

（3）在现有医学科学技术条件下，发生无法预料或者不能防范的不良后果的。

（4）无过错输血感染造成不良后果的。

（5）因患方原因延误诊疗导致不良后果的。

（6）因不可抗力造成不良后果的。

思政之光

（四）医疗事故的预防

1. 医疗机构及其医务人员在医疗活动中，必须严格遵守医疗卫生法律、行政法规、部门规章和诊疗护理规范、常规，恪守医疗服务职业道德。

2. 医疗机构应当经常对其医务人员进行医疗卫生法律、行政法规、部门规章和诊疗护理规范、常规的培训和医疗服务职业道德教育。

3. 医疗机构应当设置医疗服务质量监督部门或配备专职人员，监督医务人员的医疗服务工作，检查医务人员执业情况，接受患者投诉，预防医疗事故发生。

4. 医疗机构应当制订防范、处理医疗事故的预案，预防医疗事故的发生，减轻医疗事故的损害程度。

5. 在医疗活动中，医疗机构及其医务人员应当将患者的病情、医疗措施、医疗风险等如实告知患者，及时解答其咨询，但应避免对患者产生不利影响。

> **知识链接**
>
> **医疗事故技术鉴定委员会**
>
> 医疗事故技术鉴定委员会由有临床经验、有权威、作风正派的主治医师、主管护师以上医务人员和卫生行政管理干部若干人组成。省、自治区、直辖市级鉴定委员会可以吸收法医参加。鉴定委员会人选，由卫生行政部门提名，报请同级人民政府批准。鉴定委员会负责本地区医疗单位医疗事故的技术鉴定工作。省、自治区、直辖市级鉴定委员会的鉴定为最终鉴定。它的鉴定为处理医疗事故的依据。

（五）医疗事故的处理

1. 接到医疗机构事故报告的处理　卫生行政部门接到医疗机构关于重大医疗过失行为的报告后，除责令医疗机构及时采取必要的医疗救治措施、防止损害后果扩大外，还应当组织调查、判定是否属于医疗事故；对不能判定是否属于医疗事故的，应当依照本条例的有关规定交由负责医疗事故技术鉴定工作的医学会组织鉴定。

2. **医疗事故争议申请** 发生医疗事故争议，当事人申请卫生行政部门处理的，应当提出书面申请。申请书应当载明申请人的基本情况、有关事实、具体请求及理由等。当事人自知道或者应当知道其身体健康受到损害之日起 1 年内，可以向卫生行政部门提出医疗事故争议处理申请。当事人申请卫生行政部门处理的，由医疗机构所在地的县级人民政府卫生行政部门受理。医疗机构所在地是直辖市的，由医疗机构所在地的区、县级人民政府卫生行政部门受理。

3. **移送上一级处理的情况** 有下列情形之一的，县级人民政府卫生行政部门应当自接到医疗机构的报告或者当事人提出医疗事故争议处理申请之日起 7 日内，移送上一级人民政府卫生行政部门处理：①患者死亡；②可能为二级以上的医疗事故；③国务院卫生行政部门和省、自治区、直辖市人民政府卫生行政部门规定的其他情形。

4. **受理决定** 卫生行政部门应当自收到医疗事故争议处理申请之日起 10 日内进行审查，做出是否受理的决定。①对符合本条例规定，予以受理，需要进行医疗事故技术鉴定的，应当自做出受理决定之日起 5 日内，将有关材料交由负责医疗事故技术鉴定工作的医学会组织鉴定并书面通知申请人。②对不符合本条例规定，不予受理的，应当书面通知申请人并说明理由。③当事人对首次医疗事故技术鉴定结论有异议，申请再次鉴定的，卫生行政部门应当自收到申请之日起 7 日内，交由省、自治区、直辖市地方医学会组织再次鉴定。

第二节　健康教育指导能力

健康是人类的宝贵财富，是人类共同追求的目标。WHO 提出"人人享有卫生保健"全球战略目标，实施健康教育是实现这一目标的基本措施和途径。通过健康教育可帮助群体和个人掌握卫生保健知识，强化健康观念，改变不良生活习惯，建立健康行为，提高全民的身体素质及生活质量。健康教育是护理工作的重要职责之一，因此护理人员必须通过学习掌握健康教育相关知识，灵活运用于护理实践，达到最佳教育效果，从而更好地维护人类健康。

一、健康教育的概念

健康教育是有组织、有计划、有系统、有评价的教育活动，是通过信息传播和行为干预，帮助群体和个人树立健康观念，学会保持或恢复健康的知识，从而自愿采纳有益于健康的行为和生活方式，达到预防疾病、促进健康和提高生活质量的目的。

二、健康教育的目的和意义

（一）健康教育的目的

1991 年 6 月，第十四届世界健康大会上，国际健康教育联盟主席托斯马等提出，健康教育的最终目的是：①增强人们的健康，使个人和群体为实现健康目标而奋斗。②提高或维护健康。③预防非正常死亡，防止疾病和残疾的发生。④改善人际关系，增强人们的自我保健能力。⑤传播健康知识，破除迷信，摒弃陋习，养成良好的卫生习惯。⑥倡导文明、健康、科学的生活方式。

（二）健康教育的意义

1. 健康教育是提高民众自我保健意识和能力的重要举措。
2. 健康教育是降低发病率和医疗费用的有效手段。
3. 健康教育是实现初级卫生保健的重要策略。
4. 健康教育可密切护患关系，有效提高患者满意度。
5. 健康教育可促进精神文明建设。

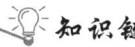

知识链接

阿拉木图宣言

1978年9月12日，为保障并增进世界所有人民的健康，国际初级卫生保健大会订立该宣言。宣言目的：

1. 促进所有国家对初级卫生保健的理解。
2. 交流各国发展初级卫生保健的经验并交换情报资料。
3. 评价全世界卫生和卫生保健工作现状及其与初级卫生保健的关系，探讨通过初级卫生保健改善卫生状况的途径。
4. 确定初级卫生保健的原则及解决问题的运筹学方法。
5. 确定各国政府、国家组织与国际性组织在卫生技术合作和支持初级卫生保健工作中的作用。
6. 提出有关开展初级卫生保健的建议。

三、护理专业人员在健康教育中的作用

1. 为服务对象提供有关健康的信息。
2. 帮助服务对象认识影响健康的因素。
3. 帮助服务对象确定存在的健康问题。
4. 指导服务对象采纳健康行为。
5. 协调健康教育各相关部门之间的关系。
6. 开展健康教育的研究。

四、健康教育基本原则

详细内容见表10-1。

表10-1 健康教育基本原则

健康教育原则	描述
科学性	科学、正确、详实的健康教育内容是确保健康教育实施的首要条件。教育内容必须有科学依据，数据应准确无误，并不断更新教育内容，及时应用新的知识和科学研究成果
可行性	健康教育的开展必须以当地的经济、文化及风俗习惯为基础，才能顺利地进行。健康教育的目的是促使人们自觉形成健康行为，而行为或生活方式受生活习惯、工作条件、社会规范、环境状况等因素的影响，因此，进行健康教育时需综合考虑以上因素，才能促进健康教育目的的实现
针对性	健康教育应针对不同群体和个体的特点和学习需求，制订个体化的健康教育计划，采用适当的教育方法，以达到最佳的健康教育效果
通俗性	健康教育开展过程中，应避免使用过多的医学术语，宜采用通俗易懂的语言和学习者易于接受的教育形式进行，以提高人们的学习兴趣和对知识的掌握，同时还可运用现代科学技术，如幻灯片、影像、照片等，帮助人们更好地理解
启发性	健康教育应采取生动的案例、同类患者的交流等启发教育方式进行，让学习者知道不健康行为的危害，促进其行为的改变，逐步形成自觉的健康行为
规律性	健康教育的开展应结合不同人群的认知、思维和记忆规律，教育内容安排应按照由简到繁、由浅入深、由具体到抽象的规律进行。一次的教学内容不宜安排过多，应建立在上次的学习基础之上，逐渐积累以达到良好的教育效果

续表

健康教育原则	描述
合作性	健康教育的成功开展需要依靠政府、卫生服务机构、卫生专业人员、社区、家庭和个人的共同合作，依靠学习者与健康服务者的积极参与，依靠社会、家庭等支持系统的参与和合作
行政性	政府部门的领导和支持在推动全民健康促进活动中占主导地位，健康教育工作应纳入到医疗卫生工作计划之中，配有专门人员负责组织和协调，政府提供专项经费支持，有效推动健康教育的开展

五、健康教育的程序

为保证健康教育目标的实现，健康教育必须遵循科学的程序进行。健康教育是一个连续不断的过程，包括评估教育需求、确立教育目标、制订教育计划、实施教育计划及评价教育效果五个步骤。

（一）评估教育需求

评估是健康教育实施的先决条件，也是健康教育者进行自我准备的阶段。评估是指收集学习者的有关资料和信息，并进行整理和分析，对其教育需求做出初步估计的过程。

1. 对学习者能力和需求的评估 评估内容包括学习者的年龄、性别、学习能力、社会文化背景、心理状态、以往学习经历、学习态度、对健康知识及技能的缺乏程度、对健康教育的需求等，教育者应根据学习者不同的学习需求和学习能力进行健康教育活动的安排。

2. 对学习资源的评估 评估内容包括实现教育目标需要的时间、教学场地及环境、参与人员、教育资料和设备、健康教育经费等，应根据不同的教学对象、内容和方法选择最适合的教育资源，以达最佳教育效果。

3. 对教育者的评估 是指教育者自己对开展教育活动所具备的知识、能力、水平和前期准备情况的评估。

（二）确立教育目标

教育目标不仅为实施教育计划提供导向，也为教育效果评价提供依据，是健康教育的重要部分。应根据学习者的学习需求和能力评估结果确立教育目标。

1. 教育目标的分类（表10-2）

表10-2 教育目标分类

教育目标	描述	举例
认知目标	学习者对健康教育知识的理解和接受	结肠造口患者的合理膳食
技能目标	通过学习掌握某项技能操作	结肠造口患者自行更换造口袋
情感目标	健康态度的形成和改变	结肠造口患者对造口事实的接受

2. 确立教育目标的原则

（1）目标应具有针对性和可行性：教育目标的确立应针对学习者健康知识的缺乏程度、学习的需求和态度、学习能力等不同情况制订；同时，目标的确立必须是学习者通过学习能达到的，并鼓励学习者共同参与制订。

（2）目标应具体、明确、可测量：教育目标的描述应具体、明确教育对象、需要改变的行为、达到目标的程度及预期时间等，其所描述的行为是可测量的。

（3）目标必须以学习者为中心：确立教育目标时应充分尊重学习者的愿望，与其讨论后共同确定学习目标，充分发挥学习者的参与性，提高教育效果。

（三）制订教育计划

教育计划是为保证健康教育目标的实现而进行的对措施和步骤的部署。护士应按照教育计划的要求和步骤，有效地组织实施教学活动。

1. **明确计划的实施条件** 教育计划的制订应根据教育目标，列出实现计划所要采取的途径和方式，所需的各种教育资源，确定目标完成的日期，以及预测实施过程中可能出现的问题和采取的相应解决措施。

2. **确定教学内容及安排** 教育计划应有明确的教学内容和活动安排的书面材料，其制订应详细、具体，如教育内容、参与人员、时间、地点及环境、所需的教育资料和设备、教育方法和进度等。

3. **选择最佳教育方案** 制订计划时应根据学习者和教育资源情况，提供多种方案，联合参与者和相关部门共同进行讨论和修订，确定最佳方案，提高健康教育效果。

（四）实施教育计划

实施教育计划是健康教育的关键步骤，是将教育计划付诸实践的过程。教育计划的实施情况直接影响着健康教育的质量，而在教学过程中，许多因素可以影响教育效果，因此护士在教学过程中应遵循健康教育的原则，因人、因时、因地制宜地实施计划，选择最佳的教育时间、教育形式和教具，有效进行沟通，同时加强与各部门及组织之间的密切配合，以达到最佳的教育效果。

（五）评价教育效果

教育效果的评价贯穿于健康教育活动的始终，是将健康教育结果与预期目标进行比较的过程。教育者可根据评价结果及时修改和调整教学计划，改进教学方法和手段，以取得最佳的教育效果。评价分为过程评价和结果评价，评价的具体内容：①教育目标是否真正达到。②提供的健康教育是否真正被需要。③教育目标及计划是否切实可行。④教育计划是否需要完善或修订。⑤执行教育计划的效率及效果如何。⑥影响教育效果的因素是否存在。

六、常用健康教育方法

健康教育的方法有多种，教育者可根据教育目标和健康教育评估结果选择恰当的教育方法（表10-3）。

视频：常用健康教育方法

表 10-3 健康教育方法

教育方法	描述	优点	缺点
个别会谈法	是针对门诊、住院和出院患者的个人具体健康问题，教育者根据自己的知识经验，通过口头交谈的方式，引导学习者获取知识的方法	1. 简便易行，不需要特殊的设备 2. 针对性强，能及时反馈信息，教育效果好	1. 不经济，人力和时间耗费大 2. 教育效果受教育者的语言表达能力和沟通能力的影响较大
专题讲座法	是针对某个健康教育内容，由卫生专业技术人员以课堂讲座的形式向学习者系统传递知识的方法，是最常用的一种健康教育方法	1. 容易组织，适用范围广 2. 能将大量的知识在有限的时间内传递给众多的学习者	1. 学习者较多，讲授者无法与听众进行良好的沟通，难以知晓听众对授课内容的反应 2. 教育效果受教育者的语言表达能力的影响较大
示范法	是指教学者利用各种设备和教具，针对某种技术操作进行具体动作的示范，同时进行详细的讲解，使学习者通过模仿和练习，逐步掌握技术操作的一种教育方法	1. 直观性强，利于激发学习者的学习兴趣，获得某项技能 2. 可根据学习者的情况安排示范的进度，可重复示教	1. 受教学条件的限制，如场地、设备、教具等 2. 教育效果受学习者的学习能力和动手能力的影响较大

续表

教育方法	描述	优点	缺点
讨论法	是指在教育者的引导下，学习者以小组或团体的方式围绕某一中心问题进行信息的沟通和经验交流，各抒己见，相互探讨和交流的一种方法	使学习者由被动学习转化为主动学习，利于提高学习兴趣和促进态度及行为的改变	1. 小组的组织和讨论费时较多 2. 教育效果受教育者引导和控制能力的影响较大，可能会出现讨论偏题、有人参与讨论过多，而有人参与讨论过少的现象
展示与视听法	是教学者利用模型、标本、图表、录像、视频、电影等视听材料向人们讲解健康知识与技能的一种教学方法	1. 教学方法生动，直观性强，利于激发学习者的学习兴趣，使其轻松获得健康知识 2. 模型和图片的展示不受时间和地点的限制	视听教学成本高，需要经费和设备等条件的保障
角色扮演法	是通过制造或模拟一定的现实生活场景，由学习者扮演其中的角色，通过行为模仿或替代来影响个体心理过程的一种教学方法	1. 所有人员均可参与学习过程 2. 教学形式生动活泼，利于激发学习者的学习兴趣	教育效果受学习者的参与意识和表演能力的影响较大
实地参观法	是根据教育目标，组织学习者到实际场景中进行现场观察研究，使学习者获得新知识或验证已学过知识的一种教学方法	1. 通过实地参观促进了学习者对教学内容的理解和掌握 2. 利于提高学习者的观察技巧，更多地向他人借鉴学习经验	1. 不易找到与教学内容适合的参观场所而无法实施 2. 易受条件的限制，因参观需要的时间较多，部分学习者可能无法参加

七、实施健康教育时的注意事项

1. 根据服务对象的需要制订健康教育计划。
2. 教学内容应从简单到复杂，从具体到抽象，循序渐进。
3. 根据服务对象的特点，选择适宜的教学方法。
4. 在传授知识过程中，应注意理论与实践相结合。
5. 为服务对象创造良好的学习环境和氛围，以提高教学效果。

第三节　职业生涯规划能力

一、职业生涯规划相关概念

1. 职业生涯　职业生涯是一个人的职业经历，是个体获得职业能力、培养职业兴趣、职业选择、就职到退出职业劳动的完整职业发展过程。职业生涯的概念不仅包括过去、现在和未来等可以实际观察到的职业发展过程，还包括个人对职业生涯发展的见解和期望，往往受学识、爱好、机遇、工作环境等主、客观条件的限制。

2. **职业生涯规划** 职业生涯规划也称职业生涯设计，是指个人在主客观条件基础上，结合自身条件和现实环境，确立自己的职业目标，选择职业道路，制订行动策略并付诸实施，以达到目标的过程。

3. **护理职业生涯规划** 护理职业生涯规划是护理人员在从事的护理专业领域内，根据其职业目标和发展计划及个体需要，制订相应的教育、培训和工作计划，并按照计划实施具体行动以达既定目标的过程。

二、职业生涯规划理论及进展

职业生涯规划理论及进展详细内容见表10-4。

表10-4 职业生涯规划理论及进展

理论名称	描述	代表理论
职业选择理论	个人在了解不同职业需求的基础上，针对个人的"个性特质"和对职业的兴趣及期望，选择个人所从事的职业	美国"职业辅导之父"帕森斯创立的"职业——人职匹配理论"，其理论内涵是个人在明确自身主客观条件的基础上，将主客观条件与社会职业岗位相对照和匹配，最终选择一个与个人相匹配的职业
职业生涯发展理论	每个人的职业生涯发展过程都要经历多个阶段，每个阶段都有其不同的特征和相应的职业素质能力要求	美国管理学和组织行为学专家斯蒂芬提出的"职业生涯发展阶段理论"，他将职业生涯分为职业探索阶段、职业建立阶段、职业稳定发展阶段、职业成熟阶段和职业衰退阶段五个阶段
职业探索决策理论	人的职业生涯发展过程中有许多的不确定因素，需要个人不断进行探索和决策	美国著名职业指导专家施恩提出的"职业锚"理论，他认为每个人在职业生涯发展过程中都会根据个人的能力、天分、需要、态度、价值观等逐渐形成明显的职业自我概念，并随着自我认识的深入而形成一个占主导地位的职业锚

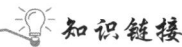

施恩的职业生涯发展理论

美国麻省理工学院斯隆管理学院教授、著名的职业生涯管理学家施恩（E. H. Schein）立足于人生不同年龄段面临的问题和职业工作主要任务，将职业生涯分为9个阶段：成长、幻想、探索阶段；进入工作世界；基础培训；早期职业的正式成员资格；职业中期；职业中期危险阶段；职业后期；衰退和离职阶段；离开组织或职业退休。

需要指出的是，施恩虽然基本依照年龄增大顺序划分职业发展阶段，但并未囿于此，其阶段划分更多的是根据职业状态、任务、职业行为的重要性进行。正如施恩教授划分职业周期阶段是依据职业状态、职业行为和发展过程的重要性，又因为每个人经历某一职业阶段的年龄有别，所以，他只给出了大致的年龄跨度，并在职业阶段上所示的年龄有所交叉。

三、护理职业生涯规划的意义

1. 护理职业生涯规划是影响护理人力资源管理的重要因素之一。
2. 护理职业生涯规划能使护士的专业成长达到自我实现的目标。
3. 护理职业生涯规划是提高护生就业竞争力、提高院校教育质量的保障。

四、护理职业生涯规划步骤和内容

护理职业生涯规划步骤包括：自我评估与定位、环境与专业分析、选择发展途径、确定职业发展目标、制订与实施行动策略、评价与调整职业生涯发展规划。

（一）自我评估与定位

自我评估是指个人对职业发展的相关因素进行收集、认识和分析的过程。在进行自我评估与定位之前，护理人员首先应明确护士的职业特点和职业能力要求，并针对这些特点和要求，对个人的人生观、追求的目标、职业价值观、具备的专业知识和技能、兴趣爱好、性格特点等方面进行评估。通过评估和分析明确自己职业发展的优势和劣势，明确自己要从职业中获得什么，形成自己的职业发展定位。

（二）环境与专业分析

在制订护理职业生涯规划时应对护理的专业和环境进行评估和分析，内容包括专业和环境的特点、国家政策、发展趋势和变化、个人在环境中的地位、环境对个人职业发展的利弊因素等，同时还包括所在护理团队的发展目标和方向、护理专业队伍构架、护理人力资源需求及升迁政策等，通过分析、比较内因及外因，找出最适合自己的专业发展途径和发展目标。

（三）选择发展途径

护理人员的职业发展方向不同，其需经历的发展途径也相应不同。护理职业发展途径选择的决策依据为自我评估和环境评估的结果，发展途径的选择必须与评估结果相符合，否则难以达到理想的职业目标；另一方面，当外在条件、组织需求、机遇发生变化时，护理人员应及时调整自己的职业定位。护理职业主要发展途径如下图 10-1。

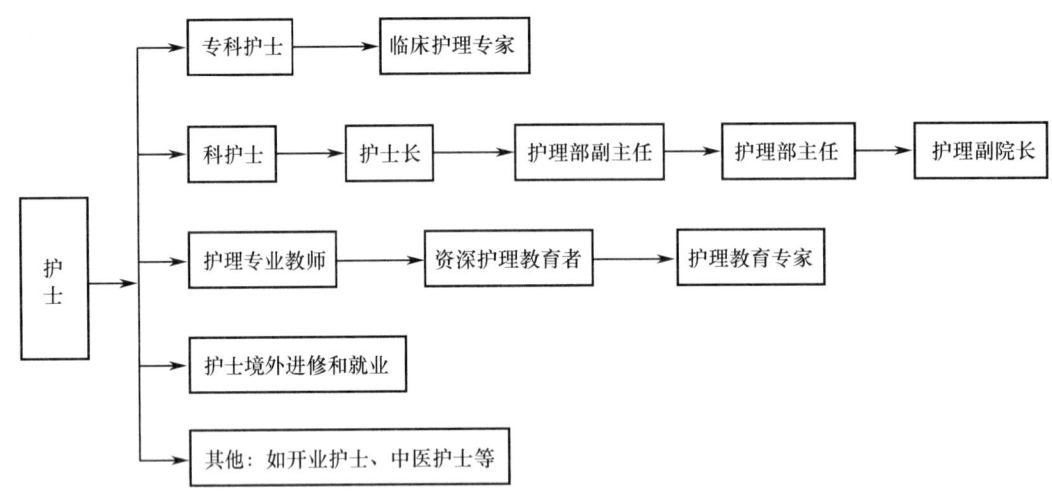

图 10-1 护理职业主要发展途径

（四）确定职业发展目标

护理人员明确了未来职业发展的方向和途径后，应及早制订职业发展目标。发展目标的确定要在基于实际环境和条件的基础上，结合自身的背景和特点进行。一般来说，一个长期目标很少能在短时间内迅速实现，因此，目标的设定需具体、分阶段、多层次、短期目标和长期目标相结合。

（五）制订并实施行动策略

护理职业目标的实现与否取决于有效的策略和个人积极的具体行为。确定职业发展目标后，应开始拟订行动的策略。有效的策略包括建立良好的组织人际关系、合理平衡职业发展目标与个人生活目标等之间的关系、个人学历提升、岗位轮转等。具体行为包括业余时间的持续学习等个人发展的前瞻性准备、个人的工作表现及业绩等。

（六）评价与调整职业生涯发展规划

在职业目标实现过程中，社会、专业环境及个人情况总是在不断地变化、发展，可能会对目标的达成带来不同程度的影响，这就需要个人针对发生的变化和面临的问题进行分析和总结，及时对职业生涯规划做出必要的调整，选择最有效的方法和途径，实现职业发展目标。

五、护理职业生涯发展方向

（一）执业期的不同发展方向

1. **执业前的执业注册**　《护士执业资格考试办法》第十二条及《护士条例》第七条规定，在中等职业学校、高等学校完成国务院教育主管部门和国务院卫生主管部门规定的普通全日制3年以上的护理、助产专业课程学习，包括在教学、综合医院完成8个月以上护理临床实习，并取得相应学历证书的，可以申请参加护士执业资格考试。2011年护士执业资格考试科目改革为专业实务和实践能力两个科目，考试全面实行人机对话，一次考试通过两个科目为考试成绩合格。

2. **学历的发展**
（1）就业前学历提升：中职→高职高专→本科→硕士学位→博士学位。
（2）就业后学历提升：广播电视大学、网络教育、自学考试、函授教育、在职护理硕士专业学位。

3. **就业方向**　临床护理、社区护理、护理教育、护理管理、各类需有护理专业背景的行业、国外境外等与护理相关的行业。

4. **职称——专业技术路径发展**
（1）临床护理：护士→护师→主管护师→副主任护师→主任护师。
（2）护理教育：①中等专业学校：助理讲师（初级）→讲师（中级）→高级讲师（高级）；②高等院校：助教（初级）→讲师（中级）→副教授或教授（高级）。

5. **职务——护理管理路径发展**　护士长→科护士长→护理部副主任→护理部主任。

6. **境外就业**　TOEFL、雅思（IELTS）、CGFNS（美国国外护士学校毕业生审查委员会）→ RN（regesitered nurse，注册护士）。

7. **专科护士**　临床护理专家（clinical nurse specialist，CNS）、开业护士（nurse practitioner，NP）、护士门诊、社区护理（community nursing）等。

（二）执业期的不同发展阶段

1. **临床护理人员层次分级**　基于护士学历、从业年限、能力等划分，通过专家组考核评审后划分，从 N0 到 N4。

2. **临床护理人员晋升发展主要如下**
（1）N0 到 N1：毕业后参加全国护士执业考试、初级职称考试合格后注册执业，这一层次针对毕业后 1~2 年的护士。
（2）N1 到 N2：具备 N1 资质，中专毕业至少临床工作达 5 年，大专 3 年、本科 1 年，参加全国护师资格考试并通过。这一层次针对毕业后 3~5 年的注册护士，获得 N2 能力后可晋升初级职称。
（3）N2 到 N3：具备 N2 资质，通过全国主管护师资格考试（含计算机、英语），护理专业中专毕业需临床工作 15 年以上，大专毕业 7 年以上（取得护师 5 年后申报），本科毕业 5 年（取得护师 4 年后可申报），硕士毕业 3 年（取得护师 2 年后可申报），并且有正规期刊发表的论文。获得 N3 能力后可晋升中级职称。

（4）N3 到 N4：具备 N3 资质，通过全国副主任、主任护师资格考试（含计算机、英语），具备一定科研能力，学术论文 3 篇以上，且经常参与护理教学工作。这一层次进阶主要针对本科毕业 10 年以上注册护士，或其学历为硕士、博士，具备领导和科研方面核心才能。获得 N4 能力后可晋升高级职称。

六、注重培养护生职业生涯规划意识和能力

1. 学校要开设护理职业生涯规划课程教学，通过系统、规范的教育，引导学生学习和掌握自身职业生涯规划知识和能力。

2. 多学科课堂教学中渗透和灌输职业生涯规划理念，培养学生树立职业生涯规划意识。

3. 多方开展职业生涯规划实践性活动，通过学习、模拟、训练、竞赛等方式培养学生职业生涯规划能力。

4. 根据学习不同发展时期，及时跟踪、评价和反馈，帮助学生不断矫正不足和错误。

5. 与社会、临床紧密合作，使学生对专业性质、特点等外在影响因素有更加客观、全面的了解，培养学生做好面对现实，从容执业的稳定心理。

6. 聘请成功案例现身说法，鼓舞和激励学生树立成功信心，教育学生根据自身个性特征尽早规划人生。

目标检测

下载资源：
目标检测参考答案

一、选择题

【A_1 型题】

1. 根据《医疗事故处理条例》规定，我国医疗事故分为多少级
   A. 一级
   B. 二级
   C. 三级
   D. 四级
   E. 五级

2. 法律意义上的护士是指
   A. 具有中专或中专以上的文凭
   B. 受聘于某个医疗机构
   C. 通过护士执业资格考试并经过注册
   D. 受过专业教育
   E. 具有一定的医学知识

3. 造成患者中度残疾、器官组织损伤，导致严重功能障碍属于
   A. 护理差错
   B. 一级医疗事故
   C. 二级医疗事故
   D. 三级医疗事故
   E. 四级医疗事故

4. 一位患者病情危重，但患者及其家属执意要求出院，护士应该
   A. 强制患者继续治疗
   B. 依患者及其家属意愿允许出院
   C. 报告护士长
   D. 由其法定监护人在自动出院一栏签字，做好护理记录
   E. 上报医院主管部门

5. 《医疗事故处理条例》中规定造成患者死亡、重度残疾属于哪级医疗事故
   A. 一级
   B. 二级
   C. 三级
   D. 四级
   E. 五级

6. 我国法律意义上的护士必须取得
   A. 高等医学院校护理专业毕业证书
   B. 高等医学院校学士学位证书
   C. 护士执业资格考试合格证书

D. 护士执业证书

E. 护士资格证

7. 根据《护士条例》规定：申请参加护士执业资格考试的，必须参加临床护理实习最少时间是

    A. 3个月

    B. 6个月

    C. 8个月

    D. 10个月

    E. 12个月

8. 当护士是患者遗嘱受益者，患者要求护士做遗嘱见证人时护士正确的做法是

    A. 参与见证遗嘱

    B. 认为对自己有帮助时可以实施

    C. 不参与见证

    D. 询问医生是否可以参与

    E. 上报有关部门

9. 梁某，男，43岁，左上第二磨牙龋齿并有间歇性牙疼，1周前前往口腔医院进行拔牙手术，术后梁某发现自己被拔除的是健康的第三磨牙，此事故属于

    A. 一级医疗事故

    B. 二级医疗事故

    C. 三级医疗事故

    D. 四级医疗事故

    E. 五级医疗事故

10. 患者或家属申请安乐死时，护士正确的做法是

    A. 认为对患者有帮助时可以实施

    B. 认为对家属有帮助时可以实施

    C. 不应该实施

    D. 有医嘱时可以实施

    E. 上报有关部门

11. 2008年1月31日由中华人民共和国国务院令第517号公布的《护士条例》施行时间是

    A. 2008年5月12日

    B. 2008年1月12日

    C. 2009年5月12日

    D. 2010年5月12日

    E. 2010年7月1日

12. 护士执业注册的有效期为

    A. 2年

    B. 5年

    C. 8年

    D. 9年

    E. 10年

13. 护士申请延续注册的时间应为

    A. 有效期届满前半年

    B. 有效期届满前30日

    C. 有效期届满后30日

    D. 有效期届满后半年

    E. 有效期届满后1年

14. 申请护士执业注册需在教学或综合医院完成临床实习多长时间才有资格申请

    A. 6个月

    B. 8个月

    C. 7个月

    D. 10个月

    E. 12个月

15. 护士发现医嘱可能存在错误，未澄清仍然执行医嘱，造成的后果，谁应承担法律责任

    A. 开写医嘱的医师

    B. 执行医嘱的护士

    C. 医师和护士共同承担

    D. 医师和护士无需承担责任

    E. 医疗机构承担责任

16. 造成患者死亡、重度残疾的属于

    A. 一级医疗事故

    B. 二级医疗事故

    C. 三级医疗事故

    D. 四级医疗事故

    E. 五级医疗事故

17. 医疗事故赔偿，应当考虑下列因素，确定具体赔偿数额，但不包括

    A. 医疗事故等级

    B. 医疗过失行为在医疗事故损害中责任程度

    C. 医疗事故损害后果与患者原有疾病状况之间的关系

    D. 患者家庭的经济状况

    E. 依据民法规定

18. 下列选项中不属于健康教育意义的是
    A. 健康教育是提高民众自我保健意识和能力的重要举措
    B. 健康教育是降低发病率和医疗费用的有效手段
    C. 健康教育是实现初级卫生保健的重要策略
    D. 健康教育是实现高级卫生保健的重要策略
    E. 健康教育可密切护患关系，有效提高患者满意度
19. 健康教育内容必须有科学依据，是遵循健康教育原则中的
    A. 科学性
    B. 可行性
    C. 针对性
    D. 通俗性
    E. 启发性
20. 下列哪项是健康教育实施的先决条件
    A. 评估教育需求
    B. 确立教育目标
    C. 确立教育目标的原则
    D. 制订教育计划
    E. 实施教育计划
21. 确立健康教育目标的原则描述错误的是
    A. 目标应具有针对性
    B. 目标应具体
    C. 目标应明确
    D. 目标应可测量
    E. 目标必须以教育者为中心
22. 以下哪种健康教育方法是最常用的
    A. 个别会谈法
    B. 专题讲座法
    C. 示范法
    D. 讨论法
    E. 角色扮演法
23. 下列哪项是影响护理人员专业成长、离职率及对工作满意度的主要原因之一
    A. 护理学历发展规划
    B. 职称发展规划
    C. 护士职业生涯规划
    D. 护理管理职位发展
    E. 专科护士学习
24. 职业生涯发展阶段理论将职业生涯分为五个阶段，下列哪项不属于职业生涯发展阶段理论
    A. 职业探索阶段
    B. 职业建立阶段
    C. 职业稳定发展阶段
    D. 职业教育阶段
    E. 职业衰退阶段

（第一节 付利　第二、三节 李丽娟）

附录一

护理诊断NANDA-I类排列分类法235项一览表

领域1：健康促进（Health Promotion）

类别1：健康意识（Health Awareness）
1. 缺乏娱乐活动（Deficient Diversional Activity）
2. 久坐的生活方式（Sedentary Lifestyle）

类别2：健康管理（Health Management）
3. 老年综合征（Frail Elderly Syndrome）
4. 有老年综合征的危险（Risk for Frail Elderly Syndrome）
5. 缺乏社区保健（Deficient Community Health）
6. 风险倾向的健康行为（Risk-Prone Health Behavior）
7. 健康维持无效（Ineffective Health Maintenance）
8. 健康管理无效（Ineffective Health Management）
9. 有健康管理改善的趋势（Readiness for Enhanced Health Management）
10. 家庭健康管理无效（Ineffective Family Health Management）
11. 不依从行为（Noncompliance）
12. 防护无效（Ineffective Protection）

领域2：营养（Nutrition）

类别3：摄入（Ingesting）
13. 乳汁不足（Insufficient Breast Milk）
14. 母乳喂养无效（Ineffective Breastfeeding）
15. 母乳喂养中断（Interrupted Breastfeeding）
16. 有母乳喂养改善的趋势（Readiness for Enhanced Breastfeeding）
17. 无效性婴儿喂养型态（Ineffective Infant Feeding Pattern）
18. 营养失调：低于机体需要量（Imbalanced Nutrition：Less Than Body Requirements）
19. 有营养改善的趋势（Readiness for Enhanced Nutrition）
20. 肥胖（Obesity）

21. 超重（Overweight）
22. 有超重的危险（Risk for Overweight）
23. 吞咽障碍（Impaired Swallowing）

类别4：代谢（Metabolism）
24. 有血糖不稳定的危险（Risk for Unstable Blood Glucose Level）
25. 新生儿黄疸（Neonatal Jaundice）
26. 有新生儿黄疸的危险（Risk for Neonatal Jaundice）
27. 有肝功能受损的危险（Risk for Impaired Liver Function）

类别5：水电解质（Hydration）
28. 有电解质失衡的危险（Risk for Electrolyte Imbalance）
29. 有体液平衡改善的趋势（Readiness for Enhanced Fluid Balance）
30. 体液不足（Deficient Fluid Volume）
31. 有体液不足的危险（Risk for Deficient Fluid Volume）
32. 体液过多（Excess Fluid Volume）
33. 有体液失衡的危险（Risk for Imbalanced Fluid Volume）

领域3：排泄（Elimination and Exchange）

类别6：泌尿功能（Urinary Function）
34. 排尿障碍（Impaired Urinary Elimination）
35. 有排尿功能改善的趋势（Readiness for Enhanced Urinary Elimination）
36. 功能性尿失禁（Functional Urinary Incontinence）
37. 溢出性尿失禁（Overflow Urinary Incontinence）
38. 反射性尿失禁（Reflex Urinary Incontinence）
39. 压力性尿失禁（Stress Urinary Incontinence）
40. 急迫性尿失禁（Urge Urinary Incontinence）
41. 有急迫性尿失禁的危险（Risk for Urge Urinary Incontinence）
42. 尿潴留（Urinary Retention）

类别7：胃肠功能（Elimination Function）
43. 便秘（Constipation）
44. 有便秘的危险（Risk for Constipation）
45. 慢性功能性便秘（Chronic Functional Constipation）
46. 有慢性功能性便秘的危险（Risk for Chronic Functional Constipation）
47. 感知性便秘（Perceived Constipation）
48. 腹泻（Diarrhea）
49. 胃肠动力失调（Dysfunctional Gastrointestinal Motility）
50. 有胃肠动力失调的危险（Risk for Dysfunctional Gastrointestinal Motility）
51. 排便失禁（Bowel Incontinence）

类别8：呼吸功能（Respiratory Function）
52. 气体交换障碍（Impaired Gas Exchange）

领域4：活动/休息（Activity/Rest）

类别9：睡眠/休息（Sleep/Rest）

53. 失眠（Insomnia）
54. 睡眠剥夺（Sleep Deprivation）
55. 有睡眠改善的趋势（Readiness for Enhanced Sleep）
56. 睡眠型态紊乱（Disturbed Sleep Pattern）

类别10：活动/锻炼（Activity/Exercise）

57. 有失用综合征的危险（Risk for Disuse Syndrome）
58. 床上活动障碍（Impaired Bed Mobility）
59. 躯体活动障碍（Impaired Physical Mobility）
60. 借助轮椅活动障碍（Impaired Wheelchair Mobility）
61. 坐起障碍（Impaired Sitting）
62. 站立障碍（Impaired Standing）
63. 移动能力障碍（Impaired Transfer Ability）
64. 行走障碍（Impaired Walking）

类别11：能量平衡（Energy Balance）

65. 疲乏（Fatigue）
66. 漫游状态（Wandering）

类别12：心血管/呼吸反应（Cardiovascular/Pulmonary Responses）

67. 活动无耐力（Activity Intolerance）
68. 有活动无耐力的危险（Risk for Activity Intolerance）
69. 低效性呼吸型态（Ineffective Breathing Pattern）
70. 心输出量减少（Decreased Cardiac Output）
71. 有心输出量减少的危险（Risk for Decreased Cardiac Output）
72. 有心血管功能受损的危险（Risk for Impaired Cardiovascular Function）
73. 有胃肠道灌注无效的危险（Risk for Ineffective Gastrointestinal Perfusion）
74. 有肾脏灌注无效的危险（Risk for Ineffective Renal Perfusion）
75. 自主呼吸障碍（Impaired Spontaneous Ventilation）
76. 有心脏组织灌注不足的危险（Risk for Decreased Cardiac Tissue Perfusion）
77. 有脑组织灌注无效的危险（Risk for Ineffective Cerebral Tissue Perfusion）
78. 外周组织灌注无效（Ineffective Peripheral Tissue Perfusion）
79. 有外周组织灌注无效的危险（Risk for Ineffective Peripheral Tissue Perfusion）
80. 呼吸机依赖（Dysfunctional Ventilatory Weaning Response）

类别13：自我照护（Self-Care）

81. 持家能力障碍（Impaired Home Maintenance）
82. 沐浴自理缺陷（Bathing Self-Care Deficit）
83. 穿着自理缺陷（Dressing Self-Care Deficit）
84. 进食自理缺陷（Feeding Self-Care Deficit）
85. 如厕自理缺陷（Toileting Self-Care Deficit）
86. 有自理能力改善的趋势（Readiness for Enhanced Self-Care）
87. 自我忽视（Self-Neglect）

领域 5：感知 / 认知（Perception/Cognition）

类别 14：注意力（Attention）
88. 单侧身体忽视（Unilateral Neglect）

类别 15：认知（Cognition）
89. 急性意识障碍（Acute Confusion）
90. 有急性意识障碍的危险（Risk for Acute Confusion）
91. 慢性意识障碍（Chronic Confusion）
92. 情绪控制失调（Labile Emotional Control）
93. 冲动控制无效（Ineffective Impulse Control）
94. 知识缺乏（Deficient Knowledge）
95. 有知识增进的趋势（Readiness for Enhanced Knowledge）
96. 记忆功能障碍（Impaired Memory）

类别 16：沟通（Communication）
97. 有沟通增进的趋势（Readiness for Enhanced Communication）
98. 语言沟通障碍（Impaired Verbal Communication）

领域 6：自我感知（Self-Perception）

类别 17：自我概念（Self-Concept）
99. 有希望增强的趋势（Readiness for Enhanced Hope）
100. 无望感（Hopelessness）
101. 有个人尊严受损的危险（Risk for Compromised Human Dignity）
102. 自我认同紊乱（Disturbed Personal Identity）
103. 有自我认同紊乱的危险（Risk for Disturbed Personal Identity）
104. 有自控能力增强的趋势（Readiness for Enhanced Self-Control）

类别 18：自尊（Self-Esteem）
105. 长期低自尊（Chronic Low Self-Esteem）
106. 有长期低自尊的危险（Risk for Chronic Low Self-Esteem）
107. 情境性低自尊（Situational Low Self-Esteem）
108. 有情境性低自尊的危险（Risk for Situational Low Self-Esteem）

类别 19：体像（Body Image）
109. 体像紊乱（Disturbed Body Image）

领域 7：角色关系（Role Relationships）

类别 20：照顾者角色（Role Relationship）
110. 照顾者角色紧张（Caregiver Role Strain）
111. 有照顾者角色紧张的危险（Risk for Caregiver Role Strain）
112. 养育功能障碍（Impaired Parenting）

113. 有养育功能改善的趋势（Readiness for Enhanced Parenting）
114. 有养育功能障碍的危险（Risk for Impaired Parenting）

类别 21：家庭关系（Family Relationship）

115. 有依附关系受损的危险（Risk for Impaired Attachment）
116. 家庭运作过程失常（Dysfunctional Family Processes）
117. 家庭运作过程改变（Interrupted Family Processes）
118. 有家庭运作过程改善的趋势（Readiness for Enhanced Family Processes）

类别 22：角色表现（Role Performance）

119. 关系无效（Ineffective Relationship）
120. 有关系改善的趋势（Readiness for Enhanced Relationship）
121. 有关系无效的危险（Risk for Ineffective Relationship）
122. 父母角色冲突（Parental Role Conflict）
123. 无效性角色行为（Ineffective Role Performance）
124. 社会交往障碍（Impaired Social Interaction）

领域 8：性（Sexuality）

类别 23：性功能（Sexual function）

125. 性功能障碍（Sexual Dysfunction）
126. 性生活型态无效（Ineffective Sexuality Pattern）

类别 24：生殖（Reproduction）

127. 生育进程无效（Ineffective Childbearing Process）
128. 有生育进程改善的趋势（Readiness for Enhanced Childbearing Process）
129. 有生育进程无效的危险（Risk for Ineffective Childbearing Process）
130. 有母体与胎儿双方受干扰的危险（Risk For Disturbed Maternal–Fetal Dyad）

领域 9：应对 / 应激耐受性（Coping/ Stress Tolerance）

类别 25：创伤后反应（Post-Trauma Responses）

131. 创伤后综合征（Post-Trauma Syndrome）
132. 有创伤后综合征的危险（Risk for Post-Trauma Syndrome）
133. 强暴创伤综合征（Rape-Trauma Syndrome）
134. 迁移应激综合征（Relocation Stress Syndrome）
135. 有迁移应激综合征的危险（Risk for Relocation Stress Syndrome）

类别 26：应对反应（Coping responses）

136. 活动计划无效（Ineffective Activity Planning）
137. 有活动计划无效的危险（Risk for Ineffective Activity Planning）
138. 焦虑（Anxiety）
139. 防卫性应对（Defensive Coping）
140. 应对无效（Ineffective Coping）
141. 有应对增强的趋势（Readiness for Enhanced Coping）

142. 社区应对无效（Ineffective Community Coping）
143. 有社区应对增强的趋势（Readiness for Enhanced Community Coping）
144. 妥协性家庭应对（Compromised Family Coping）
145. 无能性家庭应对（Disabled Family Coping）
146. 有家庭应对增强的趋势（Readiness for Enhanced Family Coping）
147. 对死亡的焦虑（Death Anxiety）
148. 无效性否认（Ineffective Denial）
149. 恐惧（Fear）
150. 悲伤（Grieving）
151. 复杂性悲伤（Complicated Grieving）
152. 有复杂性悲伤的危险（Risk for Complicated Grieving）
153. 情绪调控受损（Impaired Mood Regulation）
154. 有能力增强的趋势（Readiness for Enhanced Power）
155. 无能为力感（Powerlessness）
156. 有无能为力感的危险（Risk for Powerlessness）
157. 恢复能力障碍（Impaired Resilience）
158. 有恢复能力增强的趋势（Readiness for Enhanced Resilience）
159. 有恢复能力障碍的危险（Risk for Impaired Resilience）
160. 持续性悲伤（Chronic Sorrow）
161. 压力负荷过重（Stress Overload）

类别 27：神经行为应激（Neurobehavioral Stress）
162. 颅内调适能力降低（Decreased Intracranial Adaptive Capacity）
163. 自主反射失调（Autonomic Dysreflexia）
164. 有自主反射失调的危险（Risk for Autonomic Dysreflexia）
165. 婴儿行为紊乱（Disorganized Infant Behavior）
166. 有婴儿行为调节改善的趋势（Readiness for Enhanced Organized Infant Behavior）
167. 有婴儿行为紊乱的危险（Risk for Disorganized Infant Behavior）

领域 10：生活准则（Life Principles）

类别 28：信念（Values）
168. 有精神安适增进的趋势（Readiness for Enhanced Spiritual Well-Being）

类别 29：价值/信念/行为一致性（Value/Belief/Action Congruence）
169. 有决策能力增强的趋势（Readiness for Enhanced Decision Making）
170. 抉择冲突（Decisional Conflict）
171. 独立决策能力减弱（Impaired Emancipated Decision-Making）
172. 有独立决策能力增强的趋势（Readiness for Enhanced Emancipated Decision-Making）
173. 有独立决策能力减弱的危险（Risk for Impaired Emancipated Decision-Making）
174. 道德困扰（Moral Distress）
175. 宗教信仰减弱（Impaired Religiosity）
176. 有宗教信仰增强的趋势（Readiness for Enhanced Religiosity）
177. 有宗教信仰减弱的危险（Risk for Impaired Religiosity）

178. 精神困扰（Spiritual Distress）
179. 有精神困扰的危险（Risk for Spiritual Distress）

领域 11：安全 / 防护（Safety/Protection）

类别 30：感染（Infection）
180. 有感染的危险（Risk for Infection）

类别 31：身体损伤（Physical injury）
181. 清理呼吸道无效（Ineffective Airway Clearance）
182. 有误吸的危险（Risk for Aspiration）
183. 有出血的危险（Risk for Bleeding）
184. 有干眼症的危险（Risk for Dry Eye）
185. 有跌倒的危险（Risk for Falls）
186. 有受伤的危险（Risk for Injury）
187. 有角膜受损的危险（Risk for Corneal Injury）
188. 有手术期体位性损伤的危险（Risk for Perioperative Positioning Injury）
189. 有热损伤的危险（Risk for Thermal Injury）
190. 有尿道损伤的危险（Risk for Urinary Tract Injury）
191. 牙齿受损（Impaired Dentition）
192. 口腔黏膜受损（Impaired Oral Mucous Membrane）
193. 有口腔黏膜受损的危险（Risk for Impaired Oral Mucous Membrane）
194. 有外周神经血管功能障碍的危险（Risk for Peripheral Neurovascular Dysfunction）
195. 有压疮的危险（Risk for Pressure Ulcer）
196. 有休克的危险（Risk for Shock）
197. 皮肤完整性受损（Impaired Skin Integrity）
198. 有皮肤完整性受损的危险（Risk for Impaired Skin Integrity）
199. 有婴儿猝死综合征的危险（Risk for Sudden Infant Death Syndrome）
200. 有窒息的危险（Risk for Suffocation）
201. 术后康复迟缓（Delayed Surgical Recovery）
202. 有术后康复迟缓的危险（Risk for Delayed Surgical Recovery）
203. 组织完整性受损（Impaired Tissue Integrity）
204. 有组织完整性受损的危险（Risk for Impaired Tissue Integrity）
205. 有外伤的危险（Risk for Trauma）
206. 有血管损伤的危险（Risk for Vascular Trauma）

类别 32：暴力（Violence）
207. 有对他人施行暴力的危险（Risk for Other-Directed Violence）
208. 有对自己施行暴力的危险（Risk for Self-Directed Violence）
209. 自残（Self-Mutilation）
210. 有自残的危险（Risk for Self-Mutilation）
211. 有自杀的危险（Risk for Suicide）

类别 33：环境危害（Environmental hazards）
212. 受污染（Contamination）

213. 有受污染的危险（Risk for Contamination）
214. 有中毒的危险（Risk for Poisoning）

类别 34：防护过程（Defensive processes）

215. 有碘造影剂不良反应的危险（Risk for Adverse Reaction to Iodinated Contrast Media）
216. 有过敏反应的危险（Risk for Allergy Response）
217. 乳胶过敏反应（Latex Allergy Response）
218. 有乳胶过敏反应的危险（Risk for Latex Allergy Response）

类别 35：体温调节（Thermoregulation）

219. 有体温失调的危险（Risk for Imbalanced Body Temperature）
220. 体温过高（Hyperthermia）
221. 体温过低（Hypothermia）
222. 有体温过低的危险（Risk for hypothermia）
223. 有手术期体温过低的危险（Risk for Perioperative Hypothermia）
224. 体温调节无效（Ineffective Thermoregulation）

领域 12：舒适（Comfort）

类别 36：身体舒适（Physical comfort）

225. 舒适度减弱（Impaired Comfort）
226. 有舒适增进的趋势（Readiness for Enhanced Comfort）
227. 恶心（Nausea）
228. 急性疼痛（Acute Pain）
229. 慢性疼痛（Chronic Pain）
230. 分娩疼痛（Labor pain）
231. 慢性疼痛综合征（Chronic Pain Syndrome）

类别 37：环境舒适（Environmental Comfort）

同类别 36 中第 225、226 项

类别 38：社会舒适（Social Comfort）

含类别 36 中第 225、226 项

232. 有孤独的危险（Risk for Loneliness）
233. 社交孤立（Social Isolation）

领域 13：成长 / 发展（Growth/Development）

类别 39：成长（Growth）

234. 有生长比例失调的危险（Risk for Disproportionate Growth）

类别 40：发展（Development）

235. 有发育迟缓的危险（Risk for Delayed Development）

（2015-2017）

附录二
护理诊断 NANDA-II 类排列分类法 155 项一览表

一、促进健康

1. 执行治疗方案有效
2. 执行治疗方案无效
3. 家庭执行治疗方案无效
4. 社区执行治疗方案无效
5. 寻求健康行为（具体说明）
6. 保持健康无效
7. 持家能力障碍

二、营养

8. 无效性婴儿喂养型态
9. 吞咽障碍
10. 营养失调：低于机体需要量
11. 营养失调：高于机体需要量
12. 有营养失调的危险：高于机体需要量
13. 体液不足
14. 有体液不足的危险
15. 体液过多
16. 有体液失衡的危险

三、排泄

17. 排尿障碍
18. 尿潴留
19. 完全性尿失禁
20. 功能性尿失禁
21. 压力性尿失禁
22. 急迫性尿失禁
23. 反射性尿失禁
24. 有急迫性尿失禁的危险
25. 排便失禁

26. 腹泻
27. 便秘
28. 有便秘的危险
29. 感知性便秘
30. 气体交换受损

四、活动/休息

31. 睡眠型态紊乱
32. 睡眠剥夺
33. 有失用综合征的危险
34. 躯体活动障碍
35. 床上活动障碍
36. 借助轮椅活动障碍
37. 转移能力障碍
38. 行走障碍
39. 缺乏娱乐活动
40. 漫游状态
41. 穿着/修饰自理缺陷
42. 沐浴/卫生自理缺陷
43. 进食自理缺陷
44. 如厕自理缺陷
45. 术后康复延缓
46. 能量场紊乱
47. 缺乏
48. 心输出量减少
49. 自主呼吸受损
50. 低效性呼吸型态
51. 活动无耐力
52. 有活动无耐力的危险
53. 功能障碍性撤离呼吸机反应
54. 组织灌注无效（具体说明类型：肾、大脑、心脏、肺、胃肠道、外周）

五、感知/认识

55. 单侧性忽视
56. 认识环境障碍综合征
57. 感知紊乱（具体说明：听觉、运动觉、味觉、触觉、嗅觉）
58. 知识缺乏
59. 急性意识障碍
60. 慢性意识障碍
61. 记忆受损
62. 思维过程紊乱
63. 语言沟通障碍

六、自我感知

64. 自我认可紊乱
65. 无能为力感
66. 有无能为力感的危险
67. 无望感
68. 有孤独的危险
69. 长期自尊低下
70. 情境性自尊低下
71. 有情境性自尊低下的危险
72. 身体意象紊乱

七、角色关系

73. 照顾者角色紧张
74. 有照顾者角色紧张的危险
75. 父母不称职
76. 有父母不称职的危险
77. 家庭运作中断
78. 家庭运作功能不全（酗酒）
79. 有亲子依恋受损的危险
80. 母乳喂养有效
81. 母乳喂养无效
82. 母乳喂养中断
83. 无效性角色行为
84. 父母角色冲突
85. 社交障碍

八、性

86. 性功能障碍
87. 无效性性生活型态

九、应对／应激耐受性

88. 迁居应激综合征
89. 有迁居应激综合征的危险
90. 强暴——创伤综合征
91. 强暴——创伤综合征：隐匿性反应
92. 强暴——创伤综合征：复合性反应
93. 创伤后综合征
94. 有创伤后综合征的危险
95. 恐惧
96. 焦虑
97. 对死亡的焦虑
98. 长期悲伤

99. 无效性否认
100. 预感性悲哀
101. 功能障碍性悲哀
102. 调节障碍
103. 应对无效
104. 无能性家庭应对
105. 妥协性家庭应对
106. 防卫性应对
107. 社区应对无效
108. 有增强家庭应对趋势
109. 有增强社区应对趋势
110. 自主性反射失调
111. 有自主性反射失调的危险
112. 婴儿行为紊乱
113. 有婴儿行为紊乱的危险
114. 有增强调节婴儿行为的趋势
115. 颅内适应能力下降

十、生活准则

116. 有增强精神健康的趋势
117. 精神困扰
118. 有精神困扰的危险
119. 抉择冲突
120. 不依从行为

十一、安全/防御

121. 有感染的危险
122. 口腔黏膜受损
123. 有受伤的危险
124. 有围手术期体位损伤的危险
125. 有摔倒的危险
126. 有外伤的危险
127. 皮肤完整性受损
128. 有皮肤完整性受损的危险
129. 组织完整性受损
130. 牙齿受损
131. 有窒息的危险
132. 有误息的危险
133. 清理呼吸道无效
134. 有外周神经血管功能障碍的危险
135. 防护无效
136. 自伤
137. 有自伤的危险

138. 有对他人施行暴力的危险
139. 有对自己施行暴力的危险
140. 有自杀的危险
141. 有中毒的危险
142. 乳胶过敏反应
143. 有乳胶过敏反应的危险
144. 有体温失调的危险
145. 体温失调无效
146. 体温过低
147. 体温过高

十二、舒适

148. 急性疼痛
149. 慢性疼痛
150. 恶心
151. 社交孤立

十三、成长/发展

152. 成长发展延缓
153. 成人身心衰竭
154. 有发展迟滞的危险
155. 有不成比例生长的危险

附录三 《护士条例》

中华人民共和国国务院令

第 517 号

《护士条例》已经 2008 年 1 月 23 日国务院第 206 次常务会议通过，现予公布，自 2008 年 5 月 12 日起施行。

总　理　温家宝
二〇〇八年一月三十一日

护 士 条 例

第一章　总　　则

第一条　为了维护护士的合法权益，规范护理行为，促进护理事业发展，保障医疗安全和人体健康，制定本条例。

第二条　本条例所称护士，是指经执业注册取得护士执业证书，依照本条例规定从事护理活动，履行保护生命、减轻痛苦、增进健康职责的卫生技术人员。

第三条　护士人格尊严、人身安全不受侵犯。护士依法履行职责，受法律保护。全社会应当尊重护士。

第四条　国务院有关部门、县级以上地方人民政府及其有关部门以及乡（镇）人民政府应当采取措施，改善护士的工作条件，保障护士待遇，加强护士队伍建设，促进护理事业健康发展。

国务院有关部门和县级以上地方人民政府应当采取措施，鼓励护士到农村、基层医疗卫生机构工作。

第五条　国务院卫生主管部门负责全国的护士监督管理工作。县级以上地方人民政府卫生主管部门负责本行政区域的护士监督管理工作。

第六条　国务院有关部门对在护理工作中做出杰出贡献的护士，应当授予全国卫生系统先进工作者荣誉称号或者颁发白求恩奖章，受到表彰、奖励的护士享受省部级劳动模范、先进工作者待遇；对长期从事护理工作的护士应当颁发荣誉证书。具体办法由国务院有关部门制定。

县级以上地方人民政府及其有关部门对本行政区域内做出突出贡献的护士，按照省、自治区、直辖市人民政府的有关规定给予表彰、奖励。

第二章 执业注册

第七条 护士执业，应当经执业注册取得护士执业证书。

申请护士执业注册，应当具备下列条件：

（一）具有完全民事行为能力。

（二）在中等职业学校、高等学校完成国务院教育主管部门和国务院卫生主管部门规定的普通全日制3年以上的护理、助产专业课程学习，包括在教学、综合医院完成8个月以上护理临床实习，并取得相应学历证书。

（三）通过国务院卫生主管部门组织的护士执业资格考试。

（四）符合国务院卫生主管部门规定的健康标准。

护士执业注册申请，应当自通过护士执业资格考试之日起3年内提出；逾期提出申请的，除应当具备前款第（一）项、第（二）项和第（四）项规定条件外，还应当在符合国务院卫生主管部门规定条件的医疗卫生机构接受3个月临床护理培训并考核合格。

护士执业资格考试办法由国务院卫生主管部门会同国务院人事部门制定。

第八条 申请护士执业注册的，应当向拟执业地省、自治区、直辖市人民政府卫生主管部门提出申请。收到申请的卫生主管部门应当自收到申请之日起20个工作日内做出决定，对具备本条例规定条件的，准予注册，并发给护士执业证书；对不具备本条例规定条件的，不予注册，并书面说明理由。

护士执业注册有效期为5年。

第九条 护士在其执业注册有效期内变更执业地点的，应当向拟执业地省、自治区、直辖市人民政府卫生主管部门报告。收到报告的卫生主管部门应当自收到报告之日起7个工作日内为其办理变更手续。护士跨省、自治区、直辖市变更执业地点的，收到报告的卫生主管部门还应当向其原执业地省、自治区、直辖市人民政府卫生主管部门通报。

第十条 护士执业注册有效期届满需要继续执业的，应当在护士执业注册有效期届满前30日向执业地省、自治区、直辖市人民政府卫生主管部门申请延续注册。收到申请的卫生主管部门对具备本条例规定条件的，准予延续，延续执业注册有效期为5年；对不具备本条例规定条件的，不予延续，并书面说明理由。

护士有行政许可法规定的应当予以注销执业注册情形的，原注册部门应当依照行政许可法的规定注销其执业注册。

第十一条 县级以上地方人民政府卫生主管部门应当建立本行政区域的护士执业良好记录和不良记录，并将该记录记入护士执业信息系统。

护士执业良好记录包括护士受到的表彰、奖励以及完成政府指令性任务的情况等内容。护士执业不良记录包括护士因违反本条例以及其他卫生管理法律、法规、规章或者诊疗技术规范的规定受到行政处罚、处分的情况等内容。

第三章 权利和义务

第十二条 护士执业，有按照国家有关规定获取工资报酬、享受福利待遇、参加社会保险的权利。任何单位或者个人不得克扣护士工资，降低或者取消护士福利等待遇。

第十三条 护士执业，有获得与其所从事的护理工作相适应的卫生防护、医疗保健服务的权利。从事直接接触有毒有害物质、有感染传染病危险工作的护士，有依照有关法律、行政法规的规定接受职业健康监护的权利；患职业病的，有依照有关法律、行政法规的规定获得赔偿的权利。

第十四条　护士有按照国家有关规定获得与本人业务能力和学术水平相应的专业技术职务、职称的权利；有参加专业培训、从事学术研究和交流、参加行业协会和专业学术团体的权利。

第十五条　护士有获得疾病诊疗、护理相关信息的权利和其他与履行护理职责相关的权利，可以对医疗卫生机构和卫生主管部门的工作提出意见和建议。

第十六条　护士执业，应当遵守法律、法规、规章和诊疗技术规范的规定。

第十七条　护士在执业活动中，发现患者病情危急，应当立即通知医师；在紧急情况下为抢救垂危患者生命，应当先行实施必要的紧急救护。

护士发现医嘱违反法律、法规、规章或者诊疗技术规范规定的，应当及时向开具医嘱的医师提出；必要时，应当向该医师所在科室的负责人或者医疗卫生机构负责医疗服务管理的人员报告。

第十八条　护士应当尊重、关心、爱护患者，保护患者的隐私。

第十九条　护士有义务参与公共卫生和疾病预防控制工作。发生自然灾害、公共卫生事件等严重威胁公众生命健康的突发事件，护士应当服从县级以上人民政府卫生主管部门或者所在医疗卫生机构的安排，参加医疗救护。

第四章　医疗卫生机构的职责

第二十条　医疗卫生机构配备护士的数量不得低于国务院卫生主管部门规定的护士配备标准。

第二十一条　医疗卫生机构不得允许下列人员在本机构从事诊疗技术规范规定的护理活动：

（一）未取得护士执业证书的人员。

（二）未依照本条例第九条的规定办理执业地点变更手续的护士。

（三）护士执业注册有效期届满未延续执业注册的护士。

在教学、综合医院进行护理临床实习的人员应当在护士指导下开展有关工作。

第二十二条　医疗卫生机构应当为护士提供卫生防护用品，并采取有效的卫生防护措施和医疗保健措施。

第二十三条　医疗卫生机构应当执行国家有关工资、福利待遇等规定，按照国家有关规定为在本机构从事护理工作的护士足额缴纳社会保险费用，保障护士的合法权益。

对在艰苦边远地区工作，或者从事直接接触有毒有害物质、有感染传染病危险工作的护士，所在医疗卫生机构应当按照国家有关规定给予津贴。

第二十四条　医疗卫生机构应当制订、实施本机构护士在职培训计划，并保证护士接受培训。

护士培训应当注重新知识、新技术的应用；根据临床专科护理发展和专科护理岗位的需要，开展对护士的专科护理培训。

第二十五条　医疗卫生机构应当按照国务院卫生主管部门的规定，设置专门机构或者配备专（兼）职人员负责护理管理工作。

第二十六条　医疗卫生机构应当建立护士岗位责任制并进行监督检查。

护士因不履行职责或者违反职业道德受到投诉的，其所在医疗卫生机构应当进行调查。经查证属实的，医疗卫生机构应当对护士做出处理，并将调查处理情况告知投诉人。

第五章 法 律 责 任

第二十七条 卫生主管部门的工作人员未依照本条例规定履行职责，在护士监督管理工作中滥用职权、徇私舞弊，或者有其他失职、渎职行为的，依法给予处分；构成犯罪的，依法追究刑事责任。

第二十八条 医疗卫生机构有下列情形之一的，由县级以上地方人民政府卫生主管部门依据职责分工责令限期改正，给予警告；逾期不改正的，根据国务院卫生主管部门规定的护士配备标准和在医疗卫生机构合法执业的护士数量核减其诊疗科目，或者暂停其6个月以上1年以下执业活动；国家举办的医疗卫生机构有下列情形之一、情节严重的，还应当对负有责任的主管人员和其他直接责任人员依法给予处分：

（一）违反本条例规定，护士的配备数量低于国务院卫生主管部门规定的护士配备标准的。

（二）允许未取得护士执业证书的人员或者允许未依照本条例规定办理执业地点变更手续、延续执业注册有效期的护士在本机构从事诊疗技术规范规定的护理活动的。

第二十九条 医疗卫生机构有下列情形之一的，依照有关法律、行政法规的规定给予处罚；国家举办的医疗卫生机构有下列情形之一、情节严重的，还应当对负有责任的主管人员和其他直接责任人员依法给予处分：

（一）未执行国家有关工资、福利待遇等规定的。

（二）对在本机构从事护理工作的护士，未按照国家有关规定足额缴纳社会保险费用的。

（三）未为护士提供卫生防护用品，或者未采取有效的卫生防护措施、医疗保健措施的。

（四）对在艰苦边远地区工作，或者从事直接接触有毒有害物质、有感染传染病危险工作的护士，未按照国家有关规定给予津贴的。

第三十条 医疗卫生机构有下列情形之一的，由县级以上地方人民政府卫生主管部门依据职责分工责令限期改正，给予警告：

（一）未制定、实施本机构护士在职培训计划或者未保证护士接受培训的。

（二）未依照本条例规定履行护士管理职责的。

第三十一条 护士在执业活动中有下列情形之一的，由县级以上地方人民政府卫生主管部门依据职责分工责令改正，给予警告；情节严重的，暂停其6个月以上1年以下执业活动，直至由原发证部门吊销其护士执业证书：

（一）发现患者病情危急未立即通知医师的。

（二）发现医嘱违反法律、法规、规章或者诊疗技术规范的规定，未依照本条例第十七条的规定提出或者报告的。

（三）泄露患者隐私的。

（四）发生自然灾害、公共卫生事件等严重威胁公众生命健康的突发事件，不服从安排参加医疗救护的。

护士在执业活动中造成医疗事故的，依照医疗事故处理的有关规定承担法律责任。

第三十二条 护士被吊销执业证书的，自执业证书被吊销之日起2年内不得申请执业注册。

第三十三条 扰乱医疗秩序，阻碍护士依法开展执业活动，侮辱、威胁、殴打护士，或者有其他侵犯护士合法权益行为的，由公安机关依照治安管理处罚法的规定给予处罚；构成犯罪的，依法追究刑事责任。

第六章 附 则

第三十四条 本条例施行前按照国家有关规定已经取得护士执业证书或者护理专业技术职称、从事护理活动的人员，经执业地省、自治区、直辖市人民政府卫生主管部门审核合格，换领护士执业证书。

本条例施行前，尚未达到护士配备标准的医疗卫生机构，应当按照国务院卫生主管部门规定的实施步骤，自本条例施行之日起3年内达到护士配备标准。

第三十五条 本条例自2008年5月12日起施行。

中英文专业词汇索引

A
爱与归属的需要（love and belongingness needs） 57
安全需要（safety needs） 57

B
北美护理诊断协会（North American Nursing Diagnosis Association，NANDA） 143
标准预防（standard precaution） 133

F
法律（law） 176

H
护理安全（nursing safety） 130
护理不良事件（nursing errors） 130
护理程序（nursing process） 142
护理法（nursing legislation） 177
护理计划（nursing planning） 152
护理教育者（nurse educator） 22
护理评估（nursing assessment） 145
护理评价（nursing evaluation） 157
护理实施（nursing implementation） 155
护理事故（nursing accident） 130
护理学理论（nursing theory） 84
护理职业暴露（nursing occupational exposure） 132
护理职业防护（nursing occupational protection） 132
护理职业风险（nursing occupational risk） 132
护士行政管理者（nurse administrator） 22

J
局部适应综合征（local adaptation syndrome，LAS） 62

K
开业护士（nurse practitioner，NP） 21，189

L
临床护理专家（clinical nurse specialist，CNS） 22，189

Q
潜在并发症（potential complication，PC） 151
全身适应综合征（general adaptation syndrome，GAS） 62

S
社区护理（community nursing） 189
生存质量（quality of life，QOL） 12
生理需要（physiological needs） 57

Y
医疗事故（medical accidents） 181
原欲（libido） 66

Z

整体护理（holistic nursing） 45

注册护理麻醉师（certified registered nurse anesthetists，CRNA） 22

专科证书护理助产士（certified nurse-midwife，CNM） 22

自我实现需要（self-actualization needs） 58

尊重的需要（esteem needs） 57

主要参考文献

1. 李丽娟．基础护理与技术．2版，北京：中国医药科技出版社，2019
2. 罗先武，王冉．2019全国护士执业资格考试轻松过．北京：人民卫生出版社，2019
3. 李小妹，冯先琼．护理学导论．4版．北京：人民卫生出版社，2018
4. 李晓松，章晓幸．护理学导论．4版．北京：人民卫生出版社，2018
5. 李小妹．护理学导论．3版．北京：北京大学医学出版社，2017．
6. 胡爱明．护士人文修养．2版．北京：人民卫生出版社，2016．
7. 李丽娟，邢爱红．护理学导论．北京：高等教育出版社，2015
8. 高燕．护理礼仪与人际沟通．3版．北京：高等教育出版社，2015．
9. 秦东华．护理礼仪与人际沟通．北京：人民卫生出版社，2014．
10. 李晓松．护理学导论．3版．北京：人民卫生出版社，2014
11. 张凤萍．护理学导论．北京：北京大学医学出版社，2013
12. 李小妹．护理学导论．3版．北京：人民卫生出版社，2012
13. 胡雁．循证护理学．北京：人民卫生出版社，2012．
14. 白昕．护理与法．北京：人民军医出版社，2011．
15. 李丽娟．基础护理与技术．北京：人民卫生出版社，2011
16. 张美琴．护理学基础．北京：北京交通大学出版社，2011．
17. 姜丽芳．卫生法律法规．北京：人民军医出版社，2010．
18. 陈晓霞．护理学导论．武汉：华中科技大学出版社，2010．
19. 刘义兰，赵光红．护理法律与病人安全．北京：人民卫生出版社，2009．
20. 吴瑛，韩丽莎．护理学导论．北京：中国中医药出版社，2007．
21. 胡雁，邢唯杰．循证护理的概念与步骤．上海护理，2015，5（1）：89-93．